狙击起涨点

股价启动的 77 个经典买入形态

屠龙刀 ◎ 编著

中国宇航出版社
·北京·

版权所有　侵权必究

图书在版编目（CIP）数据

狙击起涨点：股价启动的77个经典买入形态 / 屠龙刀编著. -- 北京：中国宇航出版社，2023.6
ISBN 978-7-5159-2241-6

Ⅰ. ①狙… Ⅱ. ①屠… Ⅲ. ①股票投资－基本知识 Ⅳ. ①F830.91

中国国家版本馆CIP数据核字(2023)第084661号

策划编辑	卢　册	封面设计	王晓武
责任编辑	谭　颖	责任校对	吴媛媛

出版发行　**中国宇航出版社**

社　址　北京市阜成路8号　　　　　邮　编　100830
　　　　　（010）68768548
网　址　www.caphbook.com
经　销　新华书店
发行部　（010）68767386　　　　　（010）68371900
　　　　　（010）68767382　　　　　（010）88100613（传真）
零售店　读者服务部
　　　　　（010）68371105
承　印　北京天恒嘉业印刷有限公司
版　次　2023年6月第1版　　　　　2023年6月第1次印刷
规　格　710×1000　　　　　　　　开　本　1/16
印　张　13.25　　　　　　　　　　字　数　166千字
书　号　ISBN 978-7-5159-2241-6
定　价　59.00元

本书如有印装质量问题，可与发行部联系调换

PREFACE 序言

  起涨点，即股价开始启动上升的点位。起涨点给人最直观的感觉是股价启动上涨了。这种上涨可能是从先前下跌的股价转变过来的，也可能是股价经过横盘后催生出来的。总之，股价自此开始进入了上升趋势，投资者持仓就可以盈利。从这点上来说，起涨点就是一把打开股市宝藏的"金钥匙"。谁能找准起涨点，谁就拥有了这把"金钥匙"。

  当然，起涨点的识别也是非常困难的。其一，这些起涨信号与其他K线本质上并没有区别，大部分属于股价正常的波动；其二，主力为了隐藏自己的真实目的，也会刻意在K线图上制造一些"陷阱"，给投资者识别起涨点造成相当大的困扰。不过，无论主力如何隐藏，只要股价出现起涨上攻走势，必然会在盘面上有所反映。投资者从K线、成交量、技术指标等角度，也能发现一些线索。

  为了帮助投资者更准确、更及时地识别这些起涨点，本书从K线组合、价格趋势形态、量价形态、画线技术、技术指标、主力动向六个维度提炼了77个经典的起涨点形态，以便于读者学习和使用。

  尽管这些起涨点形态都是经过实战检验、准确性较高的形态，但投资者在实战中仍不可机械地套用，要"活学活用"，并结合个人实际情况、股票本身特性以及市场盘面等做出交易决策。

  在具体的交易过程中，还要注意这样几点。

第一，注意研判起涨背后的原因。本书以图解的方式标明了每一个起涨点的位置，同时辅以起涨点出现之前和之后的股价走势，使投资者可以通过对股价整体走势的研判，理解起涨点形成的原理。通过透析起涨背后的原因，才能掌握起涨点的上涨路径，为后面捕捉起涨点提供支持。

第二，合理控制仓位与止损位、止盈位。严格来说，起涨信号出现，并不意味着股价一定会上涨或转入上涨。相对于其他形态，起涨信号出现后，股价上涨的概率更大而已。事实上，也会有一些反向下跌的情况。毕竟股票市场里没有绝对的事情。

对于实战经验并不丰富的散户而言，多次通过小资金来试错，检验操作方法也是不错的选择。当自己的交易成功率增加时，再适当地增加仓位。

第三，不断地总结，并提炼出自己的独门秘籍。任何公开的方法和技巧，都难以机械地照抄照搬。毕竟，投资者所掌握的技巧与方法，主力庄家同样掌握，而且主力庄家应用得更加纯熟。投资者要想在市场上生存下来，就需要通过在借鉴别人的经验、方法基础上，根据个人的操作经验、特点，提炼自己的交易策略与技巧，形成独一无二的方法。这才是在市场上立足的不二选择。

一个起涨点，就是一个绝佳的买入时机；一个起涨点，就是一束充满希望的光；一个起涨点，就是投资者获利的契机。

CONTENTS 目 录

第一章 起涨点，最佳买入时间点

第一节 起涨点出现的时机 / 2

一、下行趋势的终结 / 2

二、调整洗盘的结束 / 4

三、新一波行情的启动 / 6

第二节 起涨点的形态分析 / 7

一、经典 K 线形态识别起涨点 / 8

二、趋势形态识别起涨点 / 9

三、技术指标形态识别起涨点 / 10

第三节 起涨点的操作策略 / 12

一、准确识别起涨点 / 12

二、合理构建资金仓位 / 13

三、科学设置止损位 / 15

第二章　K 线组合判断股价起涨信号

第一节　简单 K 线组合起涨信号 / 17

起涨点 1：早晨之星 / 17

起涨点 2：旭日东升 / 20

起涨点 3：曙光初现 / 22

起涨点 4：低位红三兵 / 24

起涨点 5：上涨两颗星 / 26

起涨点 6：底部三颗星 / 29

起涨点 7：低位阴孕阳 / 31

起涨点 8：低位阳包阴 / 33

起涨点 9：上升三法 / 35

起涨点 10：多方炮 / 37

起涨点 11：三线打击 / 40

起涨点 12：多方尖兵 / 42

起涨点 13：倒锤头线 / 44

起涨点 14：锤头线 / 46

起涨点 15：冉冉上升 / 48

第二节　特殊 K 线组合起涨信号 / 51

起涨点 16：仙人指路 / 51

起涨点 17：定海神针 / 53

起涨点 18：双针探海 / 55

起涨点 19：葵花向阳 / 58

起涨点 20：底部长阳 / 60

起涨点 21：鱼跃龙门 / 62

起涨点 22：蛤蟆跳空 / 65

起涨点 23：出水芙蓉 / 67

第三章 价格趋势形态判断股价起涨信号

第一节 K线底部形态判断股价起涨信号 / 71

起涨点 24：V 形底 / 71

起涨点 25：W 形底 / 73

起涨点 26：头肩底 / 76

起涨点 27：三重底 / 78

起涨点 28：圆弧底 / 80

起涨点 29：潜伏底 / 82

起涨点 30：底部岛形 / 85

起涨点 31：塔形底 / 87

第二节 K线整理形态判断股价起涨信号 / 89

起涨点 32：矩形 / 89

起涨点 33：上升三角形 / 92

起涨点 34：上升旗形 / 94

起涨点 35：下降楔形 / 97

起涨点 36：收敛三角形 / 99

第四章 量价形态判断股价起涨信号

第一节 经典量价形态判断股价起涨信号 / 103

起涨点 37：温和放量出底部 / 103

起涨点 38：缩量大阴底筑牢 / 105

起涨点 39：地量遇地价 / 107

起涨点 40：价量齐升价上扬 / 110

起涨点 41：持续缩量再反攻 / 112

第二节　股价突破形态判断股价起涨信号 / 114

起涨点 42：放量突破前期高点 / 114

起涨点 43：突破阻力线 / 116

起涨点 44：突破盘整位 / 118

第三节　股价回调判断股价起涨信号 / 121

起涨点 45：遇前高支撑 / 121

起涨点 46：遇缺口支撑 / 123

第五章　画线技术判断股价起涨信号

第一节　趋势线判断股价起涨信号 / 127

起涨点 47：放量突破下降趋势线 / 127

起涨点 48：遇趋势线支撑 / 129

起涨点 49：突破通道线快速上升 / 131

第二节　其他画线工具判断股价起涨信号 / 134

起涨点 50：遇黄金分割线支撑上扬 / 134

起涨点 51：遇百分比线支撑上扬 / 136

起涨点 52：遇上升江恩角度线支撑上扬 / 138

起涨点 53：遇上升速阻线支撑上扬 / 140

第六章　技术指标判断股价起涨信号

第一节　均线指标判断股价起涨信号／144

起涨点 54：突破 5 日均线／144

起涨点 55：均线金叉／146

起涨点 56：回挡不破 10 日均线／149

起涨点 57：破位后速补回／151

起涨点 58：暴跌距离均线远／153

起涨点 59：均线黏合再发散／155

第二节　MACD 指标判断股价起涨信号／157

起涨点 60：MACD 指标 0 轴金叉／158

起涨点 61：MACD 指标上穿 0 轴／160

起涨点 62：MACD 指标高位双金叉／162

起涨点 63：MACD 指标"将死不死"／165

起涨点 64：MACD 指标多头发散／167

第三节　KDJ 指标判断股价起涨信号／169

起涨点 65：KDJ 指标金叉／170

起涨点 66：KDJ 指标超卖／172

起涨点 67：KDJ 指标超买／174

第四节　布林线指标判断股价起涨信号／176

起涨点 68：股价突破中轨线／177

起涨点 69：股价回调遇中轨支撑／180

起涨点 70：股价遇下轨支撑／182

起涨点 71：喇叭口敞开中轨拐头／184

第七章　主力动向判断股价起涨信号

第一节　主力建仓判断股价起涨信号 / 188

起涨点 72：打压式建仓 / 188

起涨点 73：横盘式建仓 / 190

起涨点 74：振荡式建仓 / 193

第二节　主力洗盘判断股价起涨信号 / 195

起涨点 75：打压式洗盘 / 195

起涨点 76：横向振荡式洗盘 / 197

起涨点 77：边拉边打式洗盘 / 199

第一章
起涨点，最佳买入时间点

起涨点是一波上升行情的启动位置。从技术分析角度来说，起涨点应该是一个相对具体的点位，但在实际操作过程中，投资者更应该将其看成一个动态的入场区域。既然是股价的起涨点，后面肯定会有一波主升行情，不会是一个点或两个点的涨幅，而是相对较大的上涨幅度。在操作过程中，投资者不能太过计较个别的点位或价位，只要在起涨区域附近入场，就可以收获后面的利润。

第一节 起涨点出现的时机

股价开始启动上升，不外乎受到以下几方面因素的影响：外部市场环境的转暖；内部基本面的改善；个股或行业利好消息的刺激；个股股价出现超跌等。从技术层面来看，起涨点出现的时机大致可以概括为以下三类，如图1-1所示。

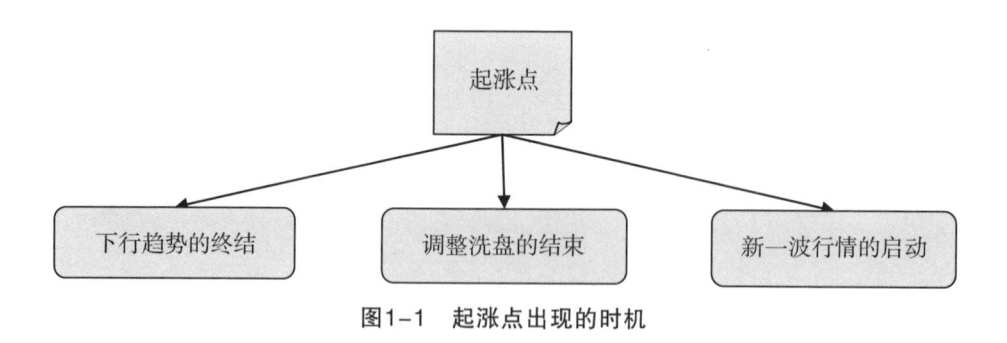

图1-1 起涨点出现的时机

一、下行趋势的终结

从趋势技术角度来看，下行趋势的终结，必然会带动股价进入新一轮的上升行情。按照趋势交易技术理论，股价在波动过程中所形成的反弹高点不断降低，说明股价处于下行趋势。当股价能够有效突破下行过程中所形成的高点或高点连线，就可以认定股价的突破为有效突破，这也是股价进入新的上升趋势的一个显著信号。

下面来看一下恒立液压（601100）的案例，如图1-2所示。

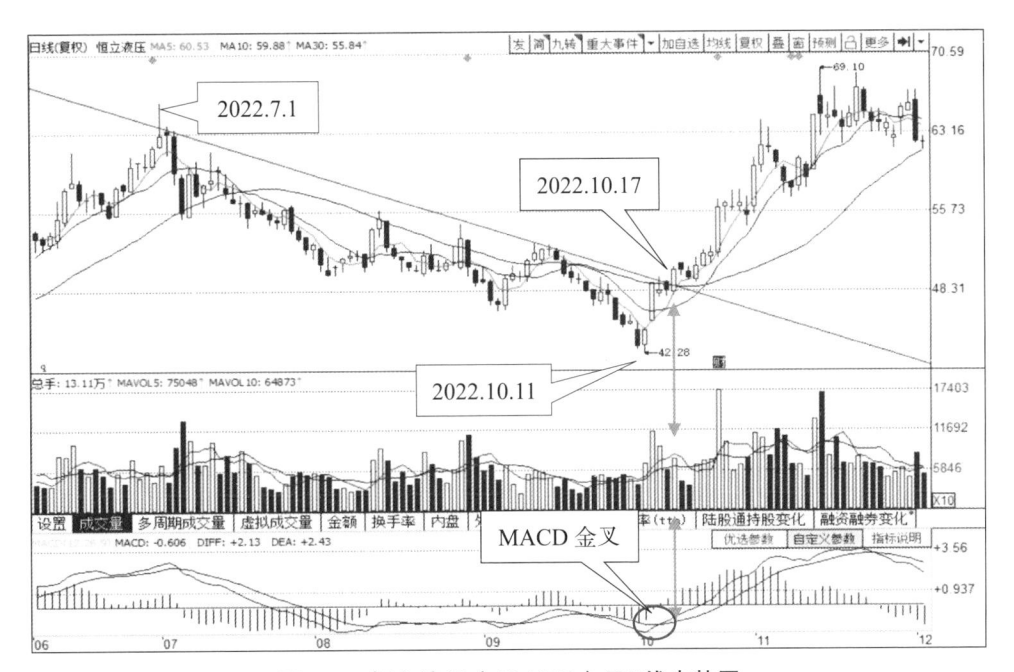

图1-2　恒立液压（601100）日K线走势图

从图1-2中可以看出恒立液压的股价自2022年7月1日冲高回落后，正式进入下行通道。在三个多月的时间里，该股股价持续走低，其反弹的高点也越来越低。将反弹的高点连线就获得了一根下降趋势线。

2022年10月17日，该股股价放量向上突破了下降趋势线。这也是股价下行趋势终结的一个典型信号。此后，该股股价正式进入上升趋势。

复盘该股股价从下降趋势到上升趋势的转变，可以发现以下几点。

第一，该股股价的最低点出现在2022年10月11日，而到了10月17日，股价突破下降趋势线时，我们才能认定股价趋势发生反转。这里有一个滞后性，但这也是投资者从投资安全角度出发必须承担的。毕竟早入场可能会获得更多利润，但也可能让自己的资金面临更大的风险。也就是说，从该点入场，尽管无法获得最大的利润，却可以让风险收益比最佳。

第二，股价完成对下降趋势线突破的同时，无论是成交量还是指数平滑异同移动平均线（Moving Average Convergence and Divergence，MACD）指标都开始发出了明显的买入信号，这也是股价已经开始起涨的明确信号，是投资者可以先一步确认股价运行趋势发生改变的重要参照。

第三，从K线形态角度来看，在股价触底反弹到突破下降趋势线的过程中，也可能会出现一些经典的看涨形态，比如早晨之星、旭日东升、红三兵等。这些形态从某种意义上来说，也可能帮助投资者提前预判股价趋势反转的到来。不过，相比股价完成对下降趋势线的突破，这些信号的准确性肯定还是不足的，因此，投资者需要在仓位上进行合理的规划，做好风险防控。

二、调整洗盘的结束

股价上升的背后必然是资金的推动。而市场上能够推动股价上升的资金多为一些主力资金。当然，这些主力资金在拉升股价前肯定不会"广而告之"地宣布即将拉升股价，而是会采取各类方法，诸如小幅拉升、大幅打压等洗盘方式，其目的就是让散户难以判断股价未来的运行方向。

不过，无论主力如何打压或调整股价，一旦其洗盘完成，那么，股价就会进入上升通道。从股价K线走势来看，股价调整的结束其实就是股价的起涨点。

下面来看一下米奥会展（300795）的案例，如图1-3所示。

从图1-3可以看出米奥会展的股价自2022年8月启动了一波上升走势。9月15日，该股股价冲击短线高点后回落，此后，该股股价出现了横向振荡走势。属于典型的主力洗盘阶段，股价K线波动幅度非常小，成交量也持续萎缩。

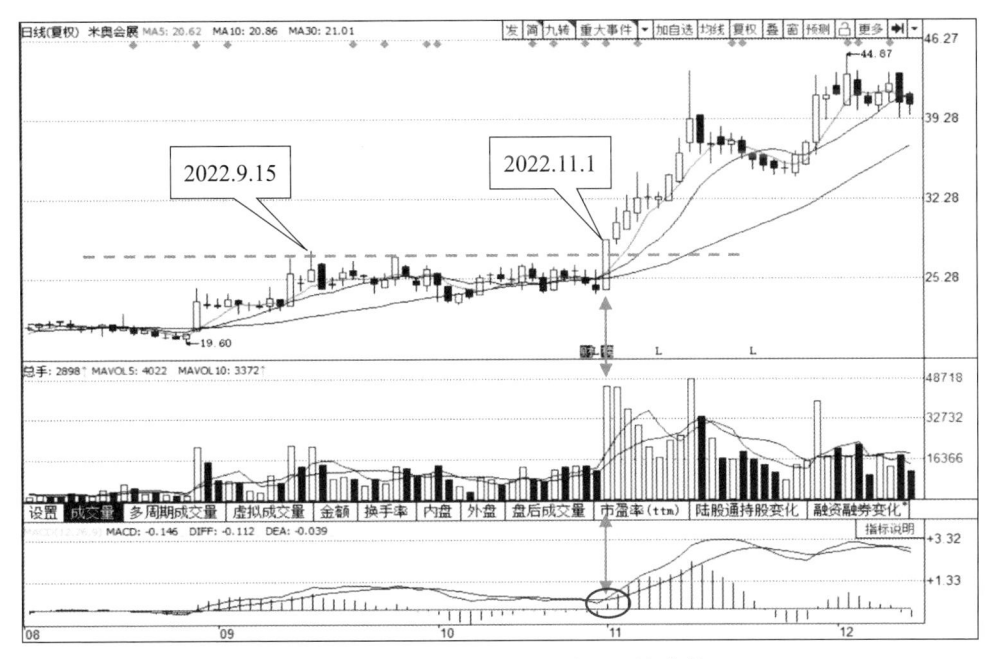

图1-3　米奥会展（300795）日K线走势图

2022年11月1日，该股股价突然启动，大幅上攻，并放量突破了调整区域。与此同时，MACD指标在0轴上方附近位置形成了黄金交叉形态。从MACD指标来看，此时的黄金交叉成色非常高，具有典型的看涨意义。

此后，该股股价正式进入上升通道。11月1日的K线可以看成该股股价的起涨点。

一般来说，主力洗盘临近结束，股价起涨时会呈现出以下几个典型的特征。

第一，股价K线波动的幅度开始加大，开始出现较长的上影线或下影线，这也是主力洗盘过程中，股价K线经常出现的形态。

第二，从成交量来看，临近洗盘结束时，成交量多会出现萎缩态势，特别是股价出现较大幅度的下跌时，成交量却萎缩至极低的水平，这往往说明主力的洗盘即将结束。

第三，从技术指标来看，MACD指标或其他技术指标也可能会在此时发出明确的买入信号，比如MACD指标金叉、随机指标（KDJ）金叉等。

三、新一波行情的启动

受内部或外部环境利好消息的刺激，股价很可能会改变原有的运行趋势，进入新的上升通道。原运行趋势一般多为缓慢上升趋势或横向振荡趋势，而当股价开启新的上升行情时，股价上升的速度和幅度都要强于先前的趋势。股价进入新的上升趋势时，也可以看成股价新的起涨点位。

下面来看一下铭普光磁（002902）的案例，如图1-4所示。

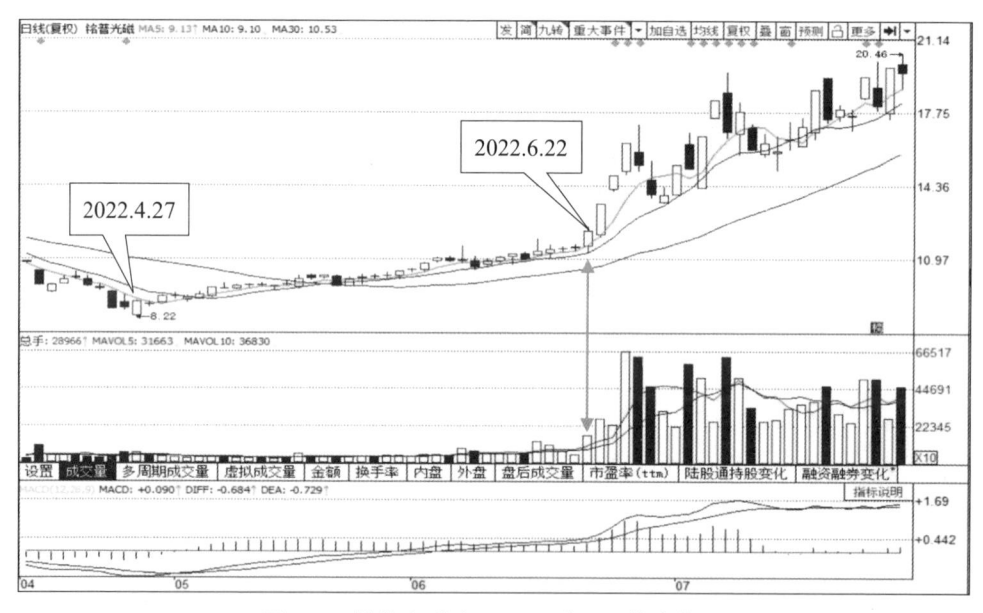

图1-4　铭普光磁（002902）日K线走势图

从图1-4可以看出铭普光磁的股价自2022年4月27日触底反弹后，出现了一波振荡上升走势。该股股价振荡上升时，股价K线多以小实体K线报收，包括小阳线、小阴线等。从整体上来看，股价K线基本上是沿着5日均线上升的，说明多方还是占据绝对优势地位的。

与此同时，MACD指标也同步自低位反弹向上，并逐渐向上完成了对0轴的突破，这也是多方开始占据优势的一种体现。

2022年6月22日，该股股价突然启动，大幅上攻，并放量突破了调整区域。与此同时，MACD指标中的DIFF线出现大幅拐头向上态势，这是股价开始大幅上升的信号。

此后，该股股价正式进入上升通道。6月22日的股价是该股新一波行情的起涨点。

一般来说，股价运行趋势出现改变（进入快速上攻周期），股价起涨时会呈现以下几个典型的特征。

第一，股价K线启动大幅上攻前，会出现小幅回调态势，给人一种股价即将向下突破的感觉。这是主力故意使用的一种迷惑战术。

第二，从成交量角度来看，临近拉升时，成交量会出现萎缩态势，特别是股价出现较大幅度的下跌时，成交量却萎缩至极低的水平，这往往是股价即将变轨的一个信号。

第三，从技术指标角度来看，MACD指标或其他技术指标也可能会在此时发出明确的买入信号，比如MACD指标中的K线大幅拐头向上，KDJ指标中的曲线J进入100线区域等。

第二节　起涨点的形态分析

无论基于何种原因或逻辑而形成的起涨点，其股价必然会在K线图上留下相应的形态，包括K线形态、成交量形态以及技术指标形态等。从反面来看，投资者通过对这些形态的研判，便可以提升捕捉起涨点的准确性。

一、经典K线形态识别起涨点

从把握机会的角度来看，一些经典K线形态所发出的买入信号是最为及时的，比如早晨之星、旭日东升、多方炮、红三兵、阳包阴、阴孕阳等。

这类看涨的经典K线形态具有如下几个典型特征。

第一，这些经典K线形态可以在各类行情中出现，可以在上升趋势的调整行情中出现，也可以在下降趋势的尾声出现。

第二，相对而言，K线买入信号往往会在股价开始启动的第一时间呈现，这类信号非常及时，但准确性相对不足，很多时候需要其他技术分析工具相辅助，比如成交量以及其他技术分析指标等。成交量往往是非常重要的辅助分析工具，毕竟股价改变原有的运行趋势，都需要成交量的放大相配合。

下面来看一下亿晶光电（600537）的案例，如图1-5所示。

图1-5 亿晶光电（600537）日K线走势图

从图1-5可以看出亿晶光电的股价自2021年9月底出现振荡下跌走势。

到了2022年4月下旬，该股股价出现加速筑底态势。

2022年4月26日，该股股价收出一根阴锤头线形态，次日（即4月27日）该股股价低开高走收出一根大阳线。该K线与前一交易日的K线形成了经典的阳包阴形态，这属于典型的看涨信号。

此后，该股股价终结了之前的下跌态势，正式进入上升区间。

在K线形态中，阳包阴形态属于经典的买入信号。在阳包阴形态中，后一根阳线具有非常重要的交易指示意义，阳线的收盘价越高，未来股价走高的可能性就越大。在阳包阴形态中，若阳线出现的同时，成交量同步放大，则可增强买入信号的有效性。

二、趋势形态识别起涨点

相比于简单的K线组合，通过由一系列K线所构成的价格形态来研判股价的起涨点，准确性明显要更高一些。特别是股价K线走出了一些经典的底部形态、整理形态后，股价呈现明显的上攻态势，此时，投资者再入场，其风险要小得多。

这类看涨的经典K线形态具有如下几个典型特征。

第一，这些K线形态所形成的时间相对比较长，短的也要两周左右的时间，长的可能需要几个月的时间。当形态完成时，股价突破的有效性和成功率都更高。

第二，由于K线形态形成的时间相对较长，多空双方已经进行了较为充分的竞争，此后，股价若能形成向上突破的形态，则是多方占据明显优势的体现。

第三，投资者从投资安全角度出发，股价K线形成突破时，投资者仍可通过成交量和技术指标来辅助判断突破的有效性。

下面来看一下三友医疗（688085）的案例，如图1-6所示。

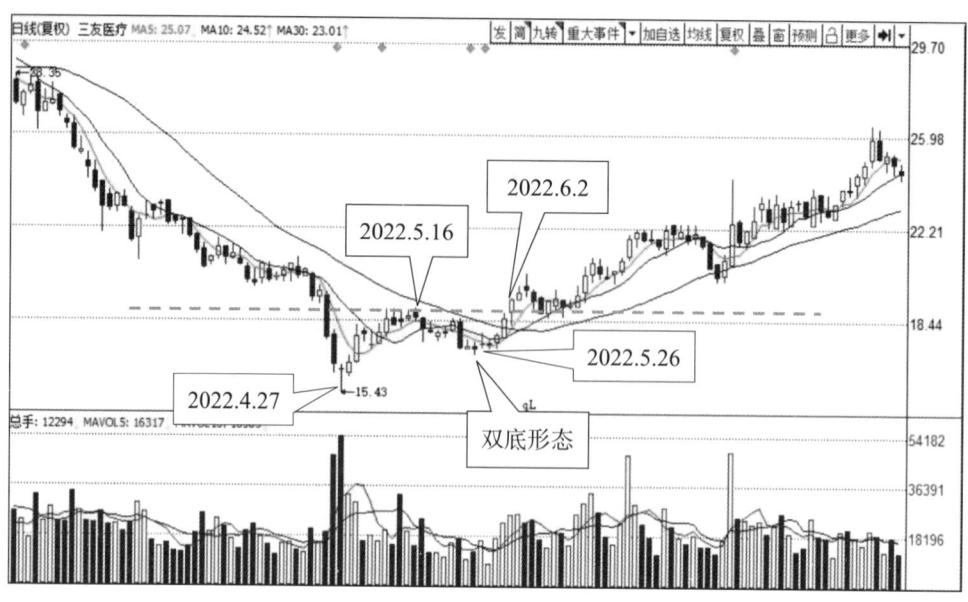

图1-6 三友医疗（688085）日K线走势图

从图1-6可以看出三友医疗的股价自2022年2月中旬出现振荡下跌走势。到了2022年4月下旬，该股股价出现加速筑底态势。

2022年4月27日，该股股价收出一根带长下影线的十字线。此后，该股股价出现反弹走势；5月16日，该股股价再度下行；5月26日，该股股价再度触底反弹。该股股价形成了明显的双底形态，且后一个底高于前一个底。

6月2日，该股股价向上突破了5月16日的高点，即双底形态的颈线位。至此，双底形态正式成立。

此后，该股股价正式进入上升趋势。

三、技术指标形态识别起涨点

很多技术指标本身就具备识别股价起涨点的功能，特别是一些经过市场检验的、效果较佳的技术指标更是如此。比较有代表性的技术指标包括均线指标、MACD指标、布林线指标、KDJ指标等。

这类看涨的形态具有如下几个典型特征。

第一，几乎每种技术指标都有各自的适用对象和时机。有的适合波段交易（如MACD指标），有的适合短线交易（如KDJ指标）。因此，投资者在研判起涨点时，也要考虑该起涨点属于波段起涨点还是短线起涨点。

第二，技术指标所发出的买点同样需要股价K线、成交量等技术分析工具相配合。这样所发出的买入信号准确性才会高。

第三，在应用技术指标寻找股价起涨点时，还要防止技术指标出现钝化或信号失灵等情况。

下面来看一下中京电子（002579）的案例，如图1-7所示。

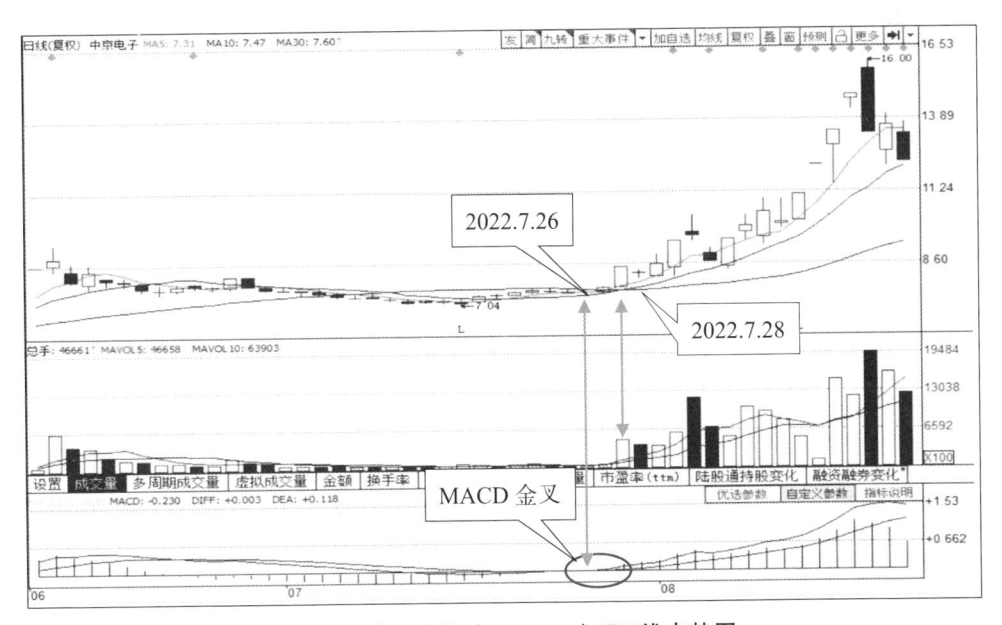

图1-7　中京电子（002579）日K线走势图

从图1-7可以看出中京电子的股价自2022年6月中旬出现振荡下跌走势。到了2022年7月，该股股价开始出现企稳反弹态势。与此同时，MACD指标下行至0轴附近受0轴支撑而企稳向上，这是多方重新获取优势地位的体现。

2022年7月26日，该股股价小幅上行，此时MACD指标在0轴上方附近位置形成金叉形态，这是典型的看涨形态。通常来说，MACD指标此时的金叉成色非常高，激进型投资者可以在此时考虑入场买入股票，这也可以看成该股的起涨点位。

7月28日，该股股价大幅放量上攻，MACD指标中收盘价短期、长期指数平滑移动平均线间的差（DIFF）快线大幅上扬，这是股价启动大幅上攻的信号。

此后，该股股价正式进入上升趋势。

第三节　起涨点的操作策略

从投资者角度来看，找到起涨点只是第一步，合理的操作策略，确保实现交易获利才是最根本的目标。

一、准确识别起涨点

起涨点的识别，自然是整个起涨点操作策略中的核心环节。尽管本书提及了很多股票的起涨信号，这些起涨信号都是经过市场检验的，成色较高的起涨信号，但这些起涨信号的出现，并不意味着股价百分之百会上涨。

为了提升起涨信号的有效性，投资者可以尝试以下几项措施。

第一，通过多时间框架切换研判起涨点。

通常来说，以日线为核心的时间框架所发出的信号及时性较佳，但稳定性不足，尤其是无法判断市场氛围如何。在交易过程中，通过将日线为核心的时间框架调整为周线，就可以对整个环境进行研判。比如，在日线级别的K线发出买入信号时，若周线级别的K线也能同步发出市场转暖，甚至买入信号，则可以增强买入信号的有效性。

第二，位置决定价值。

同样的起涨信号，出现的位置不同，交易价值完全不同。股价处于底部区域时，起涨信号出现后，股价上升的概率往往更大。反之，在顶部区域，即使股票出现起涨信号，投资者也应谨慎应对。

第三，多种技术指标或工具组合使用。

通常来说，单一技术指标所发出的买入信号，成色可能存在不足的情况，如果多种技术指标或工具同步发出买入信号，那么准确性肯定会大大增强。

二、合理构建资金仓位

无论采取何种方法，我们所选定的起涨点也不会百分百大幅上升，肯定会有失误的情况。任何一种交易技术或方法，都不可能做到百战百胜，投资者要想在市场上生存，就需要准确识别起涨点点位，合理构建资金仓位，才能在交易中游刃有余。

1. 总仓位控制

总仓位是指所持股票市值占资金总额的百分比。牛市时，仓位过低可能会错过股价上涨带来的利润。熊市时，仓位过高就会造成较大的亏损。所以科学、合理地控制总仓位是每个投资者炒股前的必修课。

总仓位水平的设定与整个股市运行情况、个人风险承受能力密切相关。关于总仓位水平的设定，可以参考以下几条。

第一，总仓位水平线。

投资者可将总仓位水平线划分为空仓、30%线、50%线、70%线、满仓五个水平。不过，鉴于股市中没有绝对安全的时间，所以应该尽量避免满仓。

第二，上涨趋势中总仓位水平线设置。

大盘和股价自底部区域开始上涨时，投资者可从30%仓位逐渐加仓至70%仓位水平。投资者加仓过程中必须保证一条：加仓前的股票已经出现了盈利。当股价上涨至高位时，投资者不必等到股价已经开始下跌或回调才想到减仓，而是应该在股价出现上涨乏力时，开始降低仓位，一旦股价开始下跌就立即清仓。

第三，下跌趋势中总仓位水平线设置。

原则上，大盘和个股处于下跌趋势中，投资者一定要空仓等待。事实上，很多短线交易者都抑制不住交易的冲动，当股价出现反弹时，就迫不及待地入场。当大盘和个股跌幅较大，且出现反弹时，可酌情少量买入，总仓位一定要控制在30%以下，并设置好止损位快进快出。

2. 单只股票仓位控制

基于资金安全的考虑，单只股票仓位占比和所拥有的资金量成反比关系，即资金量越大，单只股票在总仓位中占比越低。当然，也不能让单只股票占总仓位的比例过低。过低，则意味着投资过于分散，一方面是投资者精力不够，另一方面也会提高交易成本。

第一，单只股票仓位占比。

通常情况下，单只股票的仓位占比不应超过30%。当然，如果资金量过小，还是可以突破这一限制的。控制单只股票的仓位占比，本意是要分散风险，如果资金量太小，就失去了分散风险的意义。

第二，股票数量控制。

人的精力是有限的，不能为了分散风险而一味地增加所持有的股票。如果资金量不是太大，个人持仓的股票最好不要超过五只，单只股票的仓位以控制在30%以下为宜。当然，如果在某一时段，某只股票属于市场的热门品种，确实可以提升该只股票的仓位占比，但出于投资安全考虑，还是应该控制在50%以下。

三、科学设置止损位

追踪起涨点时，设置止损位是必要的操作。投资者要想在股市中生存下来，必须养成不设置止损位不入场的习惯。

通常来说，在追踪起涨点的操作过程中，可以尝试以下几种止损位设置方法。

1. 固定比率止损

投资者在买入股票时，可以设定一个向下的最大幅度，跌破该幅度就止损。例如，有的投资者喜欢把8%或10%作为自己的止损位。投资者在这里需要注意，止损位不能设定得离股票买入价过近，否则一旦股价出现振荡，就容易把自己振出局，但止损位也不能设定得过远，以免给自己造成太大的损失。

2. 按入场标准反向止损

投资者按照某一买入条件入场的，就可以据此反向止损。比如，投资者按照股价有效突破趋势线后入场买入股票，则可以在股价重新跌破趋势线时止损卖出；按照股价突破中期均线入场买入股票，则可以在股价跌破中期均线时止损卖出；按照早晨之星形态买入股票，则可在股价跌破早晨之星形态的最低点时，执行止损卖出操作。

第二章

K线组合判断股价起涨信号

K线图是股票技术分析领域中最基础、最重要的分析工具。自发明以来，其在标识股价波动、预判股价涨跌方面的作用逐渐被挖掘。有时看似特别简单的几根K线，却可能对股价后市的走向产生较为深远的影响。

本章选取的K线及K线组合都是经过实战检验的，未来看涨概率较高的经典K线图，供读者在实战交易中参考使用。

第一节　简单K线组合起涨信号

用K线组合来看起涨信号是非常简单、有效的方式。很多看似普通的K线组合，可能会在指示股价走势方面发挥很大的作用。

这些简单的K线组合大致包括以下几类。

第一，指示股价转折的K线组合，如早晨之星、旭日东升、曙光初现、锤头线等。

第二，指示股价继续上升的K线组合，如低位红三兵、上涨两颗星、冉冉上升等。

第三，指示股价洗盘完成的K线组合，如上升三法、多方炮、多方尖兵等。

起涨点1：早晨之星

↗ 起涨点概述

早晨之星，又称晨星、启明星、希望之星，通常由三根K线组成，第一根大阴线将股价打压至较低位置，第二根K线拉出向下跳空十字星线，第三根大阳线重新将股价拉升至较高位置。早晨之星形态属于典型的趋势反转信号，也可以看成是股价的起涨信号，如图2-1所示。

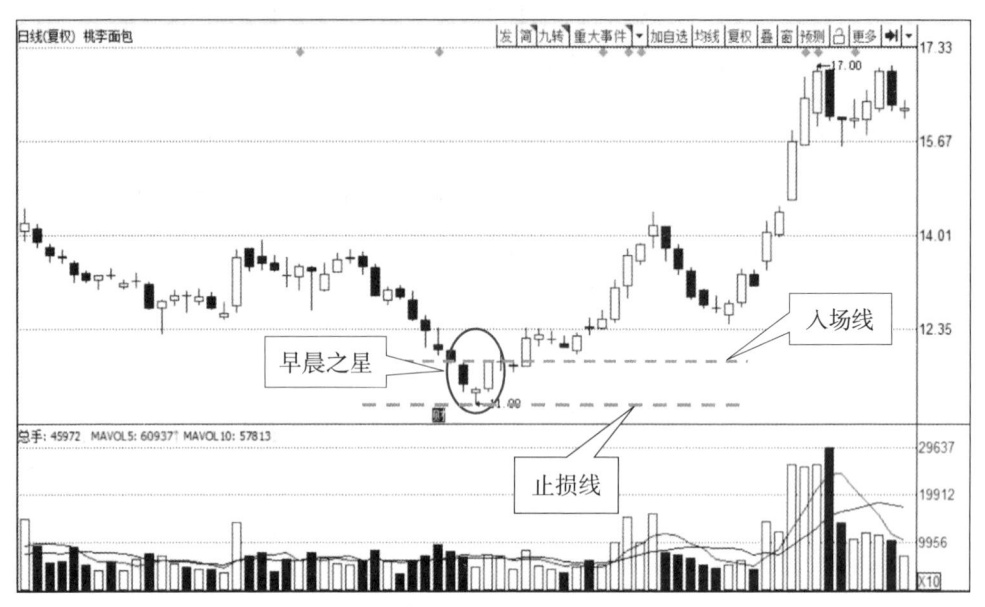

图2-1 早晨之星示意图

📈 起涨点解析

这类起涨点的形成具有如下几个典型特征。

第一，股价走出早晨之星形态前，已经经历了一波较长时间的下跌，所有的做空动能已经被充分释放。

第二，股价在前一交易日走出大阴线的基础上，再度跳空下行，并收出一根小十字线，这往往是空方的极限。随后出现的跳空大阳线就是多方发动反攻的明确信号。

第三，股价出现转向的同时，成交量也会出现明显的异动。通常来说，小十字线出现时，成交量会相对较低，而大阳线的出现，必然会带动成交量放大。

第四，早晨之星形态中间的十字星线（可以是锤头线、倒锤头线、十字线、T字线、倒T字线等）实体越小，与阴线之间跳空距离越大，则未来股价反弹向上的概率越大。

📈 实战案例

下面来看一下安琪酵母（600298）的案例，如图2-2所示。

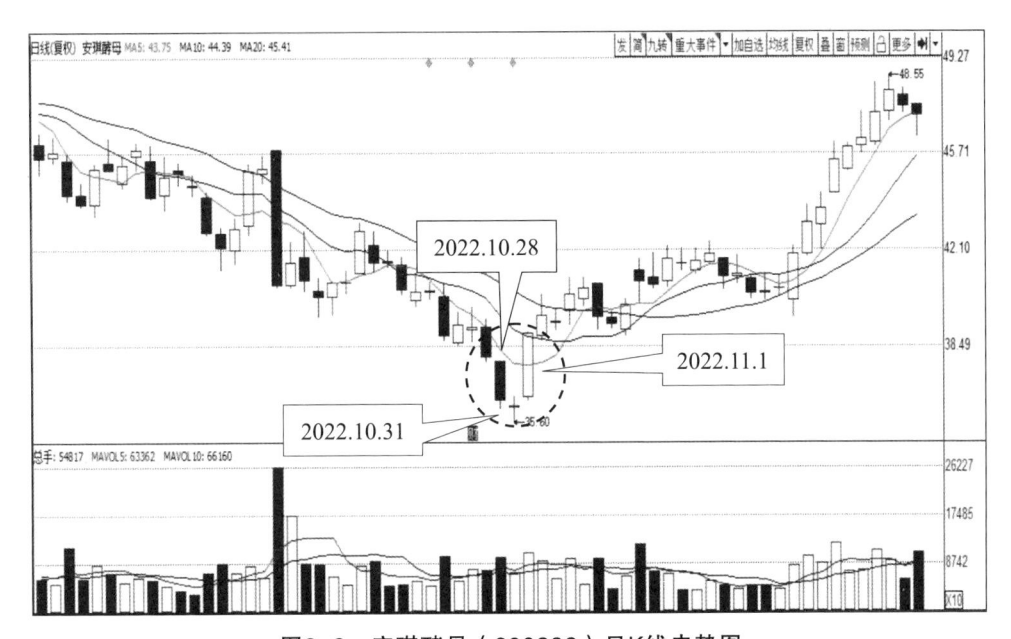

图2-2　安琪酵母（600298）日K线走势图

从图2-2可以看出，安琪酵母在下跌行情末期的2022年10月28日、10月31日和11月1日这三个连续的交易日里形成了早晨之星形态。

2022年10月28日，安琪酵母收出一根中阴线。

2022年10月31日，该股跳空低开，收出一根十字星线，表明多空双方你争我夺，行情具有不确定性。

2022年11月1日，该股高开高走，收出一根光头阳线，说明市场已经进入了多头状态。

这三根K线共同组成了早晨之星形态，标志着该股股价暴利拐点的来临，未来该股股价将会进入一波快速上升走势。

起涨点2：旭日东升

↗ 起涨点概述

旭日东升通常出现在一轮显著的下跌行情之后，由一阴一阳两根K线组成。先收出一根大阴线或中阴线，接着又收出一根高开高走的大阳线或中阳线，且这根阳线的收盘价高于前一根阴线的开盘价，如图2-3所示。

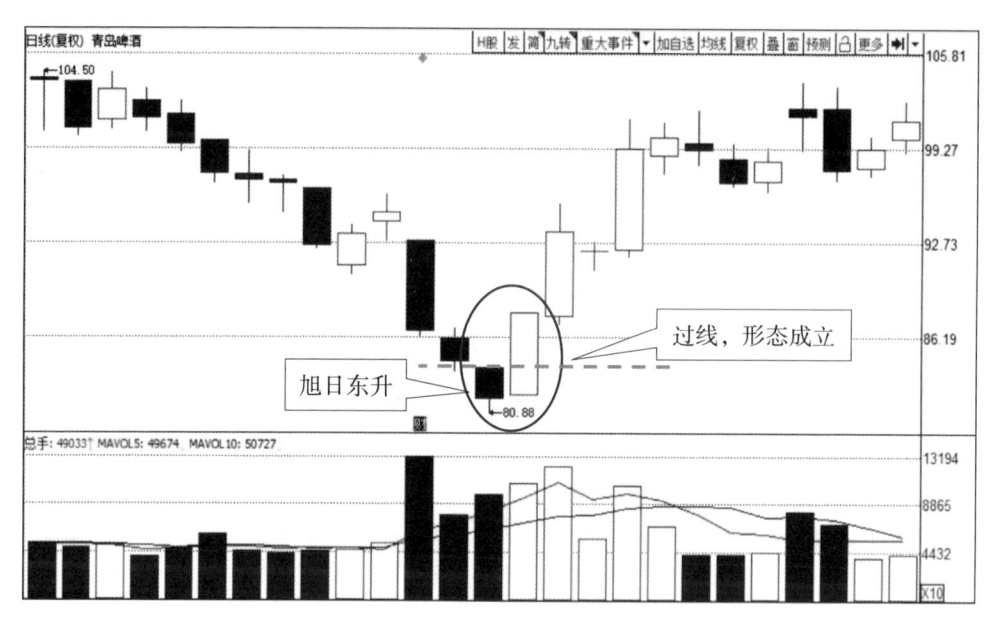

图2-3 旭日东升示意图

↗ 起涨点解析

只有黑暗过后才可能迎来旭日东升，即股价前期会经历一段长时间的下跌。旭日东升的第一根阴线表示原来下跌趋势的延续，不过这一天空方几乎将能量释放殆尽。第二根高开高走的阳线表示一开盘多方就占据主动，而空方因无力抵抗节节败退，最终，多方以绝对优势取得胜利。

总之，旭日东升预示着行情由阴转晴，未来变得更加光明，是较为强势的看涨信号。

第一，当在连续下跌之后出现旭日东升形态时，投资者不宜继续看空，而应该转变思维，寻找合适的机会逢低买入，积极做多。

第二，如果在出现旭日东升形态后股价不升反降，则表示形态失败，投资者应以持币观望为宜。

第三，以旭日东升形态为标准买入股票，应该将该形态第一根阴线的最低价设为止损位。当股价跌破该位置时，投资者应进行止损操作。

第四，旭日东升形态中第二根阳线的实体部分越大，收盘价越高，则后市上涨的力度就越大。如果在收出阳线这一天，同时伴随着成交量的放大，则看涨信号更为强烈。

实战案例

下面来看一下鸿路钢构（002541）的案例，如图2-4所示。

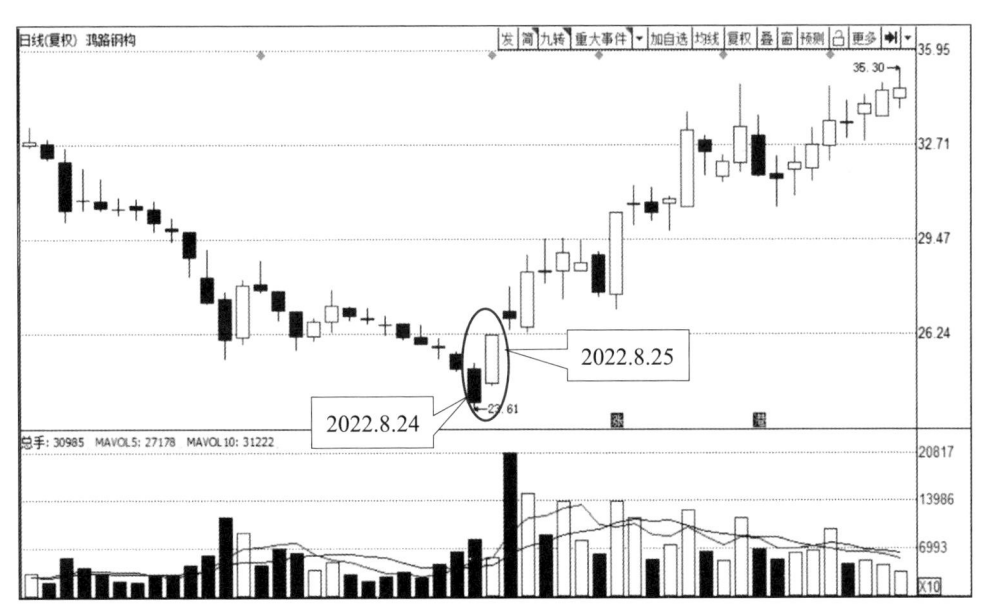

图2-4　鸿路钢构（002541）日K线走势图

从图2-4可以看出，鸿路钢构股价经过一段时间的振荡下跌后，2022年8月24日、8月25日K线图上出现了旭日东升形态。

2022年8月24日，鸿路钢构低开低走，收出一根大阴线。2022年8月25日，该股高开高走，收出一根大阳线。这根阳线的收盘价高于前一根阴线的开盘价，两者共同组成了旭日东升形态。这预示着行情有回暖的迹象。

此时，投资者应将看空思维转换成看多思维。激进的投资者可在次日逢低吸纳，稳健的投资者则可以选择在股价突破旭日东升形态中阳线的最高价时再买入。

起涨点3：曙光初现

↗ 起涨点概述

曙光初现一般出现在下跌行情中，由一阴一阳两根K线组成。先收出一根大阴线或中阴线，接着又收出一根跳空低开的大阳线或中阳线，且这根阳线收盘价所处的位置在前一日阴线实体的中部以上。

曙光初现形态出现在下跌行情中，是一种见底反弹信号。曙光初现形态中的阳线实体部分进入阴线实体部分越深，则看涨信号越强烈，如图2-5所示。

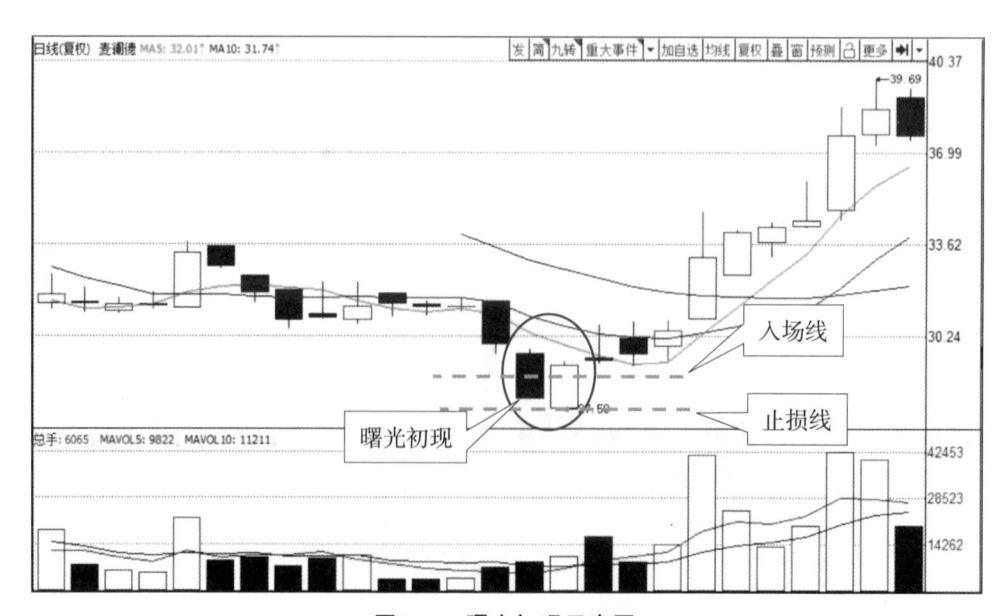

图2-5　曙光初现示意图

📈 起涨点解析

曙光初现的第一根阴线表示原来下跌趋势的延续。第二根低开高走的阳线表示开盘初始时空方仍占据优势，因而开盘价与前一根阴线的收盘价之间有一定的跳空，但之后多方开始发力，不仅填补了这一跳空缺口，还在收盘时将股价拉升至前一日阴线实体部分一半以上位置，好像要将前一日阴线贯穿。

该形态的操作技巧如下。

第一，曙光初现形态出现后，如果股价马上进入上升通道，往往相应的上涨力度并不大。相反，如果有一个短暂的调整期，则会在蓄势之后爆发出强劲的上涨力量。

第二，曙光初现形态中第二根阳线的实体部分越大，收盘价越高，则后市上涨的力度就越大。如果在收出阳线这一天，同时伴随着成交量的放大，则进一步证明后市将上涨。

第三，需要注意的是，第二根阳线的实体部分应超越前一日阴线的实体部分一半以上，曙光初现形态才有意义。

📈 实战案例

下面来看一下智洋创新（688191）的案例，如图2-6所示。

从图2-6可以看出，智洋创新在2022年4月26日、4月27日K线图上出现了曙光初现形态。

2022年4月26日，智洋创新收出一根大阴线，该大阴线将股价打压到极低的位置。4月27日，该股跳空低开不久便探底，随后一路上扬，不仅成功弥补了开始的跳空，还将收盘价定格在了涨停位置，形成了一根大阳线。这根阳线深入到前一日大阴线实体的中部以上位置，共同组成了曙光初现形态。这预示着股价已经实现阶段性沉底。

图2-6　智洋创新（688191）日K线走势图

此后，投资者可在股价调整后，入场买入股票。此后，该股正式进入上升趋势。

起涨点4：低位红三兵

↗ 起涨点概述

红三兵，又称前进三兵，既可出现在下跌行情中，也可出现在上涨行情中。由三根股价连续创新高的小阳线组成，这三根小阳线有无上下影线均可。

红三兵出现后，属于趋势企稳信号，继而出现一段上涨行情，投资者宜介入，如图2-7所示。

↗ 起涨点解析

红三兵形态表现的是一种上涨态势，说明市场上做多的力量在不断增强，形成了市场共识，并在一起努力推动股价不断上升。

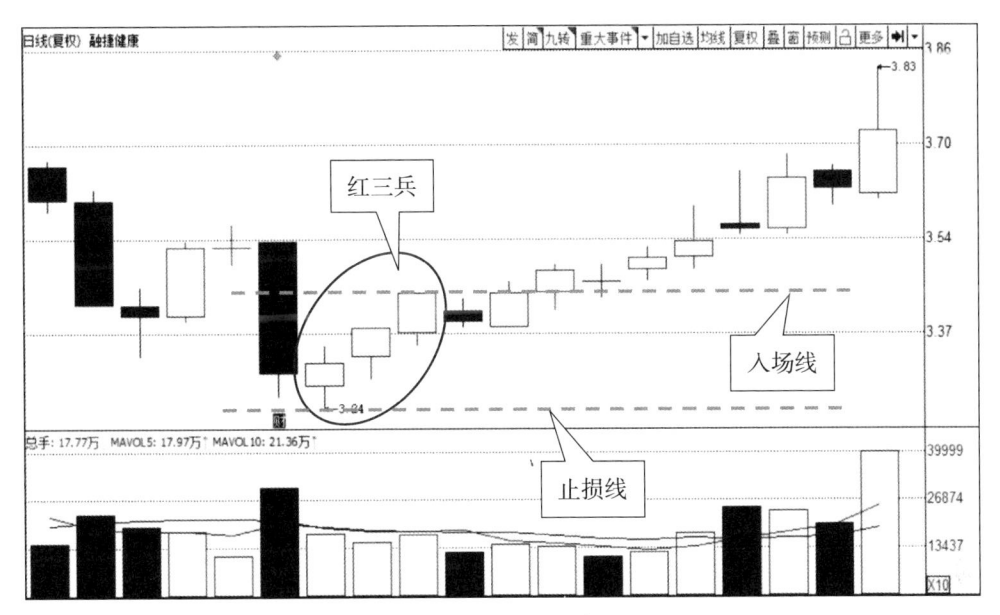

图2-7 红三兵示意图

第一，当红三兵出现在低价位区域或深度下跌之后，表明主力或多数投资者认为股价已经到了自己能够接受的价位，于是开始积极买入。这时，红三兵具有强烈的反转含义，持币的投资者应该选择买入，持股待涨。

第二，当红三兵出现在上涨途中，并且伴随着成交量的放大，则说明众多投资者在积极跟进，后市将继续上涨。看到这种形态后，投资者仍应看多并积极追涨。

第三，投资者的买入时机应该选择在股价突破红三兵形态的最高点时。在买入的同时，还应把红三兵形态的最低点设为止损位。

📈 **实战案例**

下面来看一下柳药集团（603368）的案例，如图2-8所示。

从图2-8可以看出，柳药集团的股价在下跌行情末期的2022年10月11日、12日和13日这三个连续的交易日里形成了低位红三兵形态。

2022年10月11日，柳药集团收出一根带长下影线的阳锤头线。

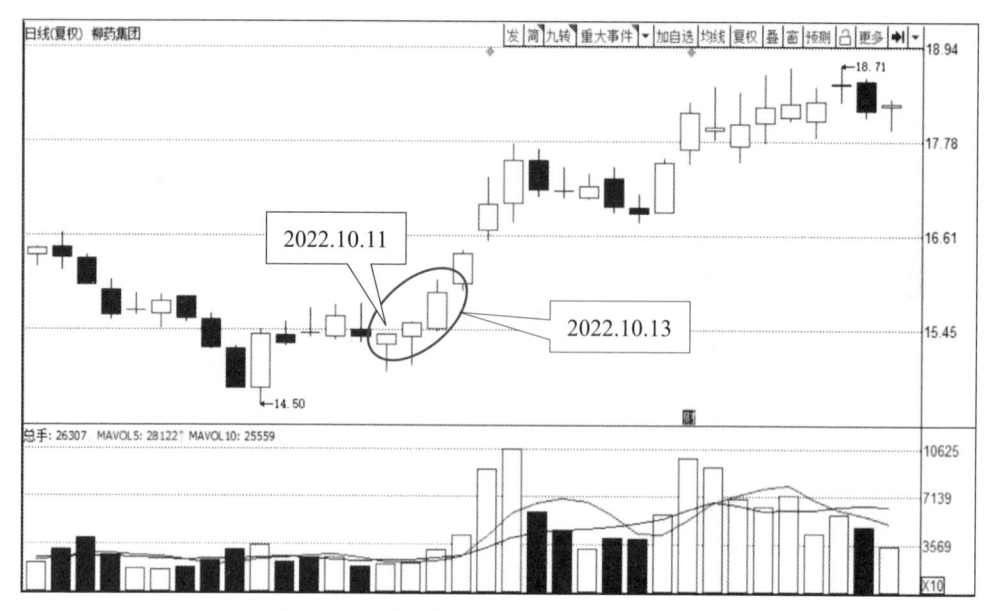

图2-8 柳药集团（603368）日K线走势图

2022年10月12日，该股平开，收出一根实体较小的小阳线。这根小阳线的实体大于前一根阳线的实体。

2022年10月13日，该股低开后经过一番振荡，再次收出一根中阳线。该阳线的实体大于前两根阳线的实体。

这三根小阳线共同组成了低位红三兵形态，说明该股未来上涨的可能性非常大。投资者应在10月13日这一天适量买入，并把第一根小阳线的最低价设为止损位。

起涨点5：上涨两颗星

↗ 起涨点概述

上涨两颗星由一根大阳线带两根小星线构成。上涨两颗星是中继信号，表示股价仍将上涨。该形态对于短线买入时机的把握具有重要意义，如图2-9所示。

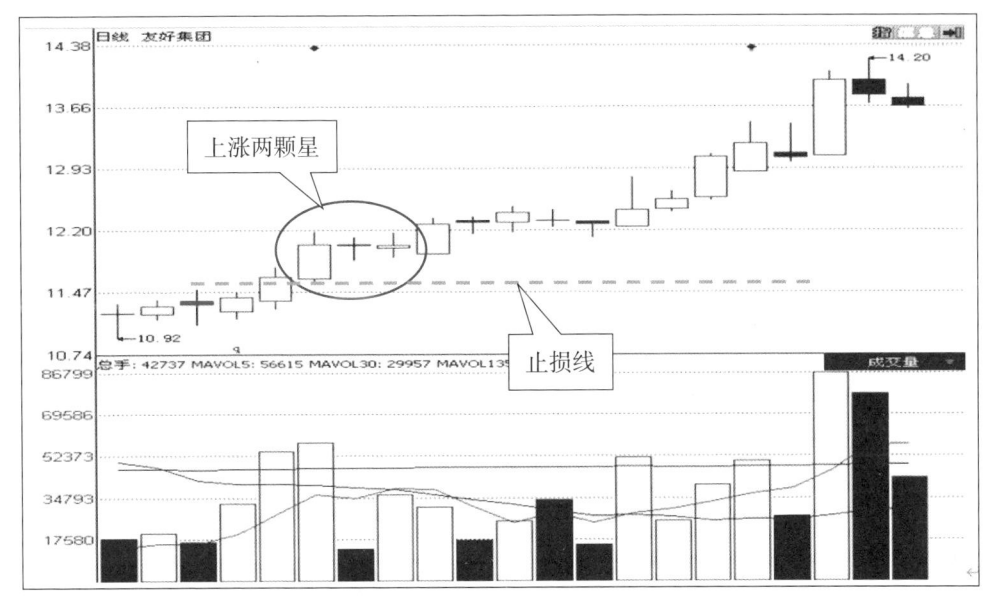

图2-9 上涨两颗星示意图

📈 起涨点解析

上涨两颗星形态出现时，表明多方的优势地位已经确立，未来涨势仍将继续，投资者可在次日适量买入，持股待涨。

该形态的具体操作要点如下。

第一，上涨两颗星的第一根阳线应该伴随着明显的放量，而之后的两颗星则应该保持缩量，这样才有空中加油的含义，一旦出现这样的价量配合，后市上涨的可能性就更大。

第二，有时候阳线的上方会出现三根小K线，称作上涨三颗星，它同上涨两颗星具有相同的中继意义，上涨力度会更强。

第三，在高价位区域出现与之类似的形态，极有可能是黄昏之星的前半段，不能把它看成是上涨两颗星来操作。同样在弱势反弹中出现该形态也不宜买入。

第四，基于上涨两颗星形态买入股票的投资者，可将大阳线最低点设置为止损位。一旦股价向下跌破阳线最低点就可以坚定地执行止损离场操作。

📈 实战案例

下面来看一下恩华药业（002262）的案例，如图2-10所示。

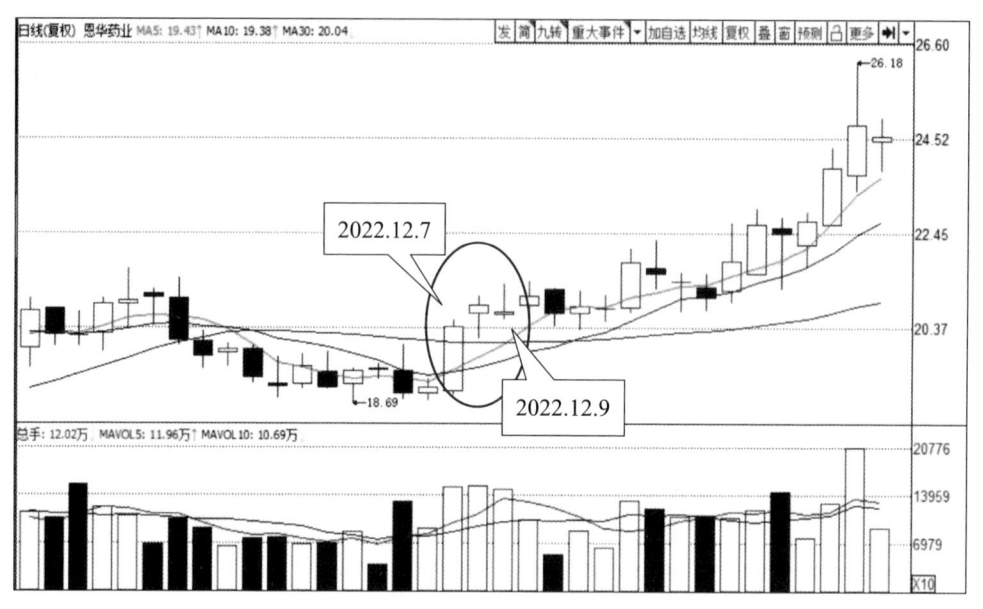

图2-10　恩华药业（002262）日K线走势图

从图2-10可以看出，恩华药业在上涨行情初期的2022年12月7日、8日和9日三个连续的交易日形成了上涨两颗星形态。

2022年12月7日，恩华药业收出一根大阳线。

2022年12月8日，在大阳线的上端位置收出阳线十字星线。

2022年12月9日，该股再次收出一根小阳十字星线。

这三根K线共同组成了上涨两颗星形态。投资者可以在该形态完成（12月9日）后适量买入并持股待涨。

起涨点6：底部三颗星

📈 起涨点概述

股价经过一波下跌后，在底部区域连续拉出三根十字线或小阳线、小阴线，形成了典型的底部三颗星形态。

底部三颗星表明空方动能不足，股价大多会止跌企稳，继而出现一段上涨行情，投资者宜介入，如图2-11所示。

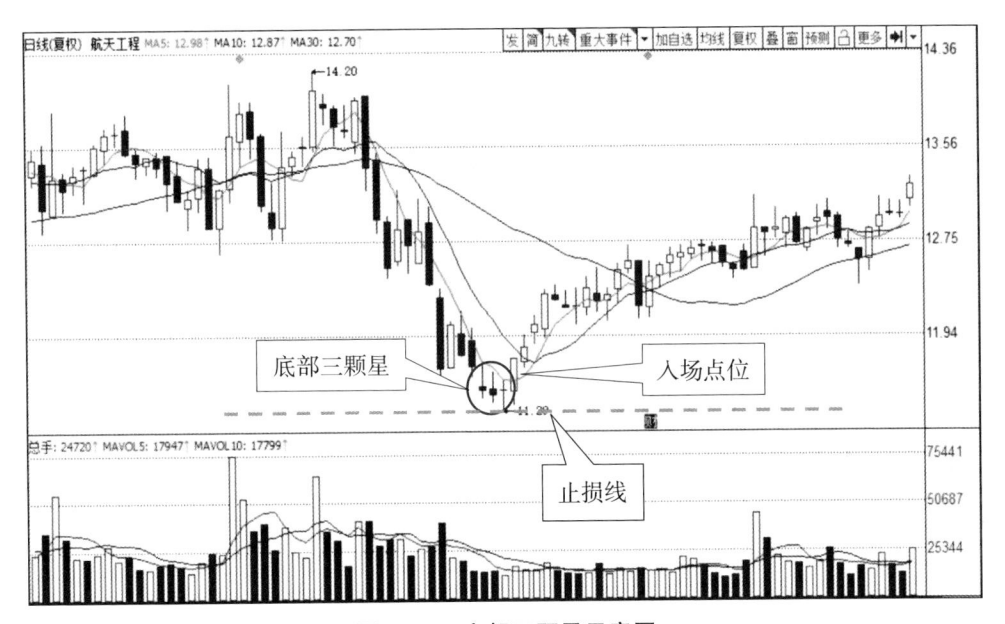

图2-11 底部三颗星示意图

📈 起涨点解析

三根连续的十字星线，说明多空双方力量开始趋于均衡。而其出现在大幅下跌之后，说明空方实力出现了不足。底部三颗星形态发出的是底部企稳信号，投资者看到此形态成立后，应积极准备买入股票。

第一，底部三颗星形态中的第三根星线的涨跌变化非常重要，如果第三根十字星线为阳线时可以在当天入场做多。反之，则应等到次日股价向上突破第三根十字星线的开盘价后才能进场买入股票。

第二，底部三颗星形态中的三颗十字星线如果能够呈逐级升高排列，则后市反转向上的可能性更大。

第三，投资者如果能结合成交量和技术指标分析，将会大大提升该形态的准确性。

第四，底部三颗星出现后，若股价不涨反跌，跌破底部三颗星最低点时，宜执行卖出止损操作。

📈 **实战案例**

下面来看一下赛腾股份（603283）的案例，如图2-12所示。

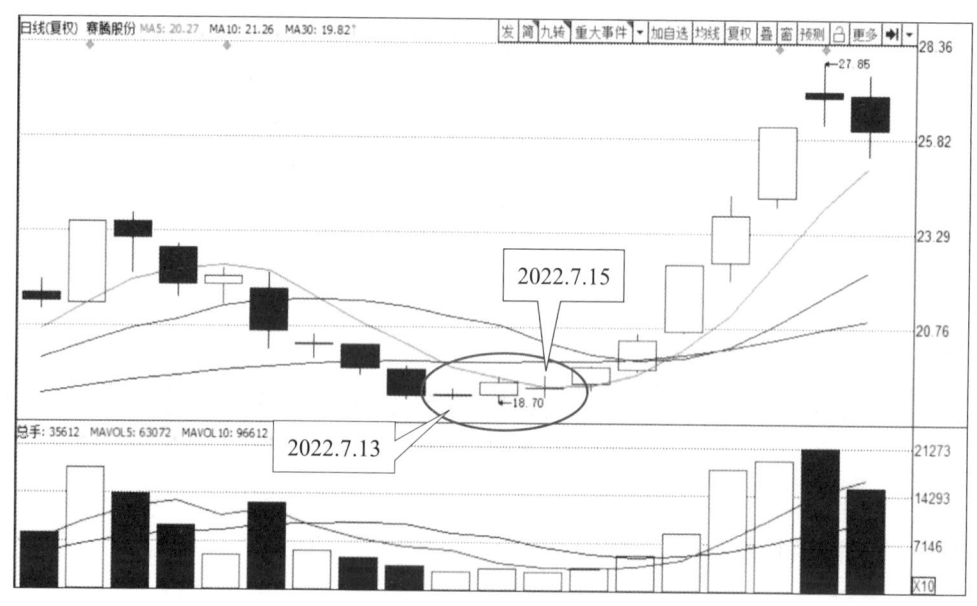

图2-12 赛腾股份（603283）日K线走势图

从图2-12可以看出，赛腾股份的股价在下跌行情末期的2022年7月13日、14日和15日这三个连续的交易日里形成了底部三颗星形态。

2022年7月13日，赛腾股份收出一根小阴十字星线。

2022年7月14日，该股平开后走高，并收出一根实体很小的小阴星。这表明多空双方你争我夺，行情具有不确定性。

2022年7月15日，该股低开后经过一番振荡，再次收出一根十字星线。

这三根十字星线共同组成了底部三颗星形态，且这三颗十字星线一根高于一根，说明该股未来上涨的可能性非常大。投资者应在7月15日这一天适量买入，并把第一根十字星线的最低价设为止损位。

起涨点7：低位阴孕阳

↗ 起涨点概述

低位阴孕阳由一阴一阳两根K线组成。前一根K线是阴线，后一根K线是阳线。当低位阴孕阳形态出现在一段持续的下跌走势之后，表示之前处于强势的空方力量减弱，多方开始发力，通常为见底信号，如图2-13所示。

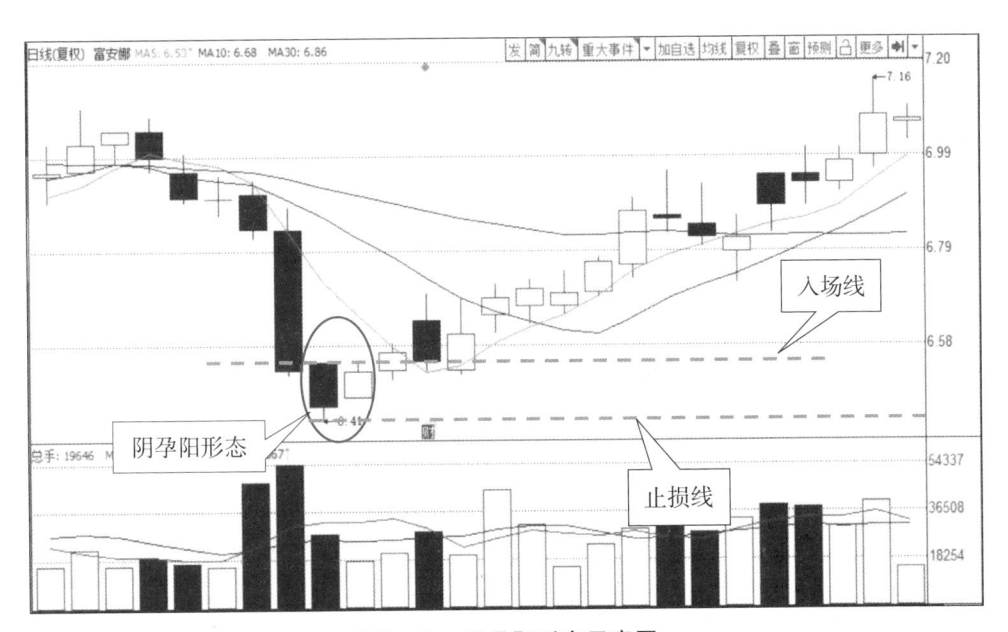

图2-13 阴孕阳形态示意图

↗ 起涨点解析

在连续下跌走势中出现阴孕阳形态，表示卖盘力量减弱，股价可能即将见底或继续下跌的空间很小，这时投资者不宜轻举妄动，而应该耐心观察，当有其他信号证明股价将上涨时，再进行买入操作。

该形态的操作要点如下。

第一，阴孕阳形态中，后一根阳线相对于前一根阴线而言，收盘价越高，则反转向上的可能性越大。

第二，当阴孕阳形态出现时，如果技术指标能够同时发出买入信号，则可大大增强该信号的可靠性。

第三，阴孕阳形态成立后，股价如果能突破阴线的开盘价位置，则可考虑入场买入该股。

📈 实战案例

下面来看一下华伍股份（300095）的案例，如图2-14所示。

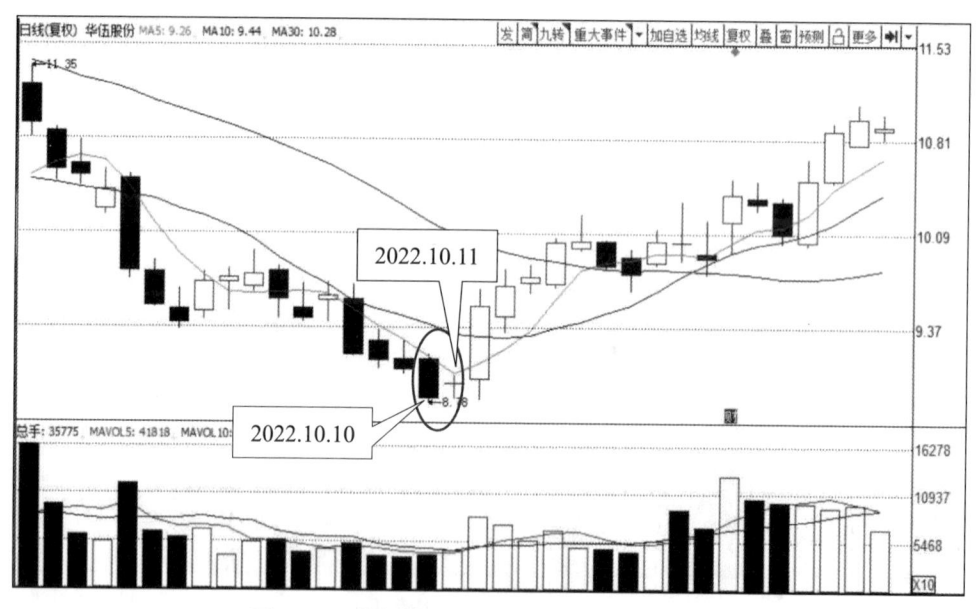

图2-14 华伍股份（300095）日K线走势图

从图2-14可以看出，华伍股份经历了自2022年7月中旬开始的一段大幅下跌后，于10月10日、10月11日走出了阴孕阳形态。

2022年10月10日，华伍股份收出一根影线很短的大阴线。此阴线出现在股价连续下跌几个交易日之后，且成交量同步出现了放大。从当时的量价形态来看，很有可能属于股价下跌途中的最后一跌。

10月11日，该股收出一根阳十字星线，这根小阳线的开盘价高于前一日阴线的收盘价，而收盘价低于前一日的开盘价。它和前一日的大阴线共同形成阴孕阳形态。这预示着行情可能反转向上。

次日，该股更是收出了一根大阳线，标志着股价已经正式进入上升行情。投资者可积极入场做多。

起涨点8：低位阳包阴

↗ 起涨点概述

低位阳包阴由一阳一阴两根K线组成，前一根K线是阴线，后一根K线是阳线。当低位阳包阴形态出现在一段持续的下跌走势之后，表示之前强势的空方力量衰竭，多方开始占据主动并已压倒空方，是常见的见底信号，如图2-15所示。

图2-15 阳包阴示意图

📈 起涨点解析

股价在下跌过程中，出现了一根实体较短的阴线，表示下跌虽然还在继续，但下跌力度已经有所减缓，空方实力已经有所不足，随后出现了一根大阳线，以低于前一根阴线收盘价的价格开盘，又以高于前一根阴线开盘价的价格收盘，说明多方力量已经完全压倒了空方，反弹行情一触即发。

该形态的操作要点如下。

第一，低位阳包阴形态中，阴线的实体部分要被涵盖在阳线实体的内部，以表明多方力量已经全面超过空方，否则形态无效。

第二，投资者在看到低位阳包阴形态后，可以积极买入股票，然后将止损位设定在大阳线最低价的位置，股价一旦跌破这一位置，表明该形态的指示作用失效，投资者应果断卖出股票。

第三，低位阳包阴形态中，阳线的实体部分越长，则该形态发出的指示作用就越准确，后续走势上涨的可能性就越大。

📈 实战案例

下面来看一下北京城乡（600861）的案例，如图2-16所示。

2022年10月11日，北京城乡的股价经过了一段时间的下跌之后，收出了一根小阴锤头线，说明该股后期走势十分不明朗。10月12日，该股低开高走收出一根中阳线，这根中阳线将前一根十字阴线完全包住，低位阳包阴形态正式形成，此时，投资者可以考虑买入该股。

次日，北京城乡的股价冲高回落，但仍以阳线报收。此后，该股股价正式进入主升行情。由此可见，阳包阴形态看涨信号的有效性。

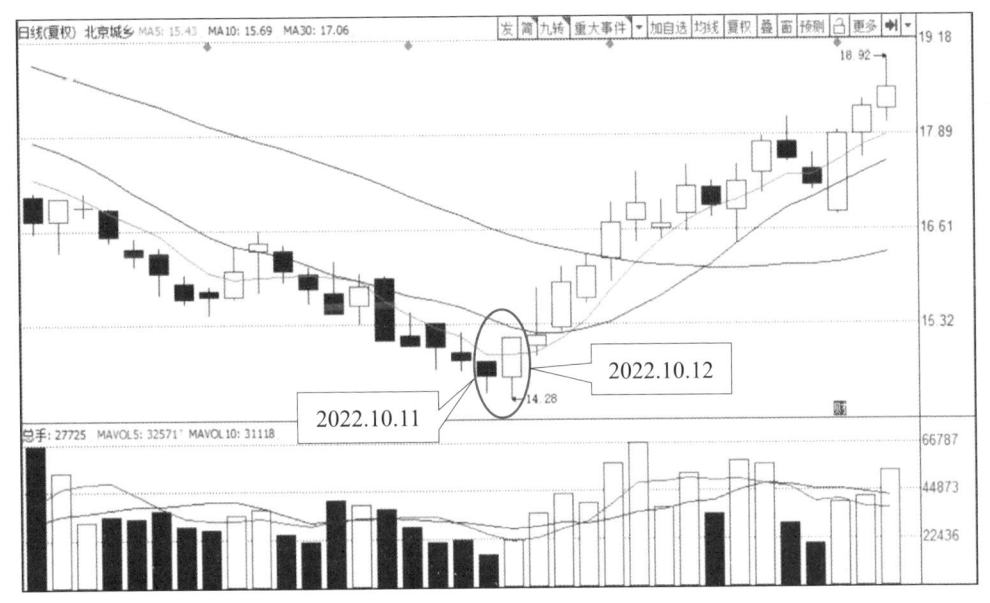

图2-16　北京城乡（600861）日K线图

起涨点9：上升三法

↗ 起涨点概述

上升三法，又称升势三鸦、上升三部曲，通常出现在上涨行情中，由两阳三阴五根K线组成。先收出一根大阳线或中阳线，然后连续出现三根小阴线（其中可能有十字星线），但这三根小阴线都没有跌破前面那根阳线的最低价，最后又拉出一根大阳线或中阳线。

上升三法出现在上涨行情中，是一种持续形态，表示股价在稍做调整后会继续上涨，如图2-17所示。

↗ 起涨点解析

上升三法表示多方没有失去主导地位，依然保持着强势，是看涨信号。投资者看到这种形态后可以继续持股观望，如仍持有现金可进行追涨操作。

该形态的操作要点如下。

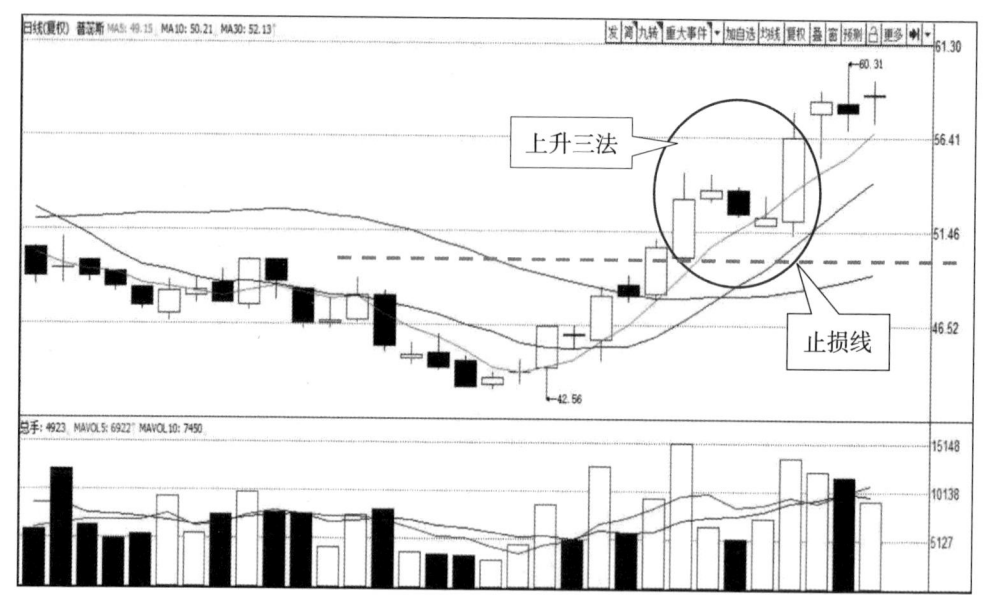

图2-17 上升三法示意图

第一，当股价在上升过程中出现三根连续的小阴线（黑三兵），投资者切勿将其当作转势信号而卖出股票，这样可能会错过之后的上涨行情。

第二，最后一根阳线的实体越大，表明后市上涨的力度越大。

第三，如果出现阳线时，成交量明显放大，出现阴线时，成交量出现萎缩，则看涨信号的可靠性更高。

第四，如果三根小阴线击穿了第一根阳线的最低价，或者最后一根阳线不能突破第一根阳线的收盘价，则上升三法形态不能成立。

📈 **实战案例**

下面来看一下沃森生物（300142）的案例，如图2-18所示。

从图2-18可以看出沃森生物从2022年9月底开始了稳步上升行情。2022年10月26日至11月1日，处于上涨途中的该股形成了上升三法形态。

2022年10月26日，该股收出一根大阳线。

2022年10月27日至31日，该股连续三个交易日收出小阴线，而且这些

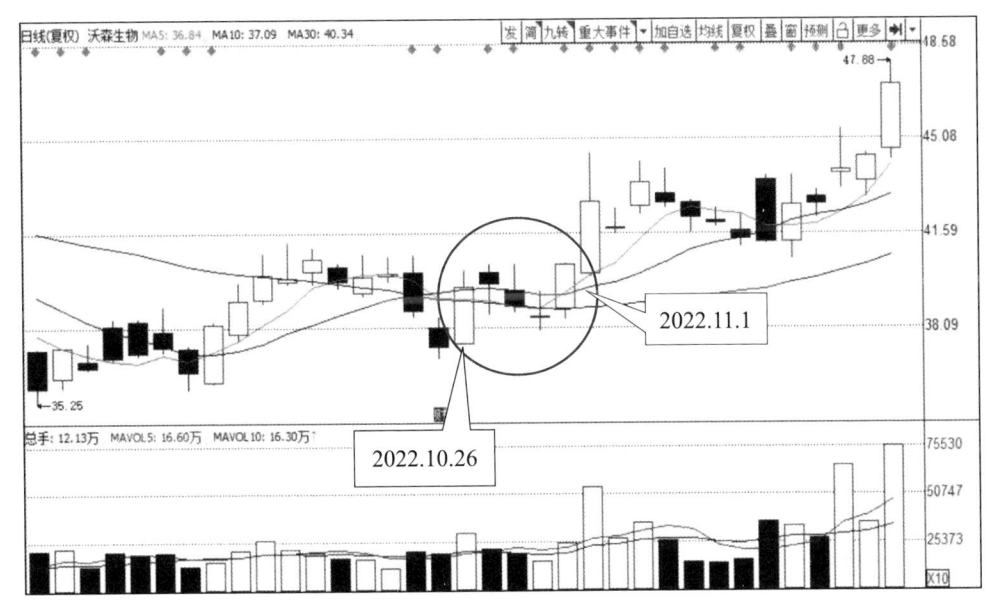

图2-18 沃森生物（300142）日K线走势图

小阴线的收盘价都要高于第一根阳线的开盘价。看到这种形态后，投资者不应盲目减仓。

2022年11月1日，该股收出一根中阳线，完全弥补了前三日的跌幅。这充分证明了中间的三根小阴线是庄家的洗盘手法。庄家达到清洗浮筹的目的后迅速将股价拉升，不想再给短线投资者逢低补仓的机会。

这五个交易日所形成的K线组合便是上升三法形态。这表明股价将在短期内继续上涨。投资者看到此形态完成后，应继续持股，还可在次日逢低加仓。

起涨点10：多方炮

↗ 起涨点概述

多方炮，又称两阳夹一阴、两红夹一黑，根据后面的两种称呼可以知道，这种形态是由两根实体较大的阳线和一根实体较小的阴线组成的，三者的中轴基本处于同一位置上，阴线被左右两根阳线夹在中间，且其实体部分被两根阳线的实体完全覆盖，如图2-19所示。

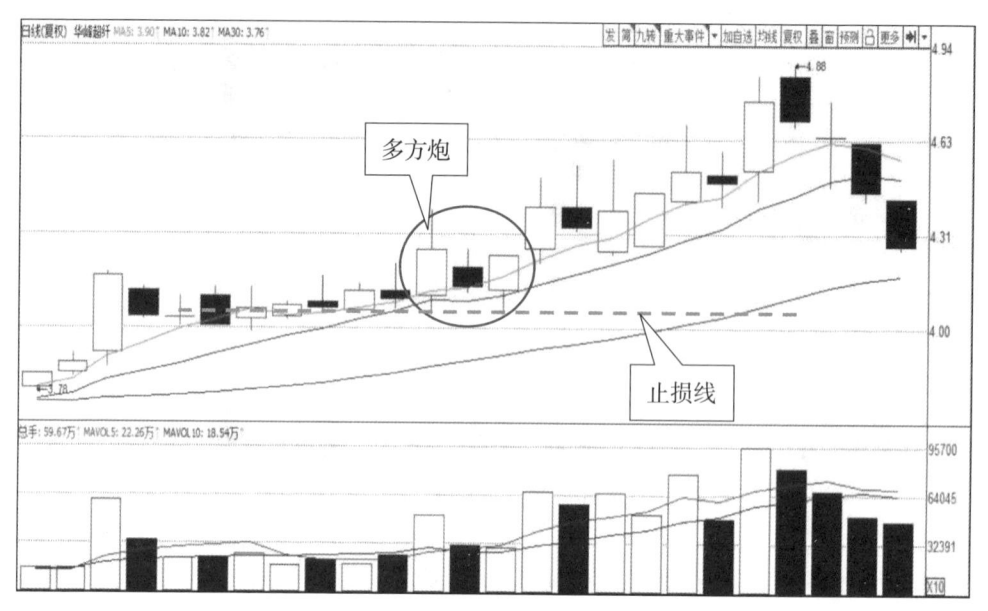

图2-19　多方炮示意图

📈 起涨点解析

多方炮常出现在庄家洗盘过程中。如果收出阴线的同时成交量萎缩，而后一日的成交量又温和放大，则说明洗盘效果明显，后市看涨信号更为强烈。为了避免被清洗出局，投资者应该保持警惕，不要轻易卖出股票。

第一，在下跌行情中，尤其是大幅下跌之后出现多方炮形态，表示多方开始向空方开炮，走势应在多空双方的激战后发生变化，股价会止跌反弹或见底回升。投资者可以适量买入股票，持股待涨。

第二，在上涨初期或上涨途中出现多方炮形态，是中继信号，表明股价经过短暂休整后，仍有继续上升的空间，投资者可以适度追涨。

第三，以多方炮为标准买入股票的投资者，应该把止损位定在该形态三根K线的最低价上，一旦之后几日股价跌破该位置，表示多方炮变成了哑炮，投资者应止损出场。

📈 实战案例

下面来看一下鹏辉能源（300438）的案例，如图2-20所示。

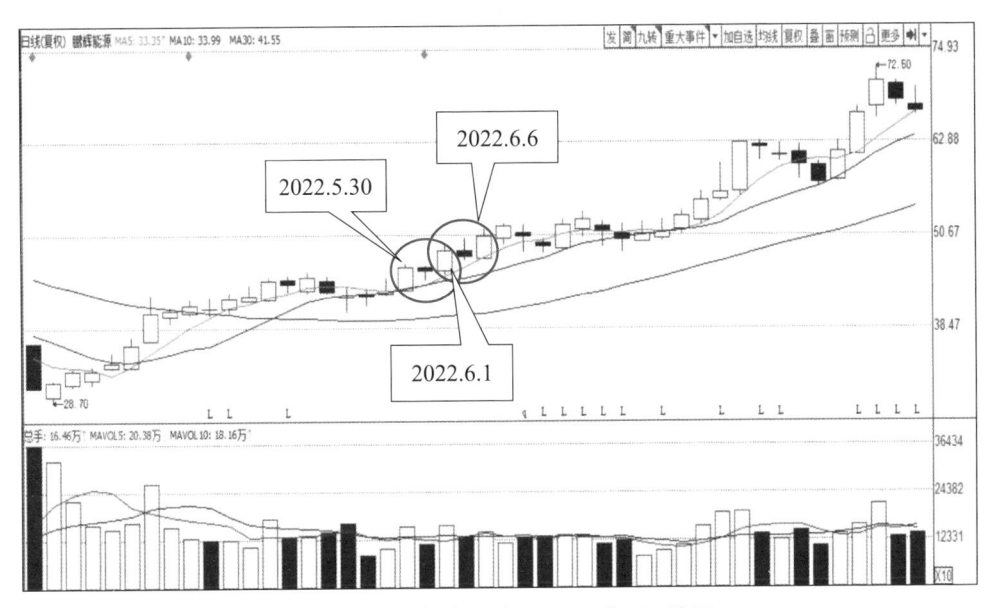

图2-20　鹏辉能源（300438）日K线图

从图2-20可以看出，鹏辉能源经历了一波下跌后，自2022年4月底，开始了一波振荡反弹走势。

2022年5月30日，该股股价延续了前一交易日的上涨，收出了一根大阳线，说明多头处于强势地位，未来股价还将进一步上涨。

2022年5月31日，鹏辉能源的股价低开低走，出现回调。6月1日，该股再次低开，但之后一路上涨，收出一根中阳线。这根中阳线与前两根K线形成了多方炮形态，预示该股股价还有继续上涨的可能。

6月2日，该股股价再度出现回落。6月6日（6月3日至5日，端午休市）再度低开高走，收出一根大阳线，再度形成了多方炮形态。

其实，从5月30日至6月6日，该股股价形成了叠叠多方炮形态，这属于更加强势的看涨形态。

此后，该股股价正式进入上升通道。

起涨点11：三线打击

📈 起涨点概述

三线打击，又称笨拙三战士，出现在上涨行情中，由三小一大四根K线组成。先是在前三天出现一个红三兵形态，即连续收出三根创新高的阳线，第四天又以接近或高于前一日收盘价开盘，但在收盘时股价被拉至第一根K线的开盘价之下。

三线打击形态中的前三根阳线表示当前上升趋势的延续，但在第四天，市场出现了套利行为，因而使股价下挫到第一日的开盘价之下，完全抵消了前三日的上涨成果，如图2-21所示。

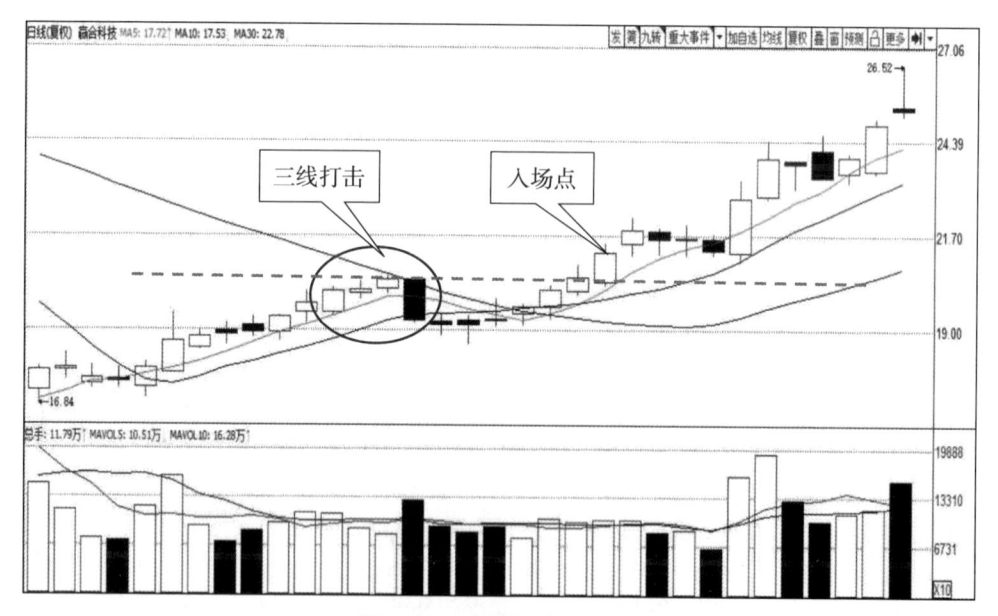

图2-21 三线打击示意图

起涨点解析

三线打击形态的操作要点如下。

第一，三线打击形态中，通过一个交易日的深度下跌进行调整，不仅有扎实多方基础的作用，更避免了横盘调整的不确定性，是一种"不需要进一步证实"的中继形态，表明股价将继续上涨。看到此形态后，持股的投资者不宜卖出，持币的投资者可在次日适量买入。

第二，在下跌行情中出现与之类似的形态，不能视作三线打击形态。

第三，激进型投资者可在股价三线打击形态成立后，少量建仓；保守型投资者可在股价向上突破三线打击形态最高点后，入场建仓。

实战案例

下面来看一下辰安科技（300523）的案例，如图2-22所示。

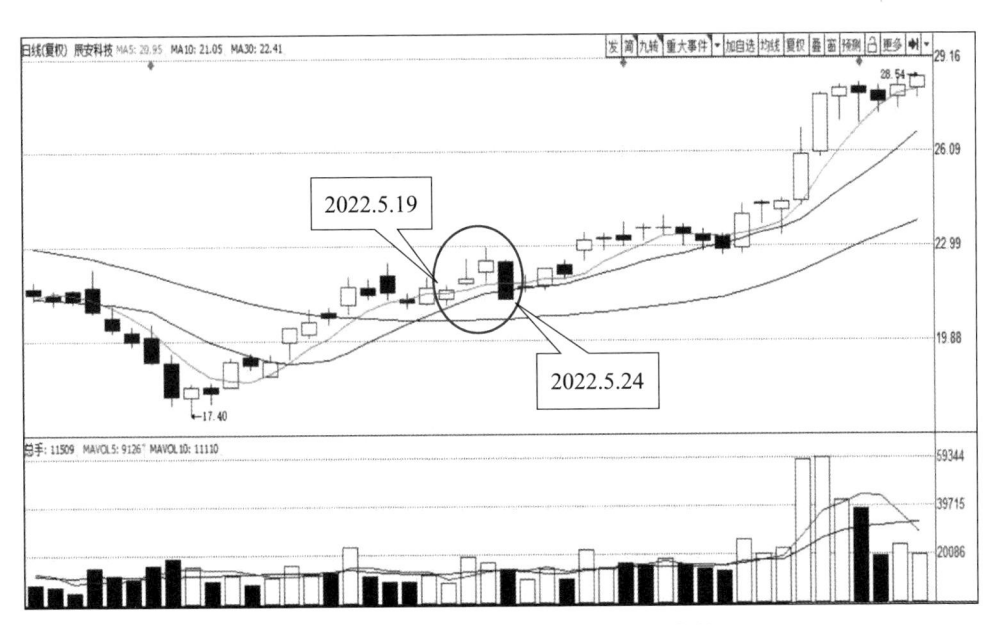

图2-22 辰安科技（300523）日K线走势图

从图2-22可以看出，辰安科技的股价经过一波长时间的下跌后，自2022年4月底开始触底反弹向上。

该股股价自2022年5月19日至5月23日不断上涨，且连续收出三根阳线，说明股价走势趋于强势，但短期内也有回调整理的需要。

2022年5月24日，该股以高于前一交易日的收盘价开盘，之后便转而向下，最终收出一根大阴线，收盘价低于5月19日的开盘价。

这四个交易日所形成的K线组合便是三线打击形态，而且最后一根阴线的实体足以吞噬之前三个交易日的涨幅，回调力度很大，表明后面上涨的可能性也非常大。投资者应该在次日（5月25日）逢低买入。

起涨点12：多方尖兵

📈 起涨点概述

多方尖兵出现在上涨行情中，其形态表现为：股价在上升时遭遇空方的打压，因而收出一根带有较长上影线的大阳线或中阳线。之后几个交易日，股价有所回落，但不久之后，多方重新聚集力量发动反攻，又拉出一根大阳线或中阳线，使股价涨到了上影线的最高点之上，如图2-23所示。

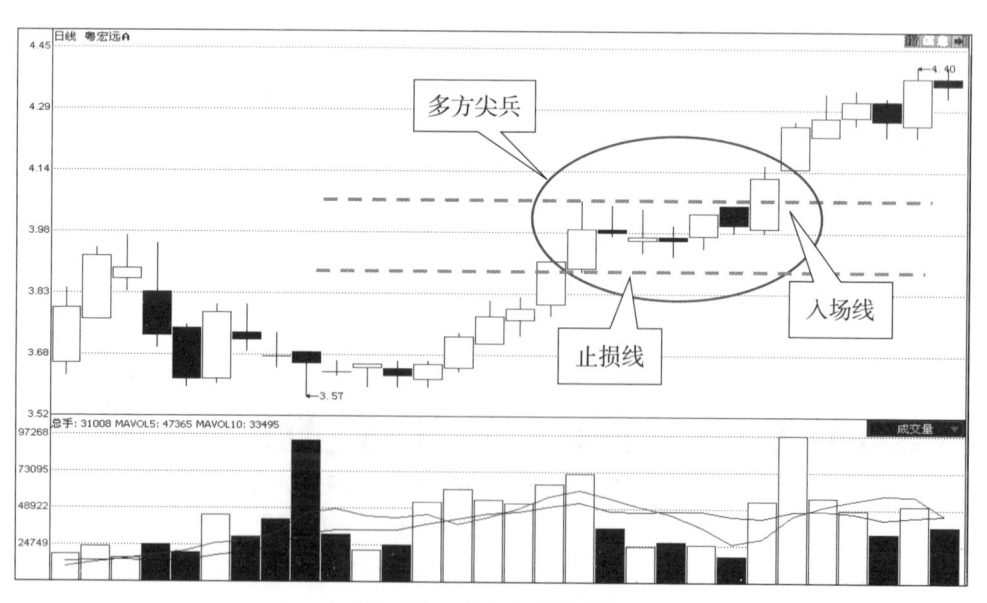

图2-23　多方尖兵示意图

📈 起涨点解析

多方尖兵形态是多方发动全面进攻前的试盘活动,表示多方在摸清了空方的底细之后,对于进一步拉升股价信心满满。

第一,多方尖兵是一种行情将继续向好的中继形态。对于投资者而言,看到此形态后果断买入往往能够把握后期股价上涨带来的投资收益。

第二,只有最后一根阳线的实体穿越了第一根阳线上影线的最高点,才能被视为多方尖兵。

第三,如果收出最后一根阳线的同时,伴随着成交量的放大,那么看涨信号更为强烈。

第四,参照多方尖兵形态买入股票的投资者,最好将止损点定为第一根阳线的收盘价。

📈 实战案例

下面来看一下中信建投(601066)的案例,如图2-24所示。

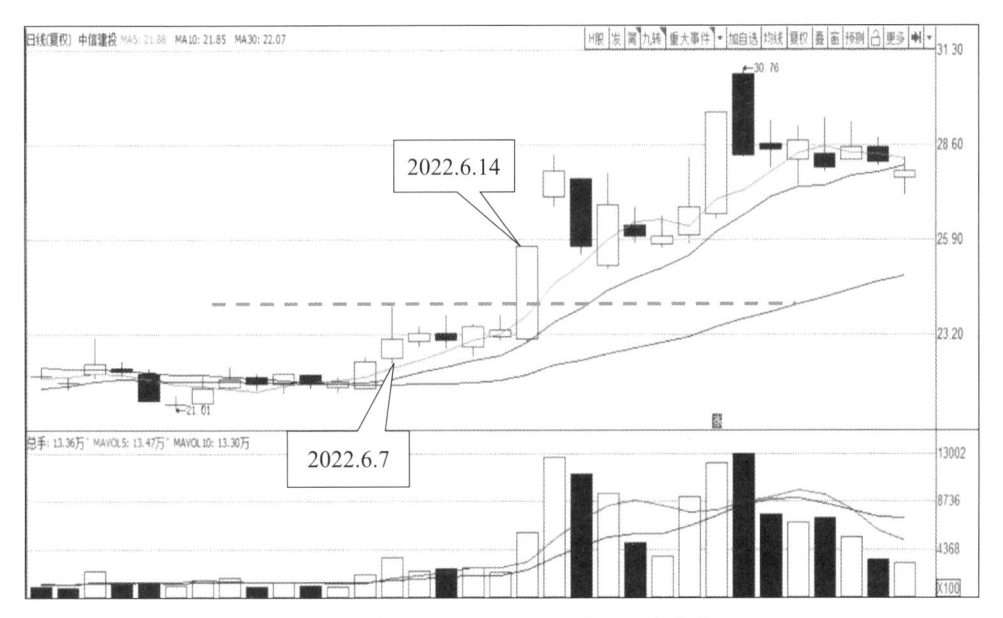

图2-24 中信建投(601066)日K线走势图

从图2-24可以看出，中信建投的股价从2022年4月底开始启动了一轮上涨行情，并于6月7日到14日期间走出多头尖兵形态。

2022年6月7日，中信建投收出一根带有较长上影线的小阳线。此后，该股收出一系列小阳线和小阴线。说明此时，多空双方斗争非常激烈，未来股价运行趋势十分不明朗，投资者应保持观望。

2022年6月14日，该股收出一根大阳线，且收盘时股价已经在第一根阳线的最高价之上。这根大阳线的出现表明多方活动争斗的最终胜利，未来股价将开始向着有利于多头的方向运行。

这6个交易日所形成的K线组合就是多方尖兵形态。投资者可在该形态成立后的当日或次日逢低买入股票，并将止损点定为第一根阳线的收盘价位置。

起涨点13：倒锤头线

↗ 起涨点概述

倒锤头线是一种实体很小，上影线很长，没有下影线或下影线很短的K线形态，它的形状像一把倒置的锤子，通常处于一段下跌趋势的底部。作为见底信号，倒锤头线的信号强度不如锤头线，所以投资者应结合前后K线进行综合研判，如图2-25所示。

↗ 起涨点解析

倒锤头线有止跌回升的意义。它可以是阳线，也可以是阴线，其中阳线含有的上涨暗示更为明显。如果出现倒锤头线信号的当天成交量很大，那么后期出现上涨的可能性也将增大。

第一，如果在出现倒锤头线的第二天是强势的上涨行情，则表明多方已经开始占据主导地位。这时，投资者可以适时买入，同时还应当把出现倒

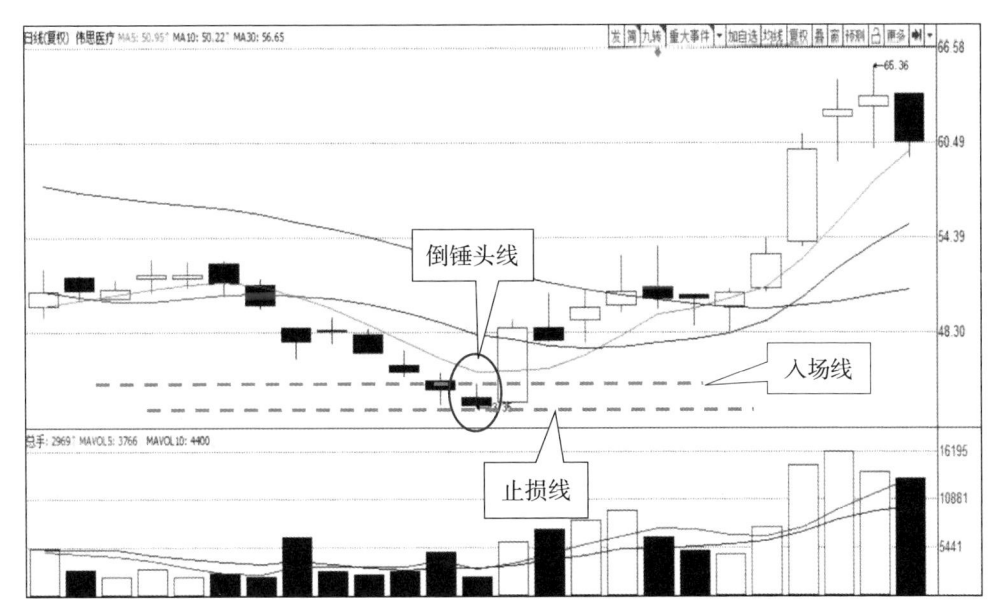

图2-25 倒锤头线示意图

锤头线那一天的最低价设为止损位，一旦股价跌破该价位，则应及时止损出局。

第二，从倒锤头线形成的过程来看，这个形态的信号强度不如锤头线明显，所以，投资者可以把它与前后的K线组合放在一起综合分析，以准确研判后期走势。

第三，出现倒锤头线形态后，如果投资者担心风险，则可以观察几日，待到行情企稳后再逢低吸纳。

📈 实战案例

下面来看一下苏泊尔（002032）的案例，如图2-26所示。

从图2-26可以看出，苏泊尔经历了2022年10月中旬的一轮下跌后，于10月31日走出了倒锤头线形态。该股收出倒锤头线，表示行情有见底反弹的可能，投资者宜保持关注。

次日，该股高开高走收出一根大阳线，且此根大阳线突破了前一个倒锤头线的上影线，预示此后该股将出现上涨行情，投资者可以于此日买入股票，这样就可以获得未来股价上涨带来的收益了。

图2-26 苏泊尔（002032）日K线走势图

起涨点14：锤头线

↗ 起涨点概述

锤头线是一种实体很小，下影线很长，没有上影线或上影线很短的K线形态。锤头线通常出现在一段下跌趋势的底部，表示后市看涨，是投资者重要的买入信号，如图2-27所示。

锤头线具有以下形态特征。

第一，实体很短，且位于当日整个价格区间的上端。

第二，没有上影线，或者上影线非常短。

第三，下影线很长，其长度至少是实体长度的两倍。

第四，位于一段下跌趋势的底部。

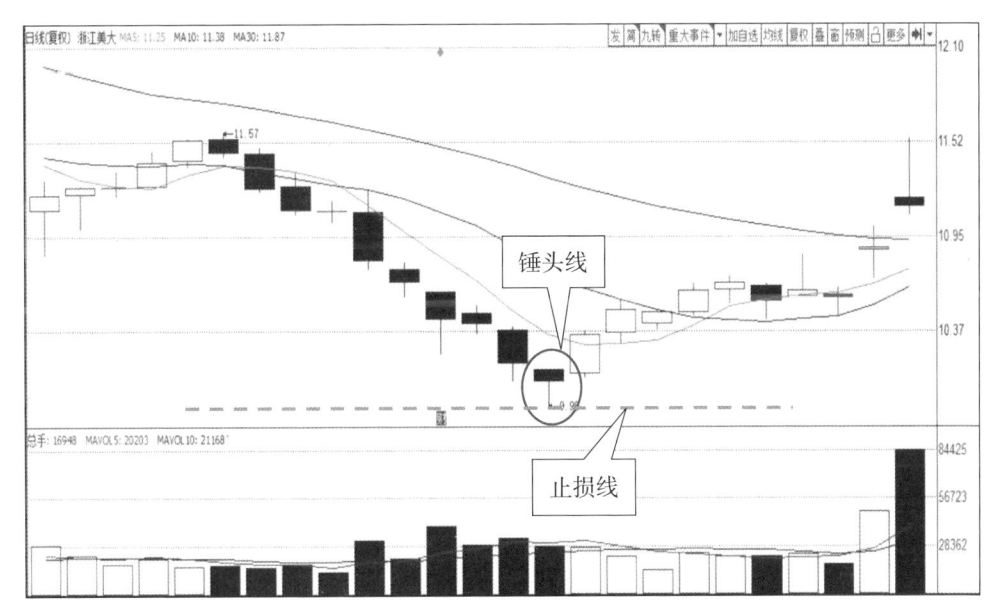

图2-27 锤头线示意图

📈 起涨点解析

锤头线是见底信号，后市看涨。它可以是阳线，也可以是阴线，阳线比阴线的信号更强。此外，如果锤头线与前一日相比有跳空现象，或有明显的放量，则反转意义更明显。

第一，如果在出现锤头线的第二日，股价呈上涨势头，则表明多方已经开始占据主导地位。这时，投资者可购入股票，持股待涨。

第二，出现锤头线形态后，如果投资者担心风险，则可以观察几日，待行情企稳后再进行建仓操作。

第三，投资者如果参考锤头线购买股票，那么就应将锤头线的下影线末端作为止损位，一旦股价跌破该价位，就应果断卖出股票。

📈 实战案例

下面来看一下健民集团（600976）的案例，如图2-28所示。

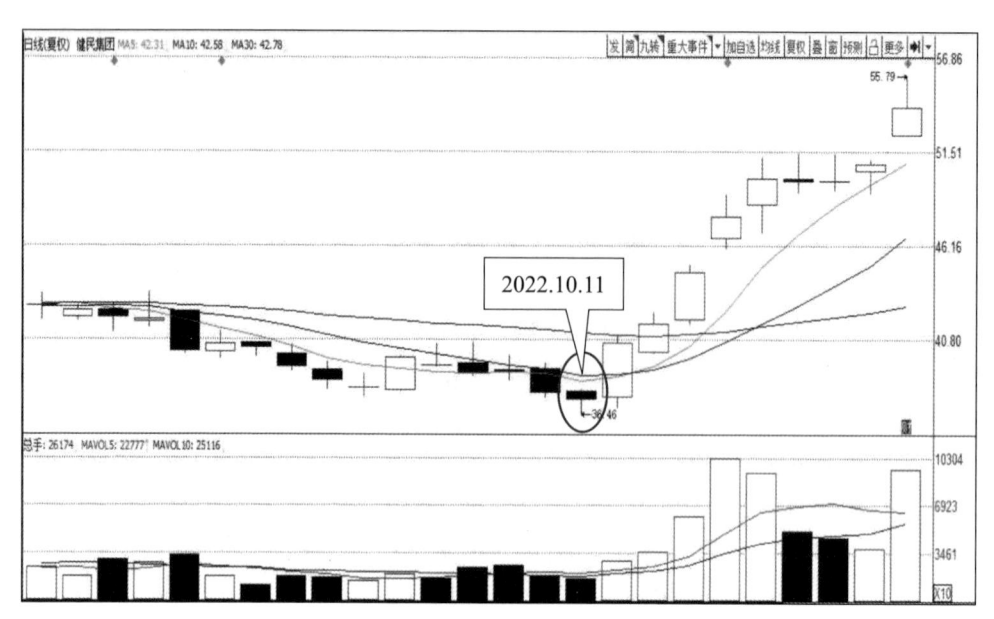

图2-28　健民集团（600976）日K线走势图

从图2-28可以看出，健民集团从2022年9月中旬开始，处于振荡整理阶段，走出了一小段下跌行情。

2022年10月11日，该股收出一根下影线很长的锤头线，这表明下挡接盘能力较强，后市有转向的可能，投资者应注意观察。

2022年10月12日，健民集团低开高走，涨势确立。这时，短线投资者可适量买入，并把锤头线的下影线末端作为自己的止损点。

起涨点15：冉冉上升

↗ 起涨点概述

冉冉上升形态通常出现在一段横盘整理的后期，由若干根小K线组成（一般不少于八根），其中以小阳线居多，也可夹着个别小阴线和十字星线，整个K线组合的排列呈微微向上状，如图2-29所示。

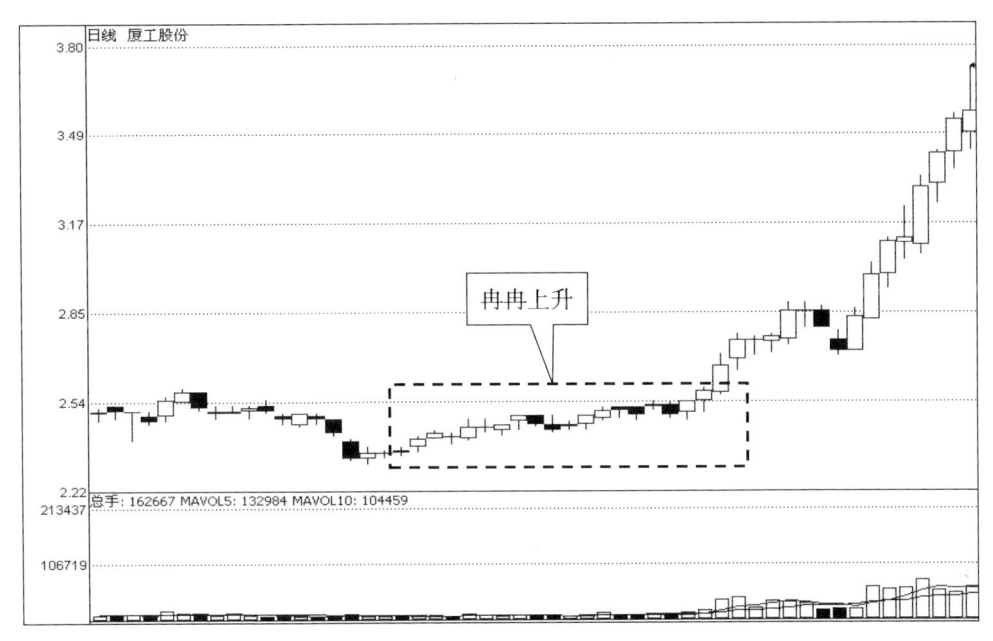

图2-29 冉冉上升示意图

📈 起涨点解析

冉冉上升形态比喻股价像冉冉升起的旭日一样，表示多方正聚集力量，蓄势待发。尽管该形态中股价涨幅并不大，却可能是股价大涨的前兆。

第一，冉冉上升形态是股价上涨信号，在牛市启动初期多表现为这种形式，因此，投资者一看到此K线组合就要及时买入，这样往往能够获得较为丰厚的回报。

第二，出现该形态后，投资者可以先买入部分股票，尝试半仓操作，待到上涨行情基本确立后，再追涨加码。

第三，如果出现冉冉上升形态的同时，成交量也在逐渐放大，则看涨意义更为明显。

第四，在冉冉上升形态形成的过程中，如果出现上影线较长的K线或实体较大的阴线，表示上挡抛压较为沉重，投资者最好继续保持观望，不要贸然行动。

第五，若在冉冉上升形态之后，股价出现下跌迹象，并连续拉出三根向下的阴线，则表示该形态构筑失败，这时已买入股票的投资者应适时进行止损操作。

📈 实战案例

下面来看一下光洋股份（002708）的案例，如图2-30所示。

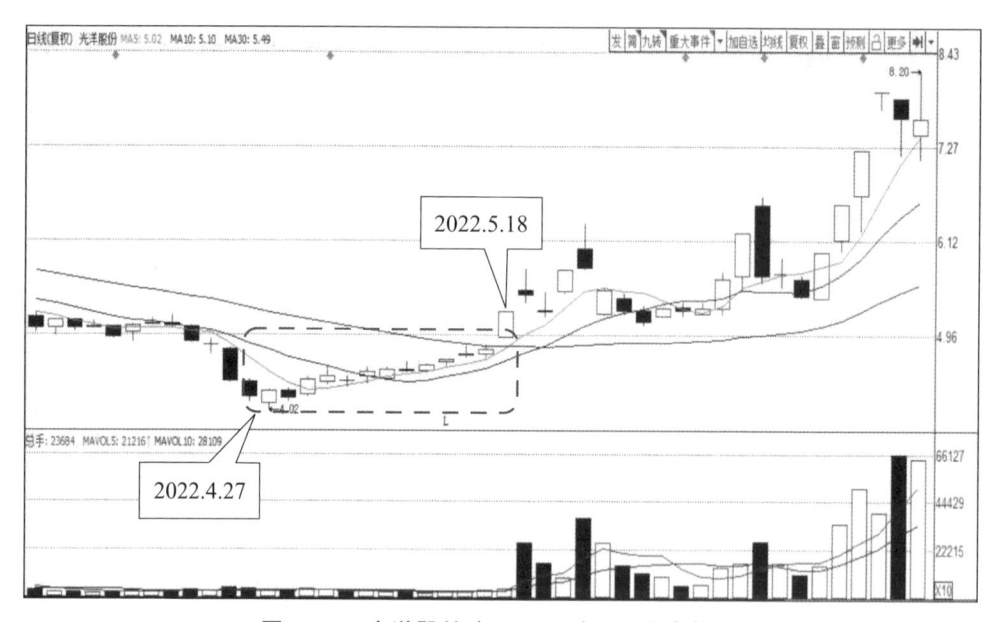

图2-30　光洋股份（002708）日K线走势图

从图2-30可以看出，光洋股份的股价从2022年4月进入横盘整理阶段。此后，该股股价进入下跌趋势，给人一种股价将要大幅下跌的感觉。

自2022年4月27日起，该股股价开始触底反弹。2022年4月27日～5月17日，该股的日K线图上呈现出冉冉上升形态。

连续12个交易日内，该股如旭日一样冉冉升起，波澜不惊，没有夸张的涨跌幅。

这种冉冉上升形态是股价将大幅上涨的信号。激进的投资者可以在该形态形成的过程中，适量买入，持股待涨。稳健的投资者则可以选择在2022年

5月18日该股收出光头阳线的时候再介入。

此后，光洋股份正式进入快速上升周期。

第二节　特殊 K 线组合起涨信号

除了前面介绍的K线组合外，还有一些在实战中出现频率并不算高的K线组合，也对股价走势具有强烈的指示作用。这些K线组合分为两类。

第一，简单的一根或几根K线组合，因其出现的位置比较有特点，所以具有了不同的交易含义，如底部长阳、定海神针。

第二，K线与均线或其他技术指标组合而形成的特殊形态，如出水芙蓉、蛤蟆跳空。

起涨点16：仙人指路

📈 起涨点概述

仙人指路通常是在上涨趋势形成初期或中期出现的经典K线形态。指先是收出一根中阳线，次日，股价K线冲高后回落，收出带有长上影线的小阳线或小阴线，其长长的上影线就像仙人的手指，最后再收出一根中到大阳线。该形态预示后市股价将有一波上涨行情，如图2-31所示。

📈 起涨点解析

第一，K线形态成立条件。

（1）股价已经呈45度上涨。

（2）股价自启动位置上涨幅度不超过15%。

（3）股价走势要强于大盘。

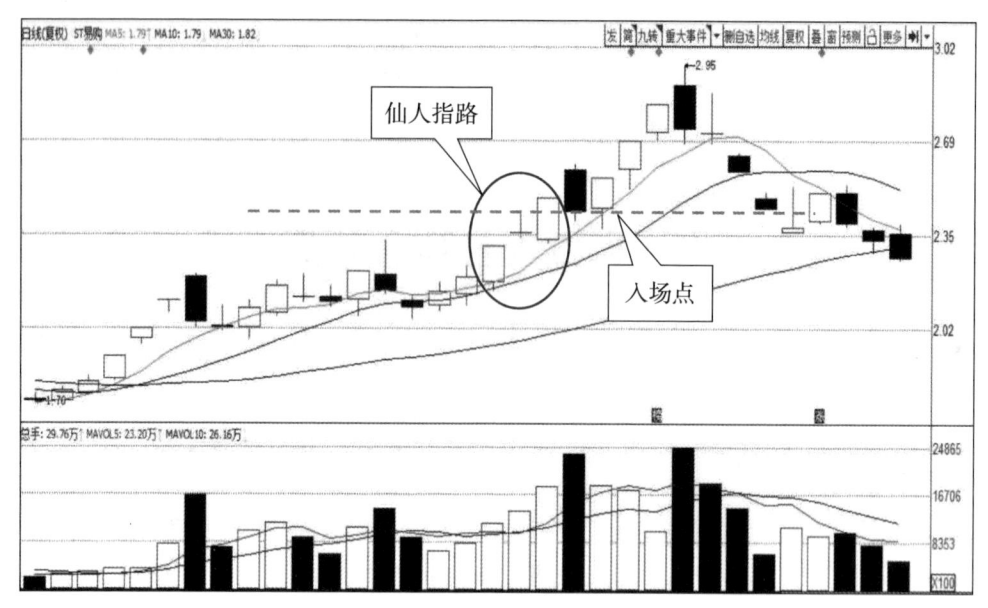

图2-31 仙人指路示意图

第二，K线形态特征。

（1）第一日出现一个阳线，且实体长度最好超过5%。

（2）第二日股价平开高走后遇阻而下跌，形成带长上影线的小阳线或小阴线。

（3）第三日出现的阳线实体要超过前日上影线的最高点。

（4）仙人指路形态形成过程中，成交量要呈放大态势。

（5）各条均线能够呈发散排列最好。

第三，追涨起涨点。

（1）第三日股价超过前日长上影线最高点时，是该股的第一个最佳买点。

（2）投资者也可以选择在仙人指路形态成立后择一低点买入。

📈 **实战案例**

下面来看一下澳华内镜（688212）的案例，如图2-32所示。

从图2-32可以看出，澳华内镜的股价在2022年9月27日到9月29日期间，走出了一组仙人指路形态，预示股价短期将走强。

2022年9月27日，澳华内镜的股价高开高走突破5日均线和10日均线，并以大阳线报收，说明股价有结束回调启动上涨的可能。

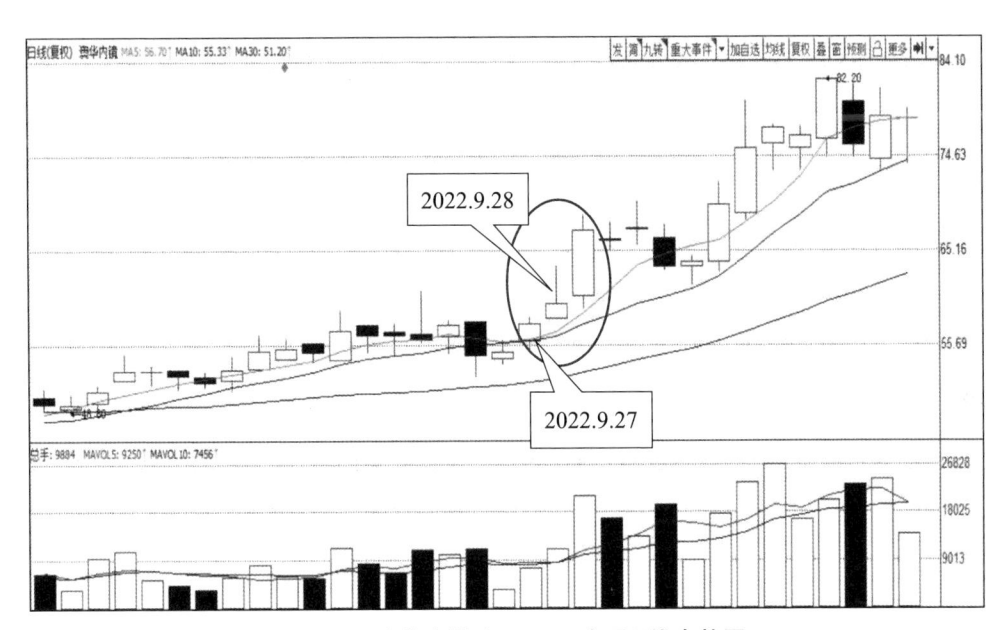

图2-32　澳华内镜（688212）日K线走势图

9月28日，该股股价平开高走后遇阻回落，在K线图上留下了一根带长上影线的K线，此位置正是前期反弹的高点位置。

9月29日，该股股价高开高走并突破了前日长上影线位置，说明仙人指路形态完成。投资者可以在当日或次日股价走强时买入该股。

起涨点17：定海神针

📈 起涨点概述

定海神针是指股价经过一轮下跌之后，某一交易日跳空低开持续下跌，其后，股价顽强地上攻，在K线图上留下了一根长下影线。这根长下影线像刺入深海的一根神针，支撑股价不再走低。该形态具有典型的行情反转意味，如图2-33所示。

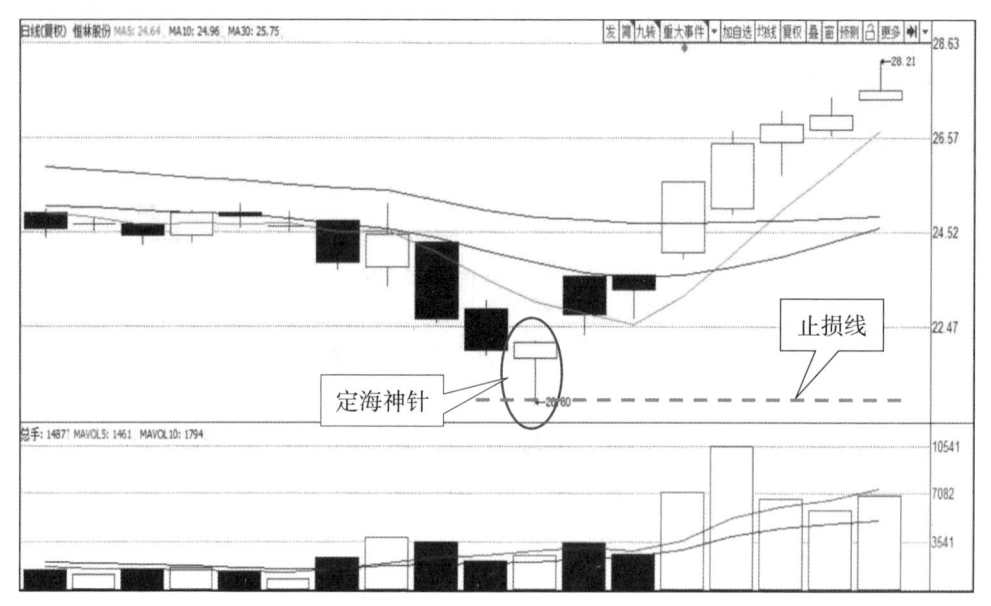

图2-33 定海神针示意图

📈 起涨点解析

第一，K线形态成立条件。

股价经过一轮下跌之后，已经到了比较低的位置，大盘开始企稳反弹。

第二，K线形态特征。

（1）经过连续下跌之后，股价以向下跳空形式开盘，随即展开了一波下跌，股价被打压到一定程度后开始反攻。

（2）收盘时，K线实体可以是小阴线、小阳线或十字星线。

（3）定海神针形态大多数会出现在股价反转的点位，并常伴有V形反转形态出现。

第三，追涨起涨点。

定海神针出现的当日，投资者可少量买入该股。定海神针出现的次日，如果股价高走，则可果断买入该股。

📈 实战案例

下面来看一下居然之家（000785）的案例，如图2-34所示。

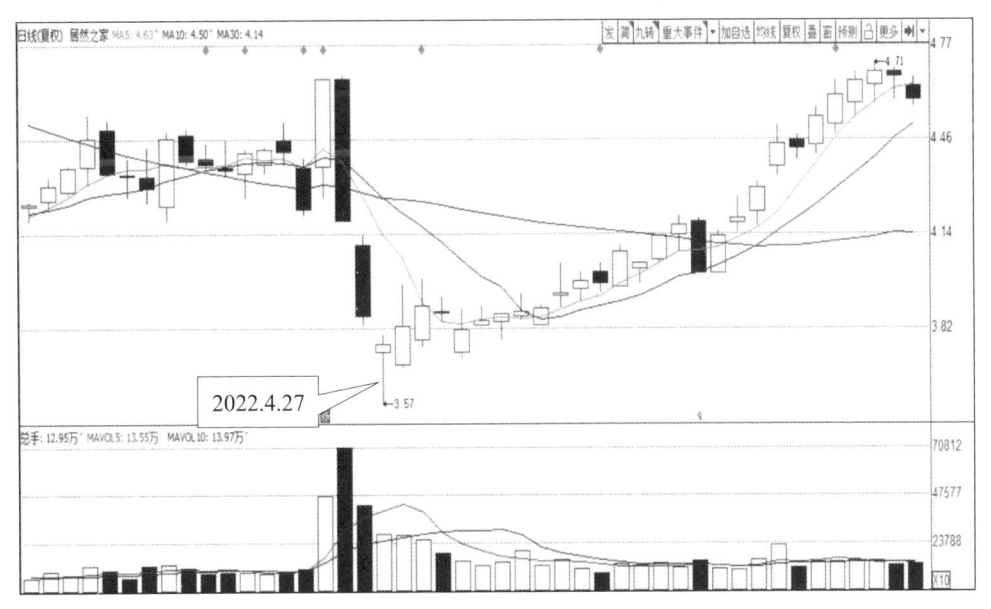

图2-34 居然之家（000785）日K线走势图

从图2-34可以看出，居然之家的股价经过一轮下跌后，在2022年4月27日走出了定海神针形态，预示股价将企稳上涨。

2022年4月27日，该股的股价以向下跳空的形式开盘，接着不断创出新低，随后多头开始发力，股价最终以十字星线报收，形成了定海神针形态。说明空头力衰，多头即将发力。

次日即4月28日，居然之家低开高走，预示股价已经开始反弹，投资者可于下一交易日跟进买入股票。

起涨点18：双针探海

📈 起涨点概述

双针探海是指股价在底部盘整过程中形成双底形态，且每个底部都有一根带长下影线的K线。双针探海与定海神针形态相似,该形态所发出的看涨信号更具可信度,如图2-35所示。

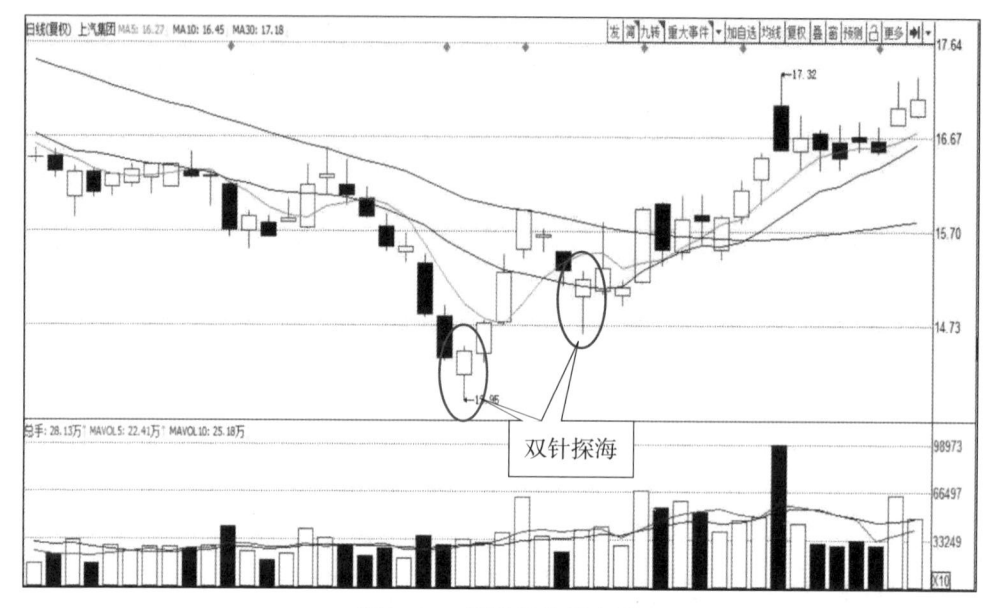

图2-35 双针探海示意图

📈 起涨点解析

第一,K线形态成立条件。

股价经过一段长时间的下跌之后,有明显的筑底迹象,成交量维持在较低水平。

第二,K线形态特征。

(1)股价在短期内接连走出了两个底部,构成了双底形态。

(2)在双底形态中,每个底部都有一根下影线。

(3)第二个底高于第一个底,说明股价有企稳反弹的迹象。

(4)这两个底部形态最好能具有某些类似的地方,最少有一根K线相似。

第三,追涨起涨点。

股价走出双底形态后的次日，如果股价发动上攻，就是买入该股的一个较好时机。

📈 实战案例

下面来看一下嘉化能源（600273）的案例，如图2-36所示。

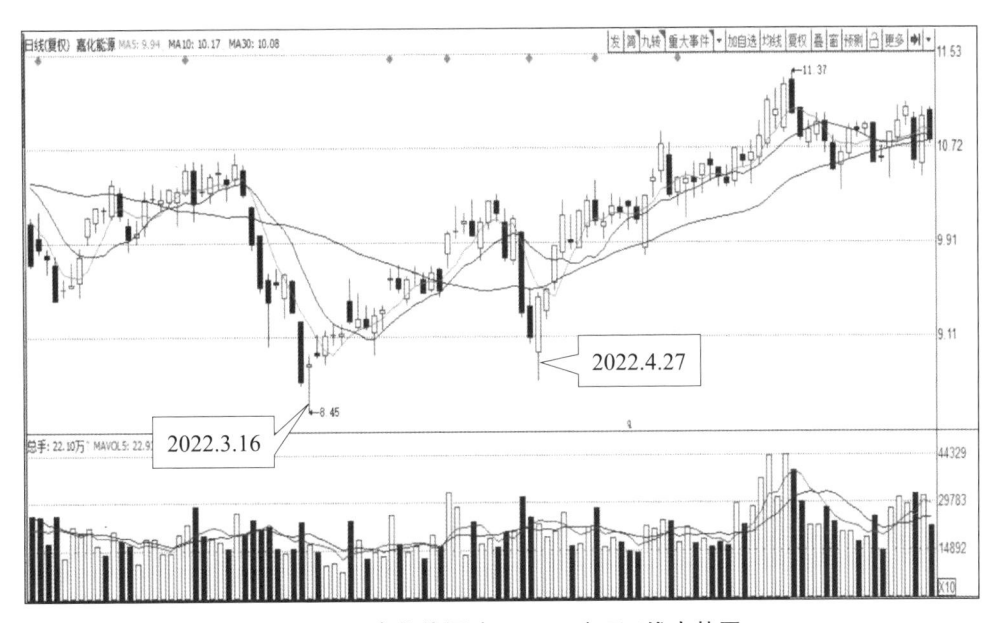

图2-36　嘉化能源（600273）日K线走势图

从图2-36可以看出，嘉化能源的股价在2022年3月16日和4月27日走出了双针探海形态，预示股价将要企稳上涨。

2022年2月初，该股的股价走出了一波下跌行情。

嘉化能源的股价在3月16日和4月27日两个交易日内走出了带长下影线的阳线，并形成了双底形态，这预示着双针探海形态正式形成。投资者需要观察该股随后的走势，股价一旦企稳反弹，则可迅速跟进买入。

一般来说，投资者可在双针探海形态出现的次日买入该股。

起涨点19：葵花向阳

↗ 起涨点概述

葵花向阳是指股价在上涨途中，某日拉出一根中阴线，次日又拉出一根中阳线或大阳线，该日收盘价高于阴线开盘价。该形态预示股价还将继续上涨，属于典型的上涨中继形态，如图2-37所示。

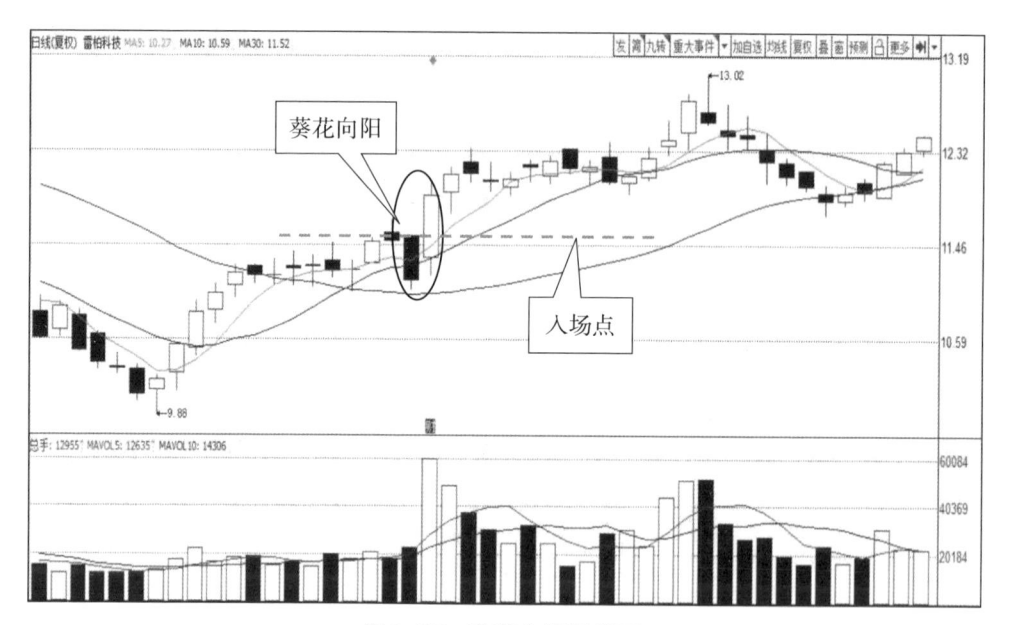

图2-37 葵花向阳示意图

↗ 起涨点解析

第一，K线形态成立条件。

股价沿5日均线或10日均线上涨，说明股价已经进入上升通道，成交量维持在较低水平。

第二，K线形态特征。

（1）某一日股价低开低走，有时会跌破5日均线或10日均线，给人一种行情转向的印象。

（2）次日，该股股价以高于阴线收盘价的价格开盘，并以高于阴线开盘价的价格收盘。

（3）股价收出阴线当日，成交量呈萎缩状态，而次日股价收出阳线，成交量有所放大。

（4）股价收出阴线当日，如果成交量出现异常放大，则股价有转向的可能，投资者应提高警惕。

第三，追涨起涨点。

当股价收于阴线开盘价之上时，就是买入该股的一个较好时机。

📈 **实战案例**

下面来看一下美芝股份（002856）的案例，如图2-38所示。

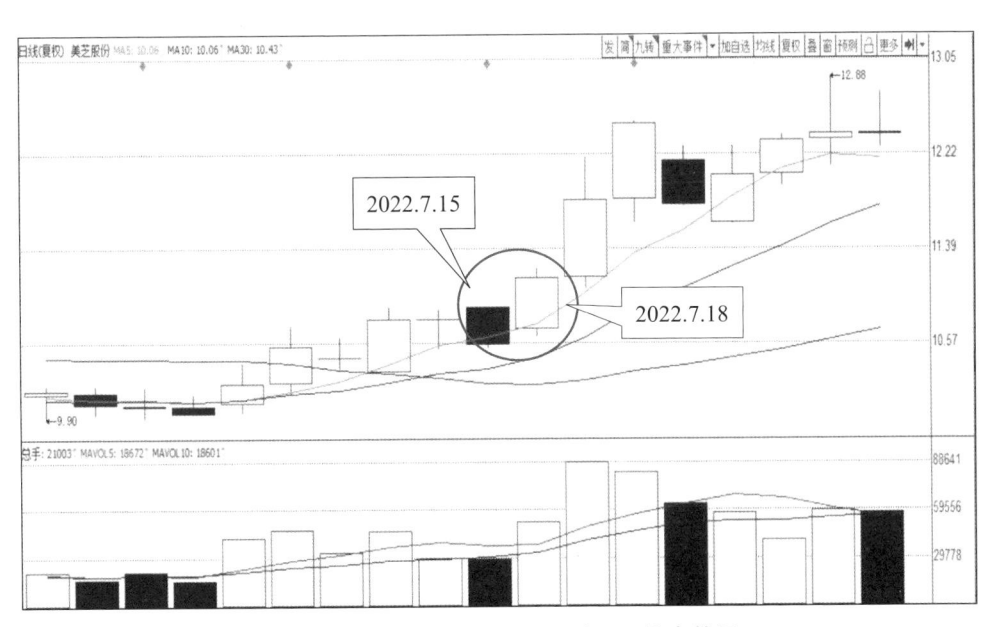

图2-38　美芝股份（002856）日K线走势图

从图2-38可以看出，美芝股份的股价经过一波下跌后，从2022年7月初重新开始上涨，且在上涨途中走出来葵花向阳形态，预示股价将继续上涨。

2022年7月初，该股股价结束了横向盘整走势，启动了上涨行情。股价在上涨过程中连续突破多条均线，说明该股短期呈强势。

7月15日，美芝股份的股价出现了回调走势，全天振荡走低，并最终收出一根中阴线，表明行情有向坏的可能。7月18日（7月16日、7月17日休市），该股高开高走收出一根中阳线，且这根阳线的收盘价位于前一根阴线的开盘价之上，表明葵花向阳形态正式形成，未来股价还将进一步上涨。

起涨点20：底部长阳

↗ 起涨点概述

底部长阳是指股价经过长时间的下跌后，某一交易日股价大幅低开后高走，收出一根大阳线。该根阳线将前一交易日的跌幅全部收复，与此同时，各条均线开始拐头向上，并形成金叉形态，意味着股价暴利拐点的来临，如图2-39所示。

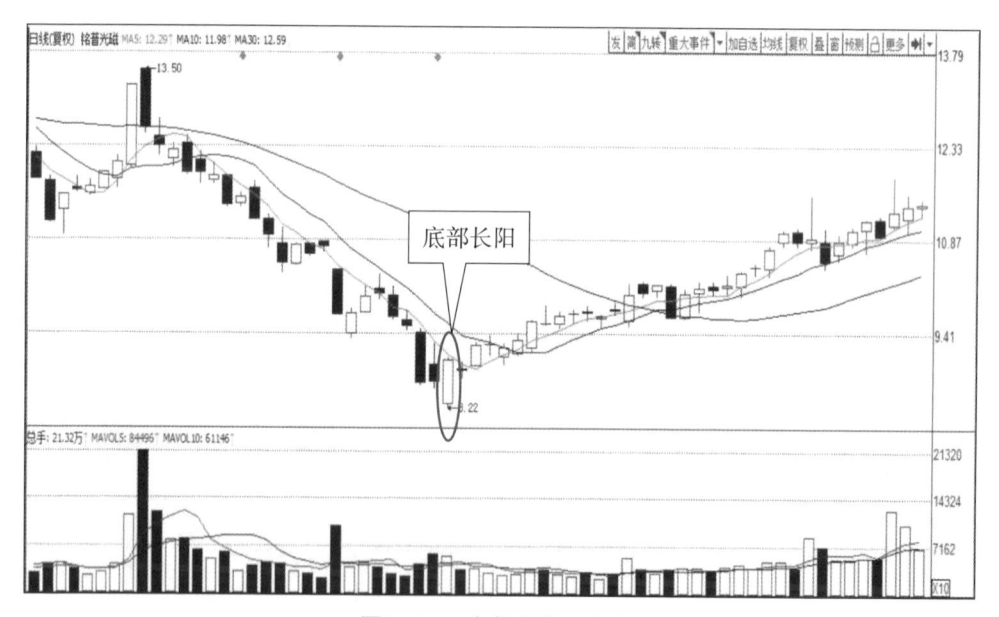

图2-39 底部长阳示意图

起涨点解析

这类起涨点的形成具有如下几个典型特征。

第一，股价走出底部大阳线形态前，已经经历了一波较长时间的下跌，一方面说明空方实力十分强劲；另一方面也说明空方实力有损耗过大的可能，多方也在不断地积蓄实力。

第二，随着股价的持续走低，各条均线也同步下行，甚至会出现空头发散排列。

第三，某一交易日，股价大幅低开后突然放量上攻，多以大阳线报收，这属于典型的股价启动信号。

第四，股价启动当日，K线会大幅上攻。有时甚至会向上突破均线，这就是典型的买入信号。有时，由于股价K线远离均线，股价K线大涨之后只是接近均线，但次日即完成了对均线的突破，这仍可看成较佳的一个买入时机。

第五，成交量的变化。股价在盘整过程中，成交量应该呈萎缩状态，而股价突破多条均线时，成交量应该有明显的放大。

第六，通常来说，大阳线的实体越长，说明多方实力越强劲，未来上攻的幅度可能会越大。

实战案例

下面来看一下华阳集团（002906）的案例，如图2-40所示。

从图2-40可以看出，华阳集团经过一波下跌后，本来下跌趋势已经有所缓和。但是，到了2022年4月底，该股股价突然出现加速下跌态势。

4月25日、4月26日，该股股价连续大幅下挫。这无疑给持仓者造成了较大的恐慌，很多投资者纷纷卖出手中的股票。

4月27日，该股股价再度大幅低开后高走。股价全天上涨将近7个点，成交量也出现了一定的放大。

这是典型的股价转势信号，投资者可据此入场，追涨买入股票。

图2-40　华阳集团（002906）日K线走势图

起涨点21：鱼跃龙门

↗ 起涨点概述

鱼跃龙门是股价经过一波横向盘整后，多空双方实力进入均衡状态。股价突然跳空越过均线，形成鱼跃龙门形态，这意味着股价将进入快速上升行情，如图2-41所示。

↗ 起涨点解析

这类起涨点的形成具有如下几个典型特征。

第一，股价走出鱼跃龙门形态前，经历了由下跌到逐渐放平的过程，股价位于各条均线下方。

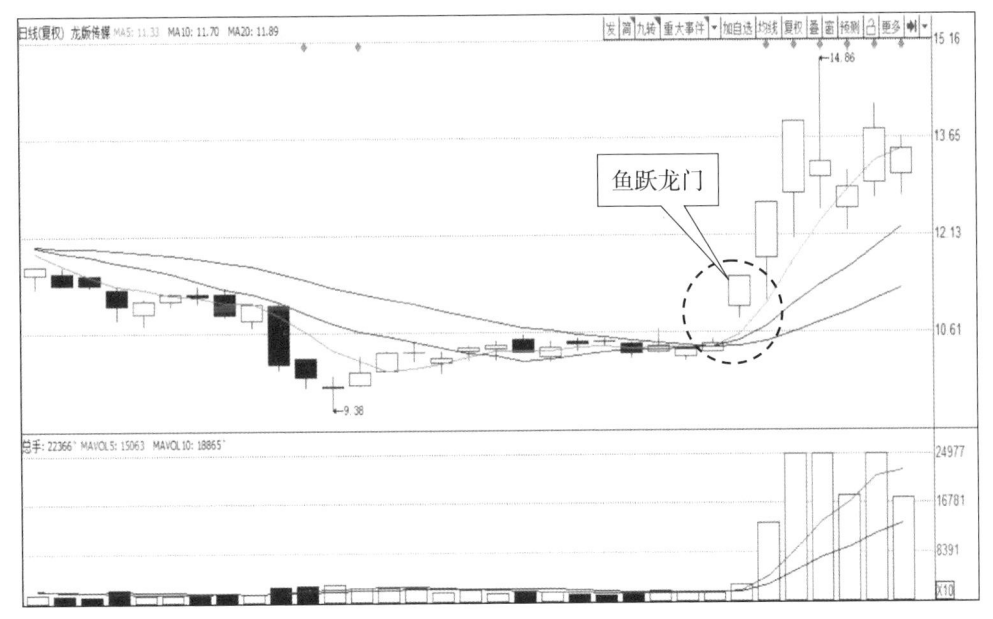

图2-41 鱼跃龙门示意图

第二，随着股价盘整的持续，各条均线开始黏合在一起。通常来说，这属于典型的股价选择突破方向时的均线形态，投资者可密切关注股价的运行情况。

第三，某一交易日，股价突然跳空上扬，多以涨停报收，这属于典型的股价启动信号，此时，各条均线由黏合状态转为多方发散排列，这就说明股价将要进入快速上攻区间。

第四，股价的均线系统以5日均线、10日均线、30日均线为主，股价出现跳空上扬前，已经来到了30日均线附近，并且能够感受到30日均线的阻力作用。

第五，成交量的变化。股价在盘整过程中，成交量应该呈萎缩状态，而股价突破多条均线时，成交量应该有明显的放大。当然，若当日股价过早涨停，成交量也可能会出现一定的萎缩。

📈 实战案例

下面来看一下老白干酒（600559）的案例，如图2-42所示。

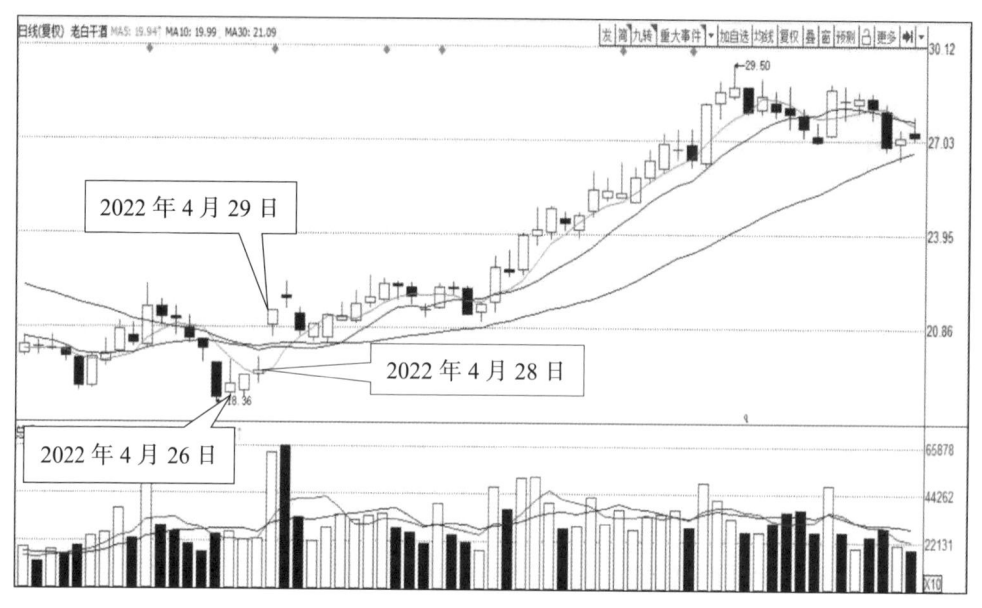

图2-42　老白干酒（600559）日K线走势图

从图2-42可以看出，老白干酒经过一波下跌后，在2022年4月26日出现触底企稳迹象，此后，该股股价进入了一波缓慢的横向振荡上升走势。该股股价波动幅度逐渐变小，成交量同步萎缩。

与此同时，各条均线开始呈现黏合状况，30日均线出现了明显的由下行趋势转为放平态势，这是股价开始转暖的一个信号。

2022年4月28日，老白干酒收出一根小阳线，该K线已经处于30日均线的下方附近位置，距离均线非常近。这说明股价K线已经明显能够感受到30日均线的压力。

2022年4月29日，该股跳空高开高走，收出一根光头阳线，说明市场已经进入了多头状态。

这是典型的股价转势信号，投资者可据此入场追涨买入股票。

起涨点22：蛤蟆跳空

📈 起涨点概述

蛤蟆跳空形态是由两个明显的高点和一个向上跳空的多根K线所组成。前两个高点是蛤蟆的眼睛，最后一根向上跳空的K线是蛤蟆的起跳点。股价经过一段时间的振荡上扬后，走出了经典的蛤蟆跳空形态，则意味着股价将进入快速上升趋势，这也是股价起涨点来临的标志，如图2-43所示。

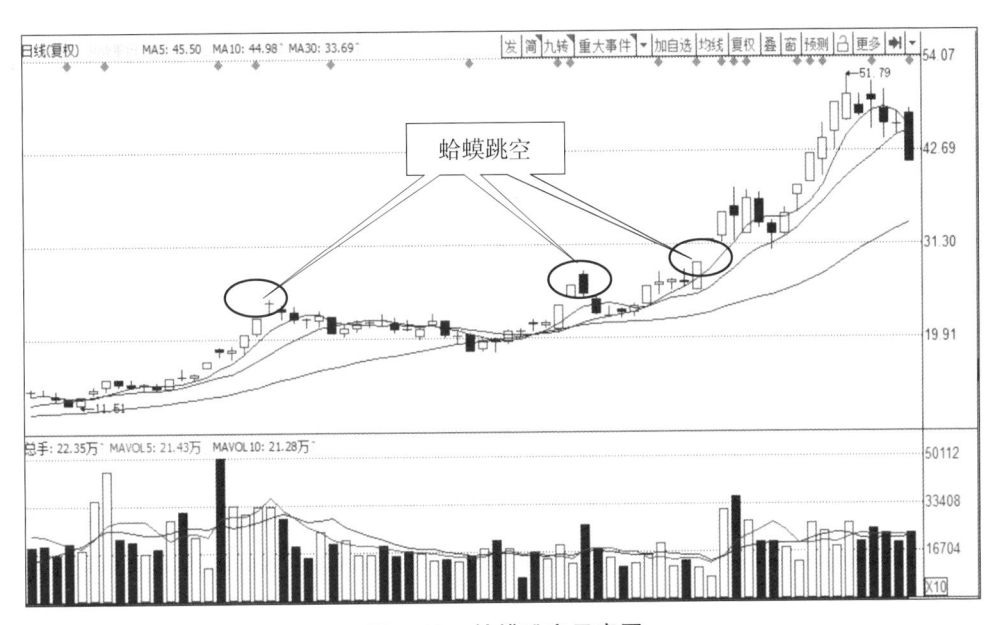

图2-43 蛤蟆跳空示意图

📈 起涨点解析

这类起涨点的形成具有如下几个典型特征。

第一，股价经过一段时间的振荡上升后，各条均线呈向右上方倾斜态势，这说明整个市场已经转暖，多方优势开始显现。

第二，股价已经连续创下两个高点，且后一个高点要高于前一个高点，这两个高点可以用一根趋势线连接。这两个高点的出现，对整个股价走势具有较强的阻力作用，其后，股价K线大部分时间都运行于该趋势线下方。

第三，某一日股价放量跳空上涨，并且直接越过前期高点趋势线；股价跳空当日，收盘价位于趋势线之上，且成交量放大数倍。

第四，当股价放量跳空越过趋势线，并且肯定收于趋势线之上时，投资者可考虑买入该股。至此，股价暴利拐点已经出现，未来股价将进入快速上升轨道。

📈 实战案例

下面来看一下金发拉比（002762）的案例，如图2-44所示。

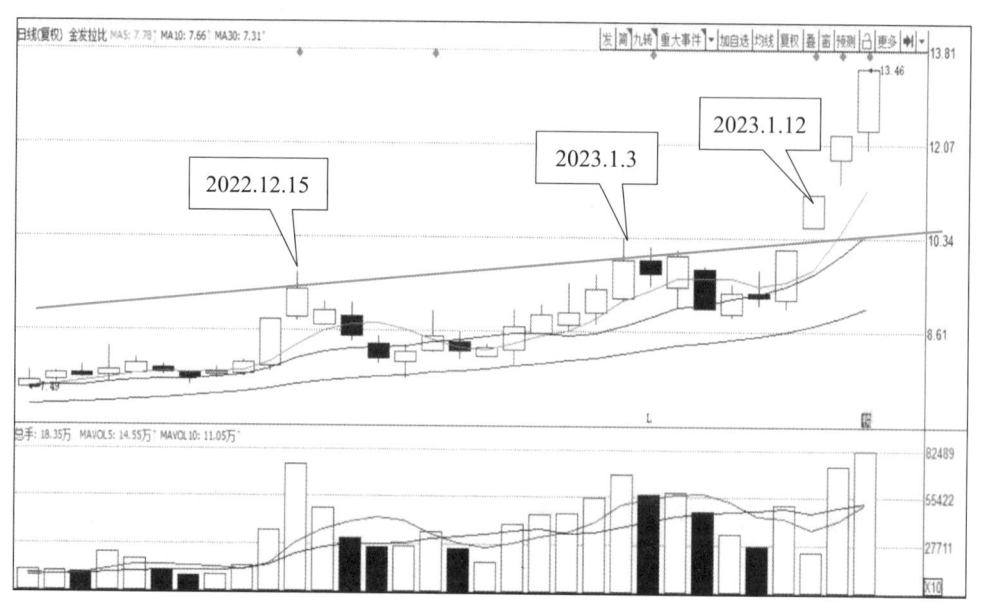

图2-44　金发拉比（002762）日K线走势图

从图2-44可以看出，金发拉比的股价在2022年12月到2023年1月期间，走出了蛤蟆跳空形态，说明该股未来趋于强势。

2022年12月15日，金发拉比的股价创下一个短期高点后重新开始下跌，该股股价调整一段时间后再度上涨，并于2023年1月3日来到前期高点之后再度下跌。投资者可以将两个高点用直线连接，如果股价突破这一趋势线就可买入该股。

2023年1月12日，该股跳空高开高走，并封上涨停板，此时蛤蟆跳空形态正式形成，说明股价走势较强，未来还将继续上涨。

此后，该股股价从缓慢上升态势，转变为强势上升趋势，这也意味着跳空当日本身就是股价暴利拐点的形成之时。

起涨点23：出水芙蓉

📈 起涨点概述

出水芙蓉形态是指横盘整理或下跌过程中，某天一根长阳线突破短期均线（如5日、10日、20日均线）而形成的形态。在股价经过一波横向盘整后，多空双方实力进入均衡状态。股价突然走出出水芙蓉形态，这意味着股价将进入快速上升行情，如图2-45所示

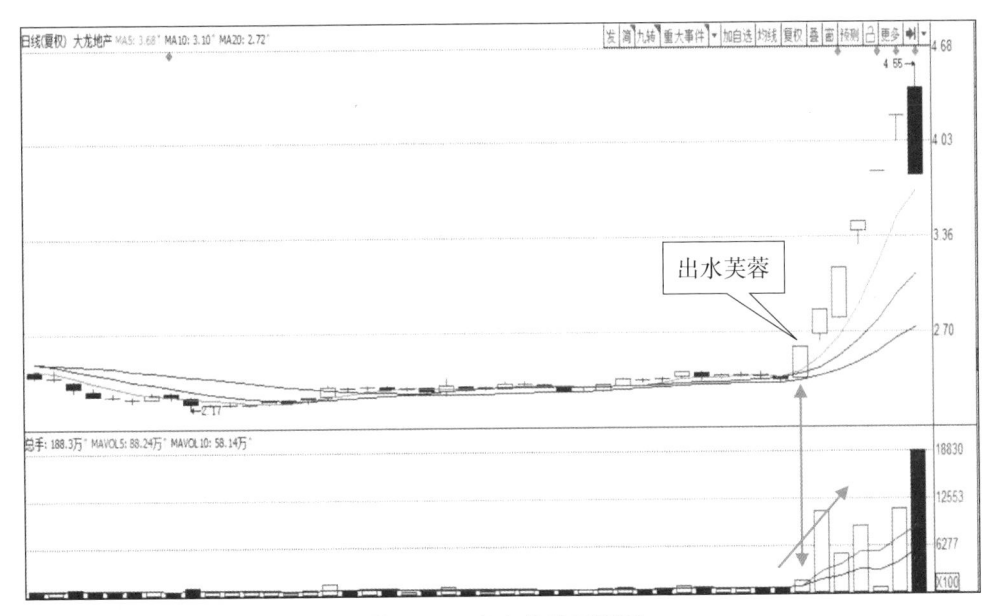

图2-45 出水芙蓉示意图

📈 起涨点解析

这类起涨点的形成具有如下几个典型特征。

第一，股价走出出水芙蓉形态前，已经经历了一波较长时间的盘整，多方力量对比呈现出明显的均衡状态。

第二，随着股价盘整的持续，各条均线开始黏合在一起。通常来说，这属于典型的股价选择突破方向时的均线形态，投资者可密切关注股价的运行情况。

第三，某一交易日，股价突然放量上攻，多数以涨停大阳线报收，这属于典型的股价启动信号，此时，各条均线由黏合状态转为多方发散排列，这就说明股价将要进入快速上攻区间。

第四，当股价突破各条均线，并位于各条均线之上时，就是买入该股的一个较好时机。

第五，成交量的变化。股价在盘整过程中，成交量应该呈萎缩状态，而股价突破多条均线时，成交量应该有明显的放大。

📈 **实战案例**

下面来看一下京能置业（600791）的案例，如图2-46所示。

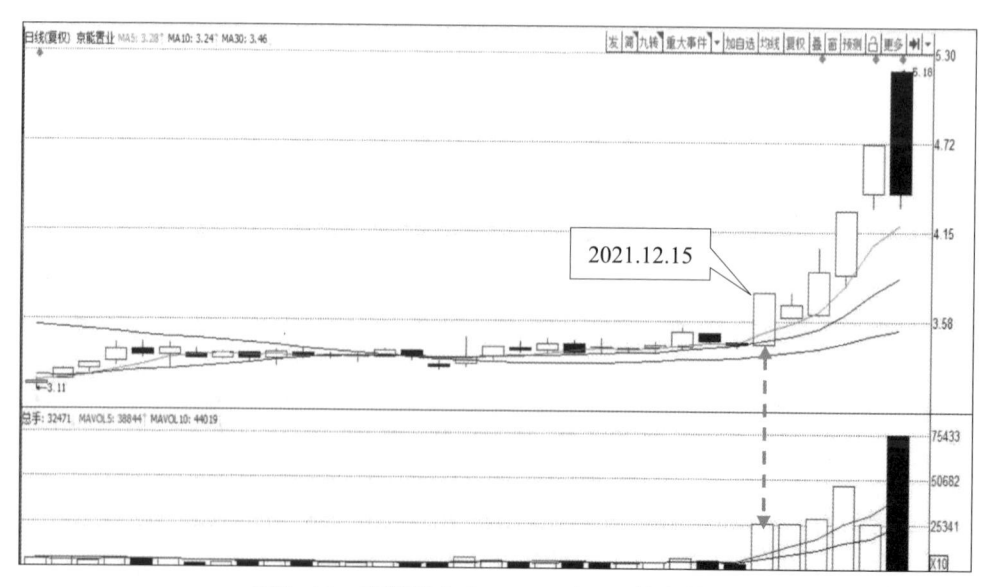

图2-46 京能置业（600791）日K线走势图

从图2-46可以看出，京能置业的股价经过一波盘整后，在2021年12月15日突然发动上涨行情，形成出水芙蓉形态，预示股价将要大涨。

2021年11月到12月期间，京能置业的股价走出了一波盘整行情。该股的各条均线逐渐黏合在一起。

12月15日，该股的股价发动上涨行情，且当天的K线一举突破了多条均线的压制，形成出水芙蓉形态，这预示着该股股价将要发动一波快速上涨行情。12月15日当天，该股的成交量相比前几个交易日有明显的放大，说明有资金流入该股。

出水芙蓉形态出现当日，也是可以看成该股股价起涨点的来临，更是投资者最佳的入场点位。

第三章
价格趋势形态判断股价起涨信号

相比一般的K线组合，由多根K线共同组成的具有趋势指向含义的各类K线形态所发出的交易信号更为稳定和可靠。

这些具有看涨意义的K线形态大致包括底部形态和整理形态两大类别。

第一节　K线底部形态判断股价起涨信号

股价进入底部区域后，会因外部环境的变化和主力的意愿而呈现不同的波动情况，这就促使股价K线走出了各类比较典型的底部形态。

因此，当股价走出这些底部形态时，往往意味着股价将迎来一波新的上升行情。

起涨点24：V形底

↗ 起涨点概述

V形底又称尖底出现在一段下跌行情的末尾。其形态表现为：股价先是经过一段快速下跌行情，下跌到一定幅度后掉头向上，又开始了一段快速上涨行情，从而形成了一个形状像英文字母V的底部走势。

V形底一般出现在下跌行情的尾端。股价快速下跌后，又被迅速拉起，该形态发出的是一种行情向好的买入信号，如图3-1所示。

↗ 起涨点解析

这类起涨点的形成具有如下几个典型特征。

第一，V形底左侧，股价下跌速度非常快，表示空方实力非常强，多方

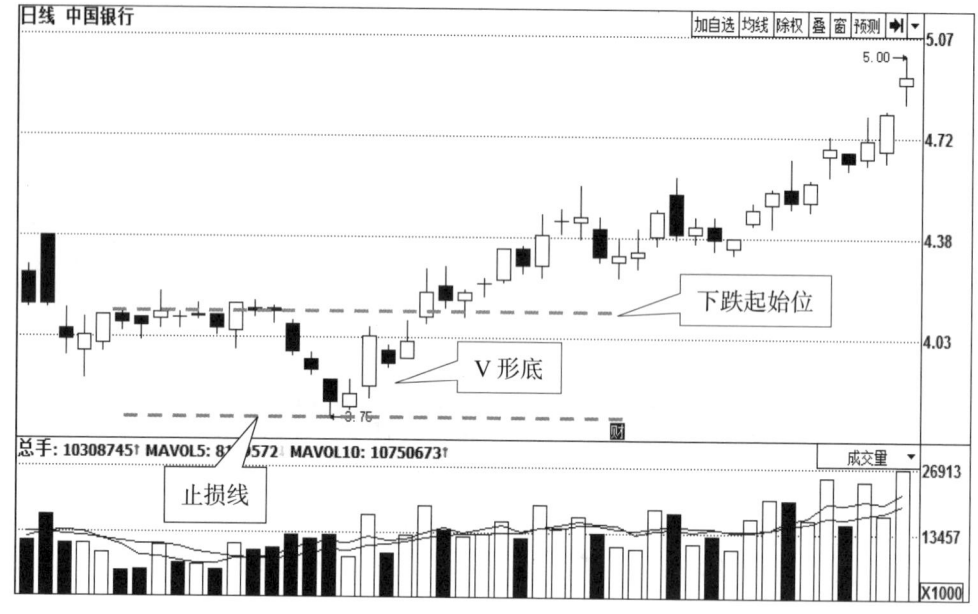

图3-1　V形底示意图

几乎没有任何抵抗能力，但是当股价开始上涨时，空方力量却消失得无影无踪，多方力量迅速崛起，股价一路向上。

第二，V形底发出的是行情由坏转好的反转信号，如果股价在上涨过程中能够伴随着成交量的放大，则行情发生反转的可能性更大。

第三，当股价上涨到V形底左侧开始下跌的位置时，上涨就会遇到一定的阻力。股价如果能够突破这一阻力位，则上涨很有可能会继续。投资者此时就可以大胆买入股票了。

第四，投资者按照V形底形态买入股票后，可以将止损位设置在V形底的底部，一旦股价跌破这一位置，投资者就要迅速卖出股票止损。

↗ **实战案例**

下面来看一下广和通（300638）的案例，如图3-2所示。

从图3-2可以看出，2022年4月广和通的日K线图上出现了V形底形态。

该股的股价从2021年12月开始进入下跌通道。2022年4月，该股振荡

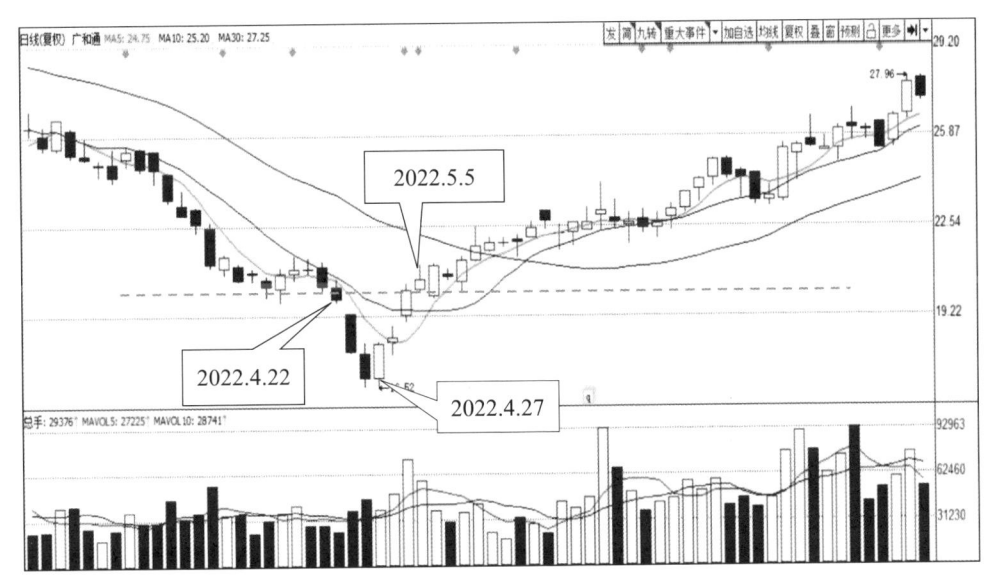

图3-2 广和通（300638）日K线走势图

盘整，说明多空双方暂时处于力量平衡状态，2022年4月22日，该股收出一根中阴线，多空双方的平衡被打破，股价开始快速下跌。

2022年4月26日，该股收出一根带下影线的中阴线，说明下方有强大的买盘支撑，预示着行情有可能反转。

次日，即2022年4月27日，该股收出中阳线，说明多空双方的力量对比正发生变化，后市看涨。接着该股连续收出两根阳线，同时成交量逐步放大，反转趋势得到确认，投资者可以抓住机会建仓。

2022年5月5日，该股以大幅上涨突破下跌起始线后，留下一根带上影线的阳线。此后，该股股价大幅上升，标志着该股进入上升通道。

起涨点25：W形底

📈 起涨点概述

W形底又称双重底，出现在一段下跌行情的末尾，该形态有两个明显的价格低谷，且两个低谷的最低点大致处于同一价位上，形状就像一个英文字母W，如图3-3所示。

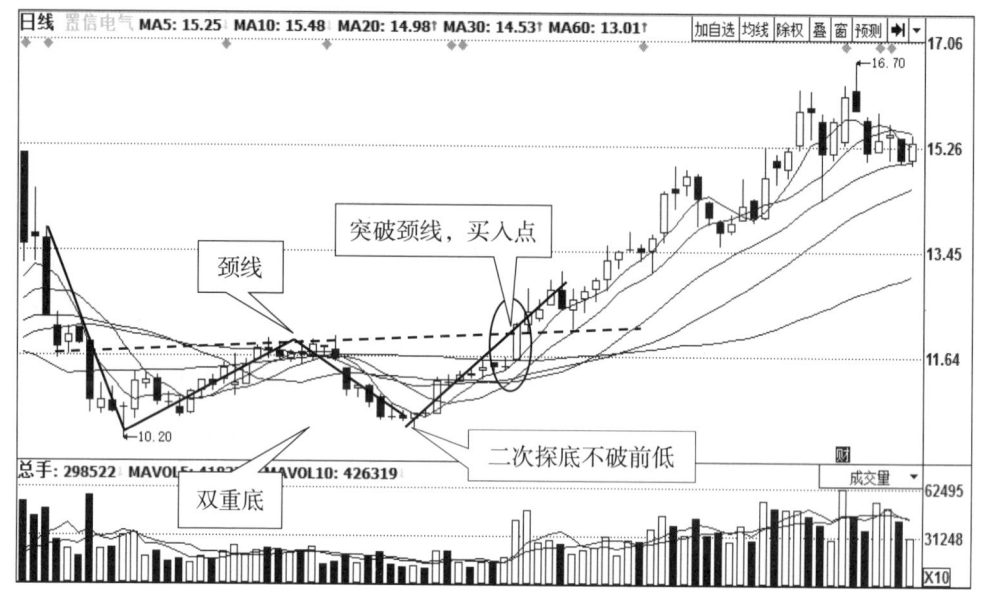

图3-3 双重底示意图

📈 起涨点解析

这类起涨点的形成具有如下几个典型特征。

第一，双重底第一个明确的买入时机出现在股价突破颈线位置时，这表明双重底基本形成，投资者可积极买入，同时投资者可将止损位设在颈线位置。

第二，股价在突破颈线的同时，应该伴随着成交量的放大；如果成交量太小，则突破的效果会大打折扣，后市极有可能出现横盘振荡走势。

第三，股价在突破颈线后，颈线从阻力位变成了支撑位。之后股价可能会对颈线有一个回抽动作以测试突破的有效性。如果股价在此位置获得支撑，则双重底形态得到确认，这也是较为明确的买入信号，投资者可大胆买入。

第四，在双重底形成的过程中，如果第二个低谷的成交量小于第一个低谷的成交量，第二个低点高于第一个低点，则看涨的信号更为强烈。

📈 实战案例

下面来看一下嘉友国际（603871）的案例，如图3-4所示。

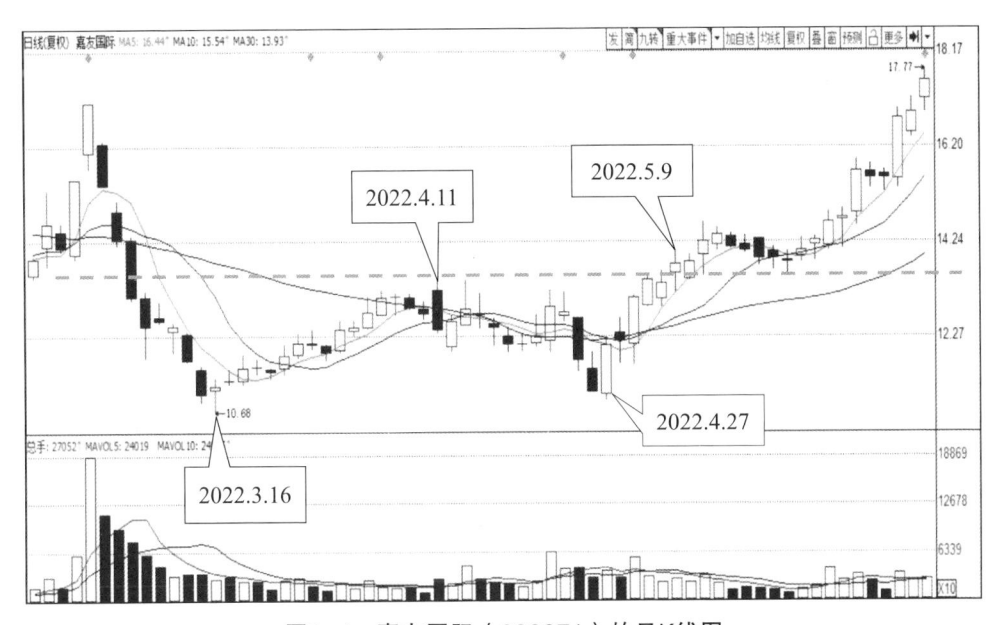

图3-4 嘉友国际（603871）的日K线图

从图3-4可以看出，2022年3月至5月上旬嘉友国际的日K线图上出现了W形底。

2022年3月16日，处于下跌行情中的嘉友国际收出一根下影线很长的阴十字线，并创出近期最低价10.68元，然后股价开始回升，从而形成了第一个低谷，这一回升所持续的时间并不长。2022年4月11日，该股上升遇到阻力，重新开始下跌。

2022年4月27日，该股收出一根带锤头线的大阳线，并再次开始回升，从而形成了第二个低谷。这个低谷的低点要高于前一个低谷的低点，即二次探底不破前低。激进的投资者可以在反弹过程中抓住时机买入股票。

2022年5月9日，该股股价突破了颈线位置，W形底构筑完成。这是一个明确的买入信号，稳健的投资者可以在当天放心买入。

起涨点26：头肩底

📈 起涨点概述

头肩底出现在下跌行情中，由三个低谷组成，左右两个低谷相对较浅，基本处在同一水平位置，中间一个低谷的低点明显低于左右两个低谷的低点，其形态就像一个倒立的人的头部和两肩。

头肩底属于反转形态，此形态的出现预示着将有一波较为可观的涨势，如图3-5所示。

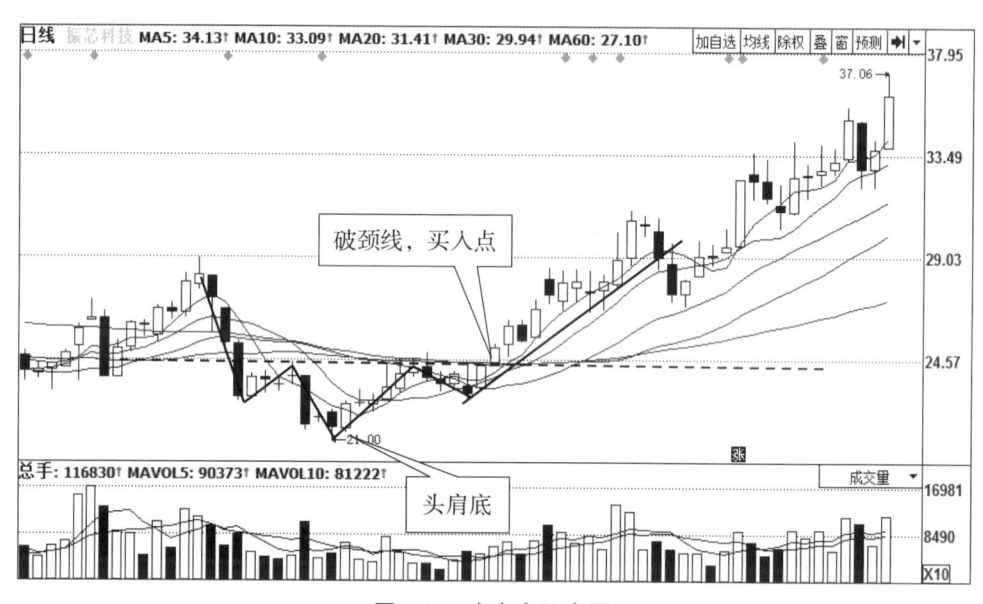

图3-5 头肩底示意图

📈 起涨点解析

这类起涨点的形成具有如下几个典型特征。

第一，头肩底形态完成后，股价往往还会出现一个回调动作，一般下跌到颈线位置，股价就会获得一定的支撑，进而掉头向上。而当股价回调到颈线位置时，也是该股的买点。

第二，头肩底形态为股价见底反弹的买入信号，投资者看到头肩底形态形成后，可以第一时间跟进买入股票。

第三，在头肩底形态形成过程中，如果股价突破颈线位时，能够有成交量放大相配合，则股价上涨的可能性更大。

第四，股价完成向上突破后，原来的阻力位就变成了支撑位。所以，参照头肩底形态买入股票的投资者，应该将止损位设在头肩底的颈线位置上。

📈 实战案例

下面来看一下奥普特（688686）的案例，如图3-6所示。

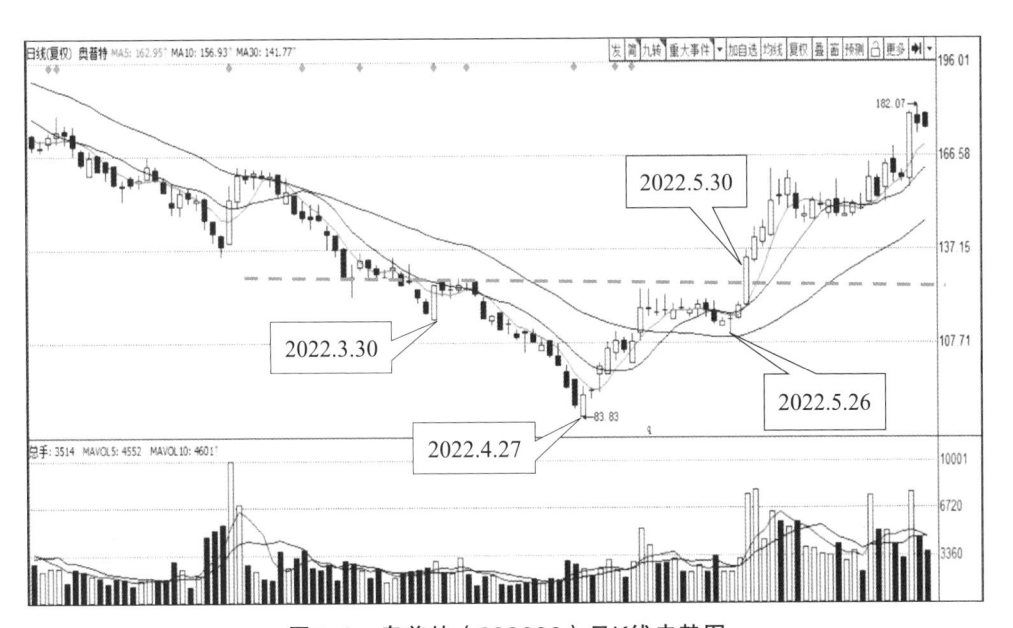

图3-6　奥普特（688686）日K线走势图

从图3-6可以看出，2022年3月至6月奥普特的股价走势图上出现了头肩底形态。

2021年9月中旬，奥普特开始了下跌行情。从2022年3月中旬开始，该股连续形成三个波谷，其中2022年4月27日，该股收出了中阳线，并创出该段时间的最低价，形成头部，而两边的低谷就构成了左右两肩。

2022年5月30日，该股放量突破了头肩底的颈线，至此，头肩底形态正式构筑完成，这是一个明显的买入点，投资者可果断买入。

该股攻势较急，所以在突破颈线后并未出现回调，也就是说，该股并未给投资者加仓的机会。

起涨点27：三重底

📈 起涨点概述

三重底出现在一段下跌行情的末尾。其形态表现为：股价在低位波动中，经历三次下跌，但都在低点获得支撑并反弹，从而形成了三个价格低谷，这三个价格低谷的低点大致处于同一价位上。三重底是较为可靠的看涨信号，如图3-7所示。

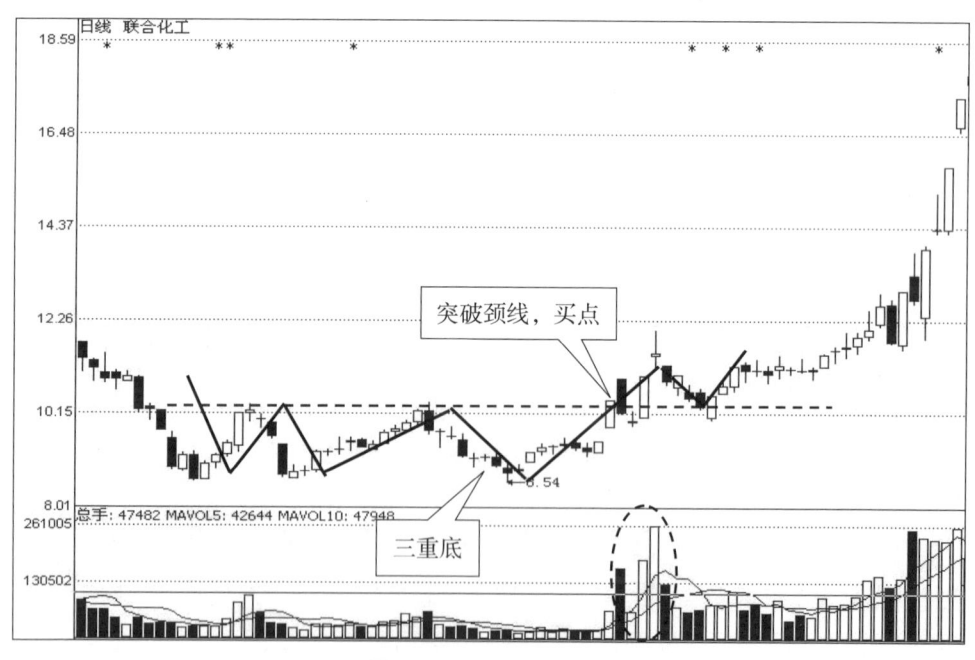

图3-7 三重底示意图

📈 起涨点解析

三重底可视为头肩底形态的变异，又可看作双重底的扩展。相对于双重底和头肩底而言，三重底比较少见，却是一种非常坚实的底部形态，该形态形成后的上涨力度是三种形态中最强的。

这类起涨点的形成具有如下几个典型特征。

第一，在三重底形态尚未构筑成功时，如果股价第三次向上反弹势头强劲且伴随着成交量的放大，则说明形成三重底的可能性很大。这时，激进的投资者可以适量买入，同时将止损位定为三个低谷中的最低点。

第二，当股价突破颈线位置时，表明三重底形态已经基本成熟，投资者应该有效把握这一时机积极买进，并把颈线位置设为自己的止损位。

第三，当股价突破颈线后，也可能在不久之后回抽到颈线附近予以确认。如果获得支撑，则证明形态有效，投资者可以放心买入。

第四，三重底的三次上攻过程中，成交量如果呈现出逐次放大的势态，则后市上涨的可能性更大。而最后一次上攻时，应该是带量突破颈线，这样上涨信号才更有效。

📈 实战案例

下面来看一下亚太股份（002284）的案例，如图3-8所示。

从图3-8可以看出，2021年2月至4月亚太股份的日K线图上出现了三重底形态。

自2020年年底，亚太股份正式进入下跌通道。该股分别于2021年2月8日、3月11日和3月25日三次探底反弹。由于第三次反弹，成交量并没有明显放大，所以，投资者最好不要贸然行动，仍应该持币观望。

2021年4月13日，该股股价放量上攻，并站到了三重底的颈线位之上。至此，可以认定，该股三重底形态正式成立。

此后，该股股价进入快速上升通道。

图3-8　亚太股份（002284）日K线走势图

起涨点28：圆弧底

↗ 起涨点概述

圆弧底又称圆形底、碟形底、碗形底，通常出现在股价的底部区域，也就是一波下跌行情结束时。其形态表现为：股价先是经过一段逐渐减慢速度的下跌到达了底部，经过调整后，又开始了一段逐渐加快速度的上涨，从而形成了一个形状像圆弧的底部走势。

当股价走出圆弧状底部时，就是该股的买入时机，如图3-9所示。

↗ 起涨点解析

圆弧底形态表示正在由空方主导的下跌行情逐渐转向多方主导的上涨行情。该形态具有如下几个典型特征。

第一，圆弧底形态表示市场由空方主导行情逐渐变成由多方主导行情，

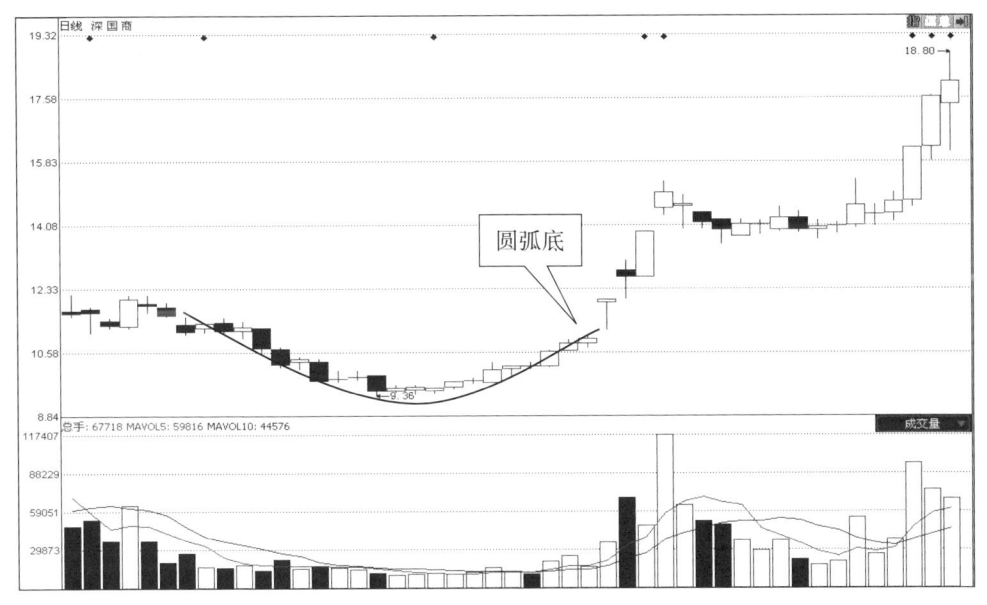

图3-9　圆弧底示意图

圆弧底形成的时间越长，表示多空力量转换越彻底，股价后期上涨的可能性就越大。

第二，股价在下跌过程中，如果成交量能随之缩量，当股价上涨时，成交量又能随之放大，则该形态的看涨指示作用更强。

第三，圆弧底形态没有颈线，也就没有明确的买入点。不过，通常股价即将走完圆弧底时，波动幅度都会加大，此时，往往就是投资者入场的良机。

第四，投资者按照圆弧底形态买入股票后，可以将止损位设置在圆弧的底部，一旦股价跌破圆弧底部，则应果断卖出股票止损。

第五，圆弧底形成的时间越长，说明多空力量转换越彻底，股价后期上涨的可能性越大。

📈 实战案例

下面来看一下乐鑫科技（688018）的案例，如图3-10所示。

从图3-10可以看出，乐鑫科技的股价走势于2021年3月至4月形成了圆弧底形态。

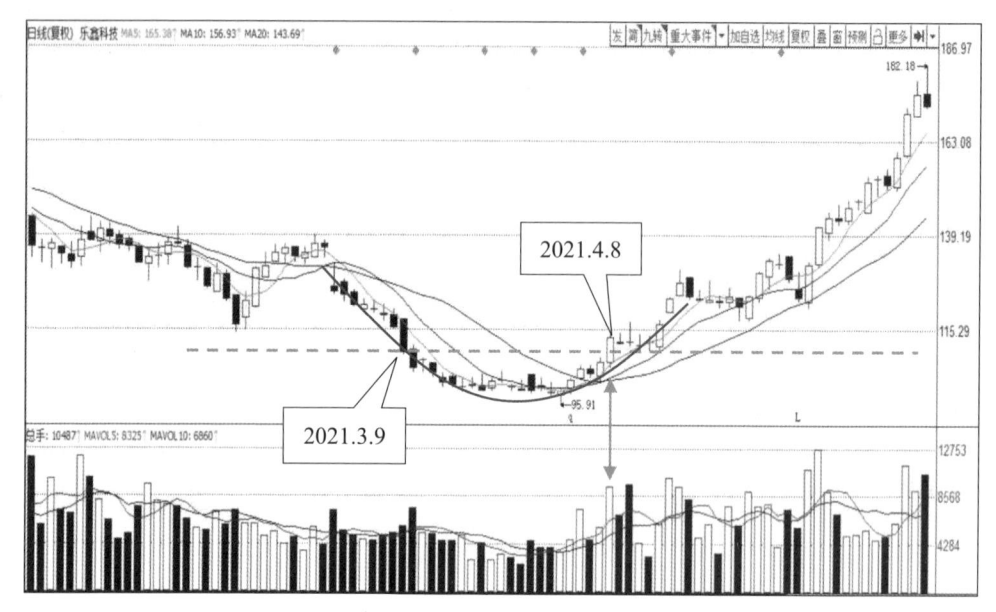

图3-10 乐鑫科技（688018）日K线走势图

2021年3月，乐鑫科技的股价经过一段时间的下跌后，给人一种下跌趋势有所减弱的迹象。3月9日，该股股价高开低走，收出一根大阴线，随后，该股股价开启了一波缓慢的下行之路。该股股价K线呈弧形下跌。

此后，该股股价逐渐趋于稳定，又重新以弧形上升。

2021年4月8日，该股放量上攻，收出一根大阳线。此阳线向上突破了弧形底下跌起始位，标志着股价已经走出了底部区域，未来看涨。

此后，该股股价进入快速上升通道。

起涨点29：潜伏底

↗ 起涨点概述

潜伏底一般出现在一轮较大的跌势之后。其形态表现为：股价长期在一个极狭窄的范围内横向移动，每日股价的高低波动幅度极小，且成交量十分稀疏，呈现出一种横带形状的底部形态。经过一段时间的盘整之后，股价开始大幅上涨，成交量同时显著放大，最终进入上升通道。该形态是非常重要的看涨信号，如图3-11所示。

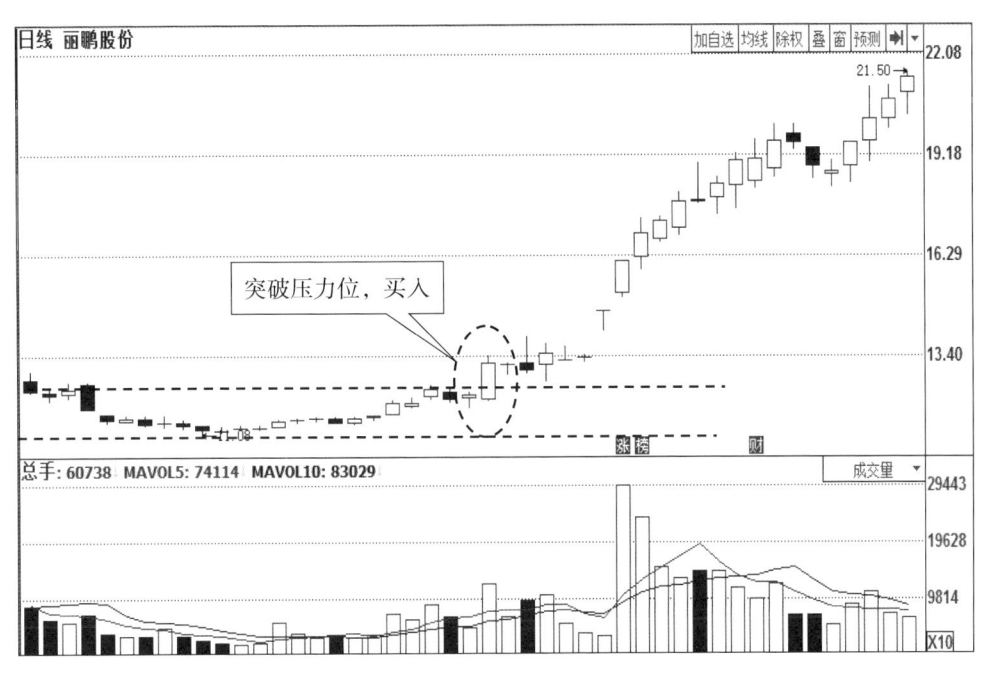

图3-11　潜伏底示意图

📈 起涨点解析

潜伏底多数会出现在市场极其冷清之时或冷门股票的走势中，由于买卖盘都很少，所以供求十分平衡。潜伏底的形成需要经历较长的时间，一般少则一个月，多则两三年。

第一，潜伏底是一个非常重要的看涨信号，股价一旦放量冲破上方压力线，便会有一个非常给力的上涨行情。所以，看到此情形后，投资者应该抓住机会大胆买入。

第二，由于潜伏底爆发之后，上涨势头很猛，所以经常是股价已经被拉升到一定幅度，投资者才会觉察到。因其上涨空间较大，所以只要股价上涨幅度不超过原来价位的50％，且成交量依旧温和放大，投资者仍可以适度追涨。

第三，在低价位区域出现窄幅的横盘整理形态，极有可能形成潜伏底形态，投资者可以在此期间不断收集筹码。不过由于潜伏底持续的时间较长，可能会对投资者的现金流造成一定的压力。

第四，参照潜伏底形态买入股票的投资者，应该把止损位定在潜伏底下端的支撑线上。但在股价跌破潜伏底的压力位时，投资者就应该提前加以关注，并做好止损准备。

第五，潜伏底形态一旦形成，股价往往会一路高歌猛进，很少出现回抽现象。这是因为横盘时间较久，底部换手非常充分，多方已经完全占据了市场主导地位。

📈 实战案例

下面来看一下力星股份（300421）的案例，如图3-12所示。

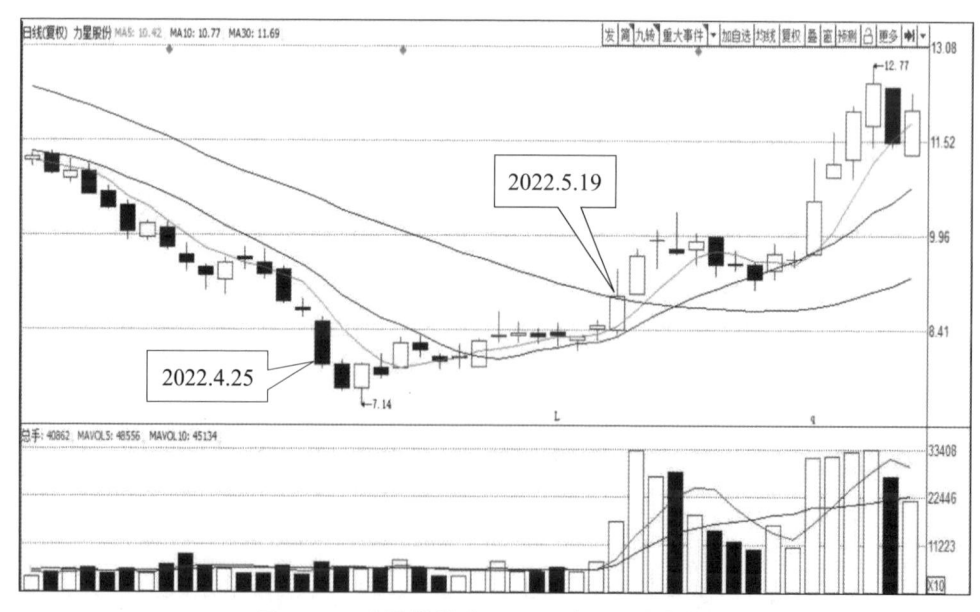

图3-12　力星股份（300421）日K线走势图

从图3-12可以看出，2022年4月至5月力星股份的日K线图上出现了潜伏底形态。

2022年4月25日，力星股份拉出了一根大阴线后开始了横盘整理，这一整理态势一直持续到2022年5月18日，在K线图上形成了一条横带状的潜伏底走势。

2022年5月19日，该股以放量上攻的方式收出一根大阳线，突破了潜伏底的压力线。这预示着后市将有一波可观的上涨行情，投资者应果断买入。之后该股开始上升，成交量也逐步放大。

起涨点30：底部岛形

📈 起涨点概述

底部岛形出现在下跌走势的末尾。其形态表现为：股价先是下跌，接着进入整理行情，然后又开始上涨，在股价下降和上升的过程中分别出现了跳空缺口，且这两个缺口大致处于同一价位区域，从而使得缺口下面的K线形态成为一座"孤岛"。

底部岛形是一种可靠的转势形态，表明股价已经见底，下跌行情将迅速演变成上涨行情，如图3-13所示。

📈 起涨点解析

底部岛形是一种可靠的转势形态，表明股价已经见底，下跌行情将迅速演变成上涨行情。

第一，底部岛形是后市上涨的信号，提示投资者应从看空转向看多。所以，当向上跳空的缺口形成时，投资者便可以大胆买入。

第二，参照底部岛形形态买入股票的投资者，应该把止损位定在底部岛形向上跳空缺口的下沿。一旦股价补回这一缺口，投资者应马上止损离场。

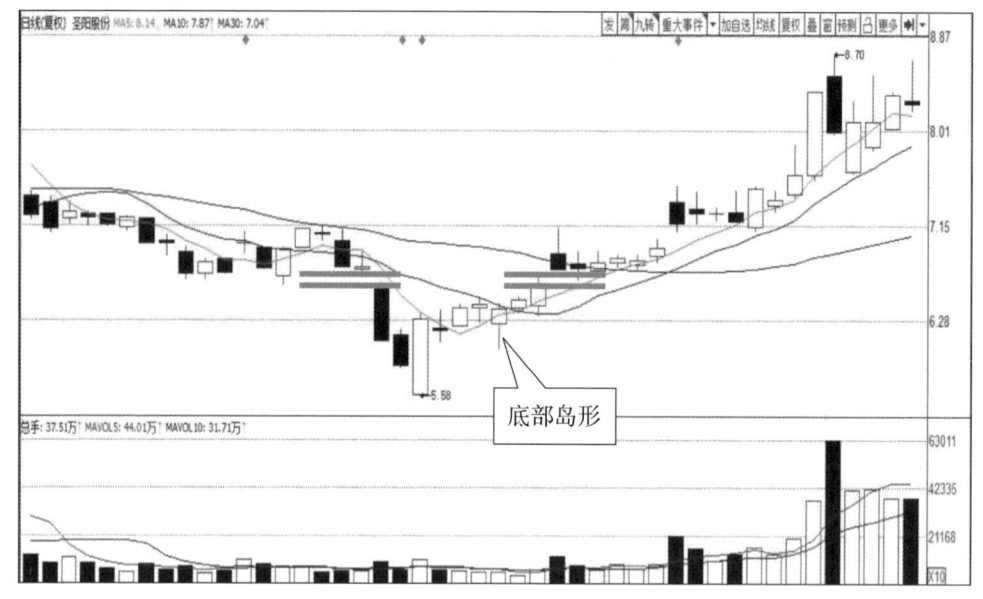

图3-13 底部岛形示意图

第三，底部岛形两个缺口之间相隔的时间可能是一天，也可能是几天或几周。相隔的时间越长，总的换手率越高，说明市场从空头行情向多头行情转变得越彻底，后市上涨的力度也会越大。

第四，底部岛形反转时常会伴随着很大的成交量，如果成交量较小，则反转形态很难成立。

第五，如果底部岛形呈现明显的V形底形态，则看涨信号更为强烈。

第六，底部岛形一旦形成，原来属于阻力位的缺口就会变成支撑位，股价下探到这一位置时可能会受到支撑。

↗ 实战案例

下面来看一下先进数通（300541）的案例，如图3-14所示。

2022年9月26日，先进数通在前一交易日大幅下跌的基础上，再度跳空低开，盘中虽有过反弹，但最终仍以光脚阴线报收，当日收出一根中阴线，且这根中阴线与前一根K线之间留下了一个向下跳空的缺口。

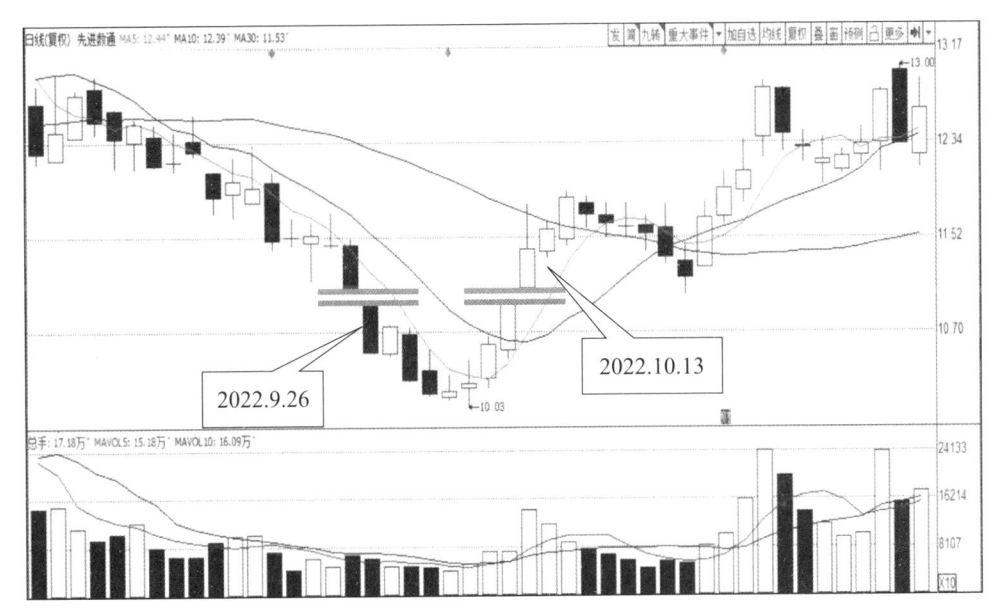

图3-14　先进数通（300541）日K线走势图

后来，该股连续下跌几个交易日后进入了整理行情。

2022年10月13日，该股跳空高开，并收出一根带上影线的中阳线。这根阳线与之前的K线之间留下了一个向上跳空的缺口。看到这种情形，投资者应该在当日或次日买入股票。

起涨点31：塔形底

↗ 起涨点概述

塔形底是指股价经过一段时间的下跌之后，突然出现一个大幅下挫的阴线，而后，又连续收出几根横向盘整的小阴线或小阳线，此后，一根大阳线带领股价走出底部，形成了近似塔形的底部形态。未来，股价继续上涨的概率非常大，如图3-15所示。

↗ 起涨点解析

这类起涨点的形成具有如下几个典型特征。

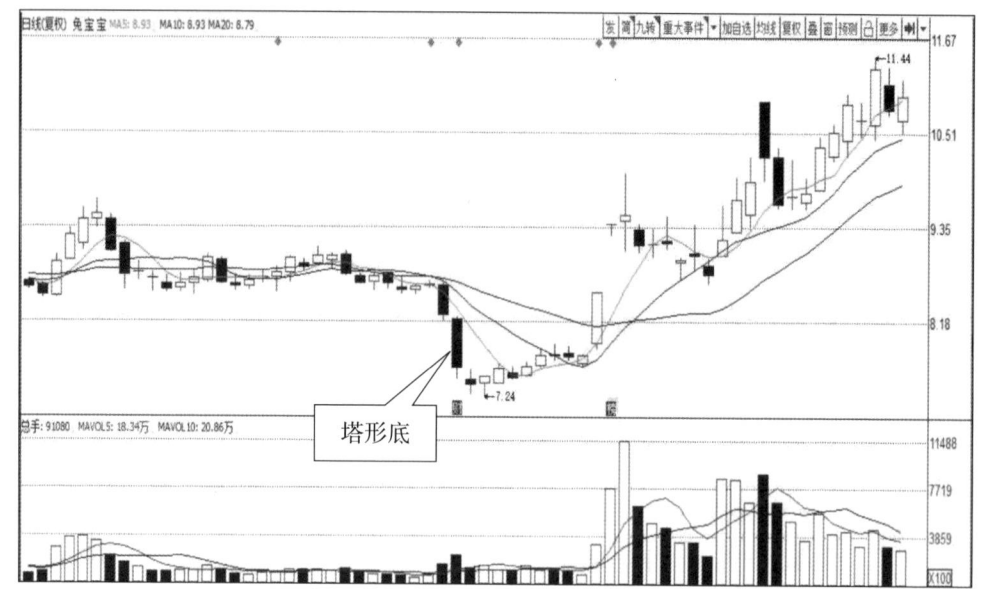

图3-15 塔形底示意图

第一，股价经过一段时间的下跌后，走出了塔形底形态，往往属于典型的筑底成功信号，未来上攻的概率很高。

第二，股价经过一段时间的上涨后，出现塔形底形态，则往往属于股价上升趋势中的调整形态，也具有较强的看涨意味。

第三，塔形底形态中，最后一根大阳线的出现，一般需要成交量的放大相配合，但需警惕成交量放大过猛，若创出天量，则存在主力借机出逃的可能，此时，投资者不宜入场。

实战案例

下面来看一下博力威（688345）的案例，如图3-16所示。

2022年4月25日，博力威的股价延续了之前的下跌走势，收出了一根大阴线，说明空方还处于强势，投资者宜回避。

此后，该股股价的下跌态势有所缓和，连续出现了若干个小阴线和小阳线，说明多空争斗比较激励。

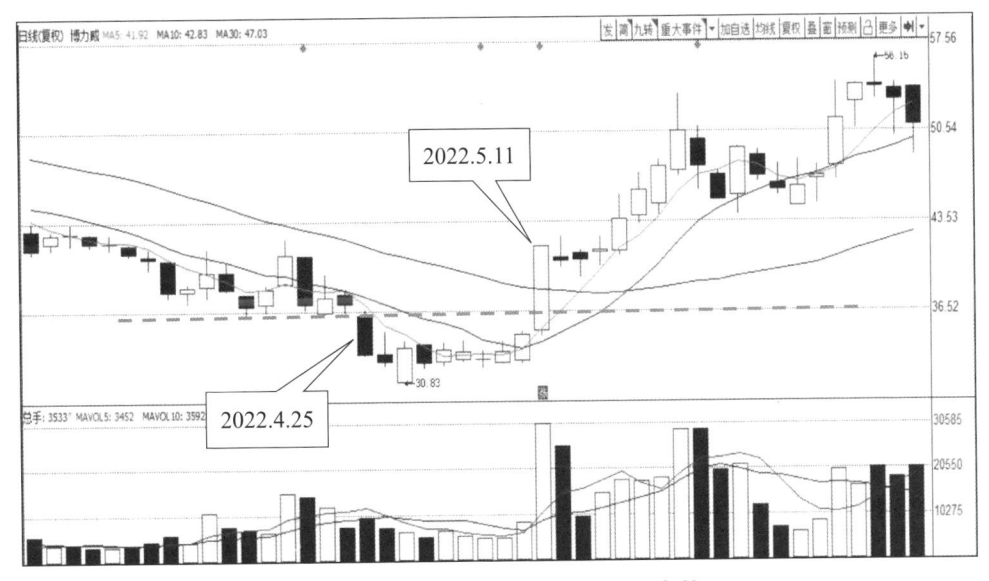

图3-16　博力威（688345）日K线走势图

2022年5月11日，该股高开高走拉出一根大阳线，且此根阳线的收盘价已经位于4月25日形成的大阴线开盘价之上了，说明多方开始发动了反攻，塔形底形态正式形成，投资者可以考虑跟进买入股票。

第二节　K线整理形态判断股价起涨信号

股价经过一段时间的上涨或下跌后，必然会积累一定的获利盘或套牢盘。主力为了后面的拉升或打压，会选择将股价控制在一定的波动幅度内，这就会在K线图上形成一些经典的整理形态。

起涨点32：矩形

↗ 起涨点概述

矩形整理形态又称箱体整理形态，是股市中典型的整理形态，可以出现在任何行情中，该形态表现为：股价在一定的价位区间内上下波动，将上涨的高点和下跌的低点分别相连，就形成了两条平行的水平直线，如图3-17所示。

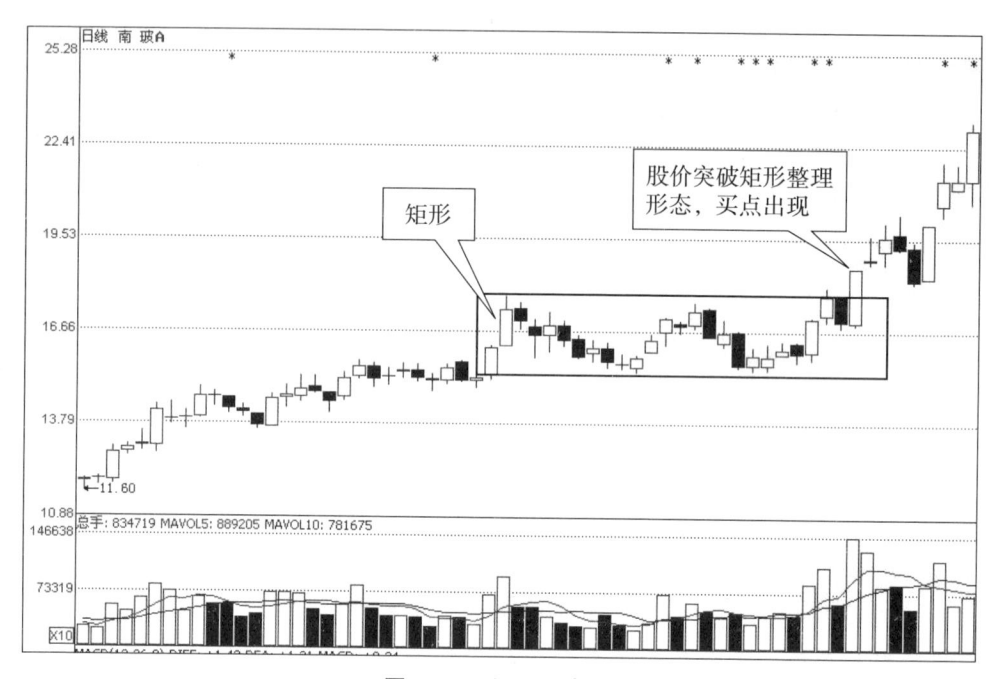

图3-17 矩形示意图

📈 起涨点解析

矩形是一种冲突均衡整理形态，显示多空双方虽然互不相让、你争我夺，但由于双方实力相当，所以基本在这一范围内达到了均衡状态。当然，出现这种形态有时也可能是庄家为了吸筹或出货有意控制波动幅度。

矩形整理形态的上边线是股价的阻力线，下边线是股价的支撑线，一旦股价有效突破了其中任何一条线，都标志着矩形整理形态构筑完成。若股价向上有效突破矩形上边线，则意味着股价起涨点到来，具体操作要点如下。

第一，股价向上突破矩形整理区域时，如果能有成交量放大相配合，则可增大股价上涨的可能性。

第二，股价在向上突破后可能会有一个回抽动作，如果在回抽过程中，股价没有回到原来的矩形整理区间，则是投资者第二个买入机会。不过，这一回抽动作有时候并不会出现，所以投资者不能把它作为唯一的买点。

第三，矩形整理形态形成的过程中，成交量一直持续在较高的水平，则有可能是庄家托盘出货，即使之后向上突破也可能是一个诱多陷阱，投资者对此要多加提防。

第四，矩形整理的形成时间要比三角形、旗形等整理形态都长，通常会超过4周（20个交易日）。矩形整理的周期越长，完成突破后上涨的幅度也会越大。

📈 实战案例

下面来看一下捷顺科技（002609）的案例，如图3-18所示。

图3-18　捷顺科技（002609）日K线走势图

从图3-18可以看出，2020年3月至5月捷顺科技的股价在日K线图上出现了矩形整理形态。

2020年3月初，捷顺科技开始了一波调整行情。2020年3月23日，该股跳空低开低走收出一根中阴线。之后该股股价开始反弹。其股价反弹几个交易日后重新转入调整走势。该反弹所形成的价位，就成了短期的一个高点。此后，该股股价又回调至3月23日阴线最低价附近受到支撑反弹，从而形成一个低点。然后，股价便一直在高点和低点之间的水平通道中运行，形成矩形整理形态。由于矩形的上下边线之间的距离较小，所以投资者在此期间应该保持观望态度。

2020年5月29日，该股股价高开高走，并放量突破矩形的上边线。此时，投资者可以买入股票，持股待涨。

起涨点33：上升三角形

↗ 起涨点概述

上升三角形通常出现在上涨途中或下跌末期，该形态的特征是：股价在反复振荡过程中，每次上涨的高点基本处于同一水平位置，而每次回落的低点却不断上移。随着形态发展，股价波动的幅度越来越小，即高点和低点逐渐靠拢。如果将这些高点和低点分别用直线连接，就形成了一个向上倾斜的三角形。

上升三角形在一段上涨行情之后出现，属于上涨中继形态，当股价重新突破三角形上边线后，股价就会重新上涨，如图3-19所示。

↗ 起涨点解析

上升三角形是一种常见的整理形态，该形态的出现说明了买方力量在不断加强，而卖方力量在逐渐衰弱，预示着市场有可能进入多头行情。

第一，上升三角形形态中，虽然股价每次上涨到水平线附近都会遇到强大的压力而回落，但股价回升的低点却一次比一次高，说明多方实力已经逐

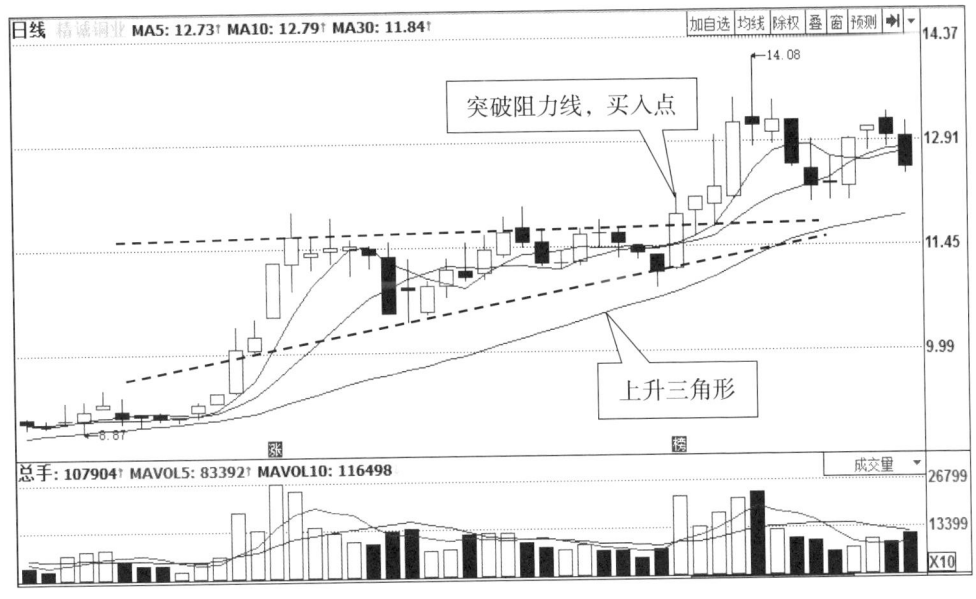

图3-19 上升三角形示意图

渐增强，未来上涨可期。当股价突破三角形上方的边线时，就是该股的第一个买点。

第二，当股价突破三角形上方的边线后，往往会有一个回调的动作，当股价回调到三角形上方的边线时，因受到支撑而掉头向上，这时就是该股的第二个买点。

第三，股价向上突破三角形区域时，如果能有一定的成交量与之相配合，则成功突破阻力线的概率更大。

第四，投资者按照上升三角形形态买入股票后，可以将止损位设置在三角形的上边线位置，如果股价跌破这一位置，投资者应迅速卖出止损。

实战案例

下面来看一下深桑达A（000032）的案例，如图3-20所示。

2020年2月25日，处于上涨途中的深桑达A高开低走，收出一根"螺旋桨"，随后两个交易日，该股连续拉出十字线，且价位几乎处于同一水平线上，这也成为上升三角形整理形态的一个高点。后来，股价再次上涨到这一价位附近时被打压了下来，说明上挡有较重的抛压。把这些高点相连，就形成了一条近乎水平的阻力线。

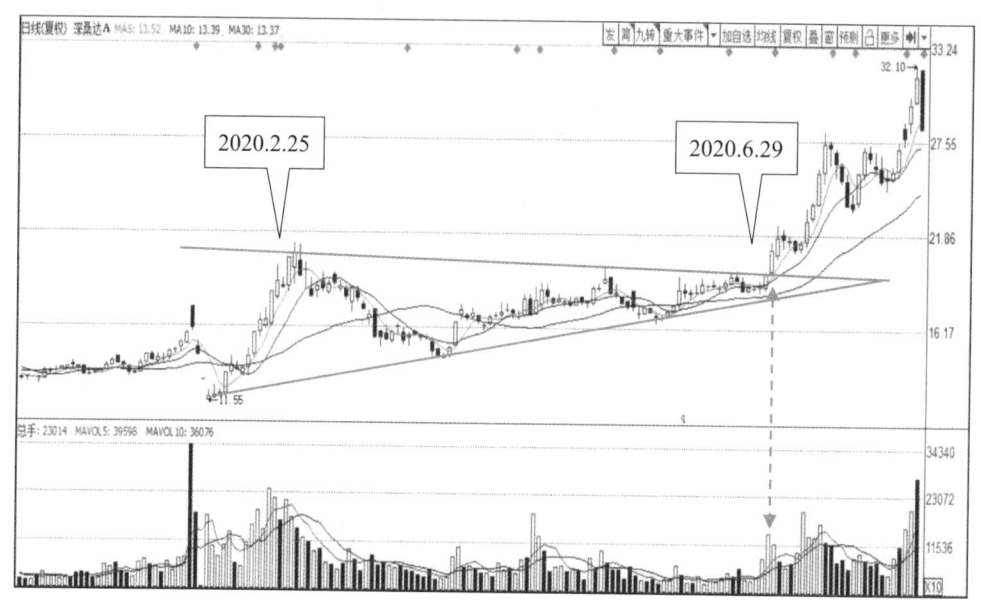

图3-20　深桑达A（000032）日K线走势图

与此同时，股价回落所接触的低点却呈现逐渐升高趋势，将它们连接起来近似于一条向上的斜线。这条斜线与上面的水平阻力线构成了一个上升三角形形态。

2020年6月29日，深桑达A放量上涨，成功突破了阻力线，表示上升三角形构筑完成。投资者如果能在突破的当天或次日买入该股，就能成功把握后市上涨带来的收益。

起涨点34：上升旗形

↗ 起涨点概述

上升旗形通常在一段上涨行情之后出现，该形态表现为：股价在上升过程中出现了一小段振荡下跌行情，如果将下跌的低点和回升的高点分别用直线连接起来，就形成了两条向下倾斜的平行线，看上去就像一面迎风飘扬的旗帜。

上升旗形在一段上涨行情之后出现，属于上涨中继形态，当股价重新突破旗形上边线后，股价就会重新上涨，如图3-21所示。

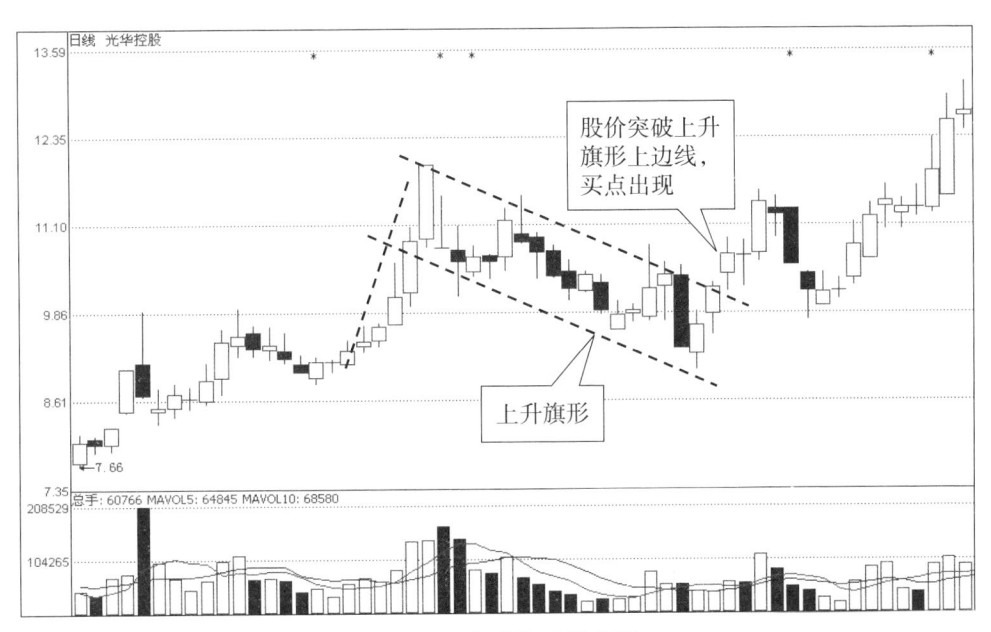

图3-21　上升旗形示意图

📈 起涨点解析

股价在进入振荡下跌行情中迟早要找到突破方向，而在上升旗形形态完成后，一般会以向上突破居多，向下突破的情况很少发生。因此，上升旗形通常被认为是上涨中继形态，可以看成对之前快速上涨的一个消化过程。

第一，当股价突破上升旗形的上边线时，表示股价已经整理完毕，将继续上涨。这时，投资者应该把握买入时机，适量参与。

第二，股价向上突破后可能会有小幅回抽，但回抽的力量往往很弱，会在旗形的上边线附近获得支撑，然后再度上涨。当投资者看到回抽后重新上涨的情形，便可考虑加仓买入。不过，这种小幅回抽有时候并不会出现。

第三，参照上升旗形形态买入股票的投资者，应该将止损位设在上升旗形的上边线上。当股价跌穿这一位置，投资者应果断止损。

第四，上升旗形必须出现在一段快速上涨行情之后才有意义，在下跌行情中出现倾斜向下的平行四边形则不能看作上升旗形。

📈 实战案例

下面来看一下中远海科（002401）的案例，如图3-22所示。

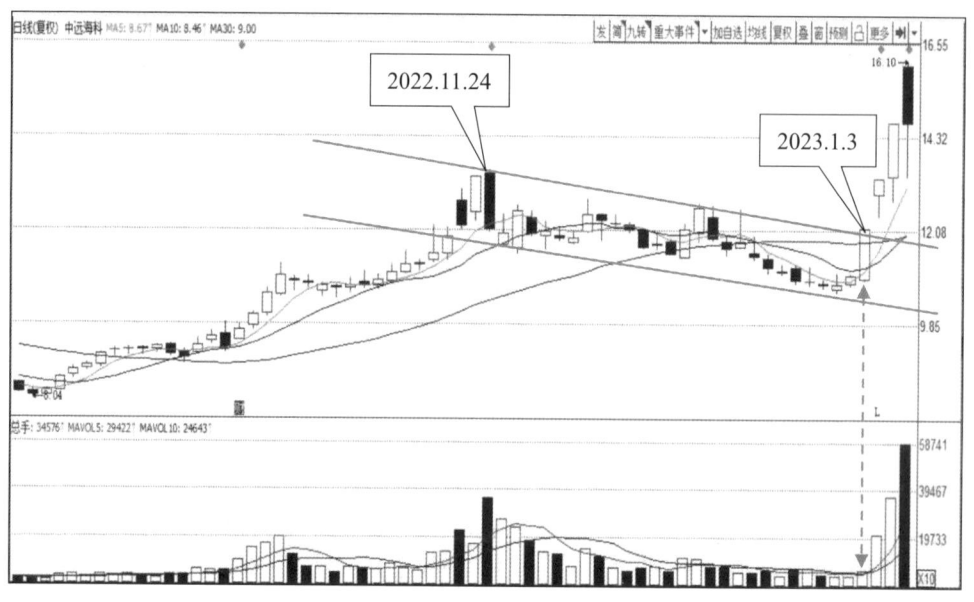

图3-22　中远海科（002401）日K线走势图

从图3-22可以看出，2022年11月至2023年1月中远海科的股价在日K线图上出现了上升旗形形态。

中远海科从2022年10月初进入上涨行情，2022年11月24日，该股股价在前一交易日涨停的基础上，跳空高开后反向下跌，最终收出一根大阴线，说明上方抛压严重。此后，股价开始了横盘整理，成交量也呈现出萎缩态势。这时，将股价逐渐下降的高点和低点分别相连，就形成了一个向下倾斜的平行四边形，这就是典型的上升旗形整理形态。

2023年1月3日，中远海科的股价放量突破了上升旗形的上边线，此时，投资者可以迅速跟进，买入该股。

起涨点35：下降楔形

📈 起涨点概述

下降楔形又称下倾楔形，通常出现在上涨行情中。该形态表现为：在股价上升过程中出现了一小段向下的振荡整理行情，将反弹的高点和回落的低点分别用直线相连，两条直线方向相同且呈收敛状，从而形成一个向下倾斜的楔子形态。

下降楔形一般出现在一段大幅上涨后的振荡整理过程中。股价经过振荡整理向上突破的可能性非常大，如图3-23所示。

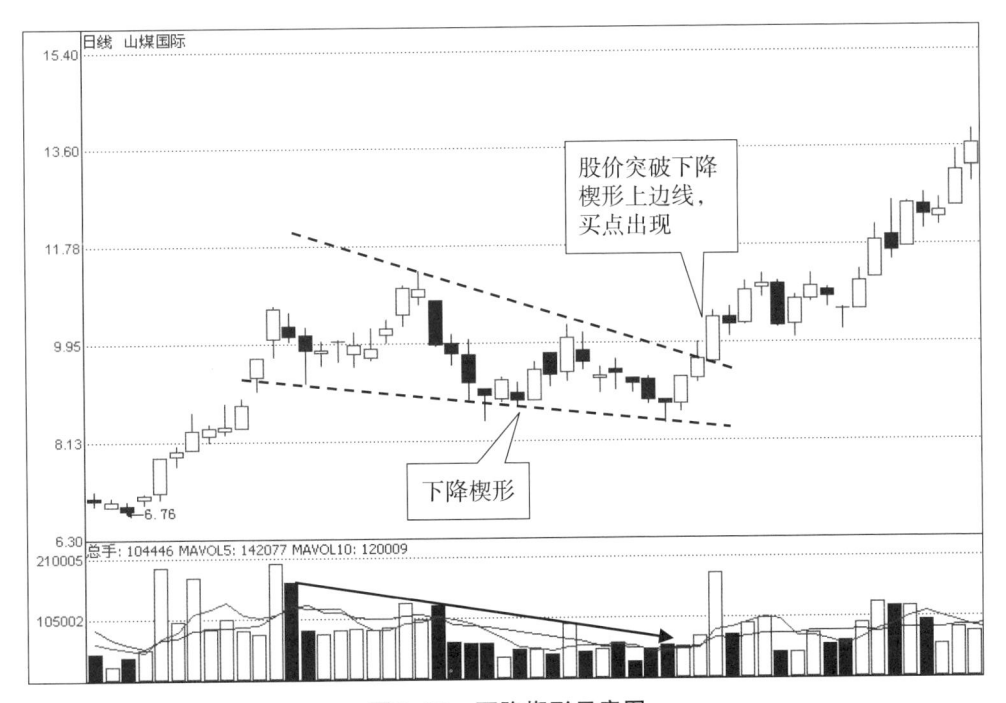

图3-23 下降楔形示意图

📈 起涨点解析

在上涨行情中出现下降楔形，一般只是前期获利的投资者的卖出行为所致，不会影响上升趋势的发展。该形态通常表现为上涨中继信号。

第一，下降楔形只是一段漫长上涨过程中的整理形态，只是一个短暂的停留，不可能从根本上扭转股价上涨的趋势。

第二，股价向上突破楔形区域时，如果能有一定的成交量与之相配合，则后期上涨的力度可能会更大。

第三，下降楔形完成向上突破后，可能会向下回抽。如果股价在楔形的上边线获得支撑，则证明突破有效，投资者可再度买入股票。如果股价跌破这一位置，投资者则需要考虑斩仓止损。

📈 实战案例

下面来看一下威腾电气（688226）的案例，如图3-24所示。

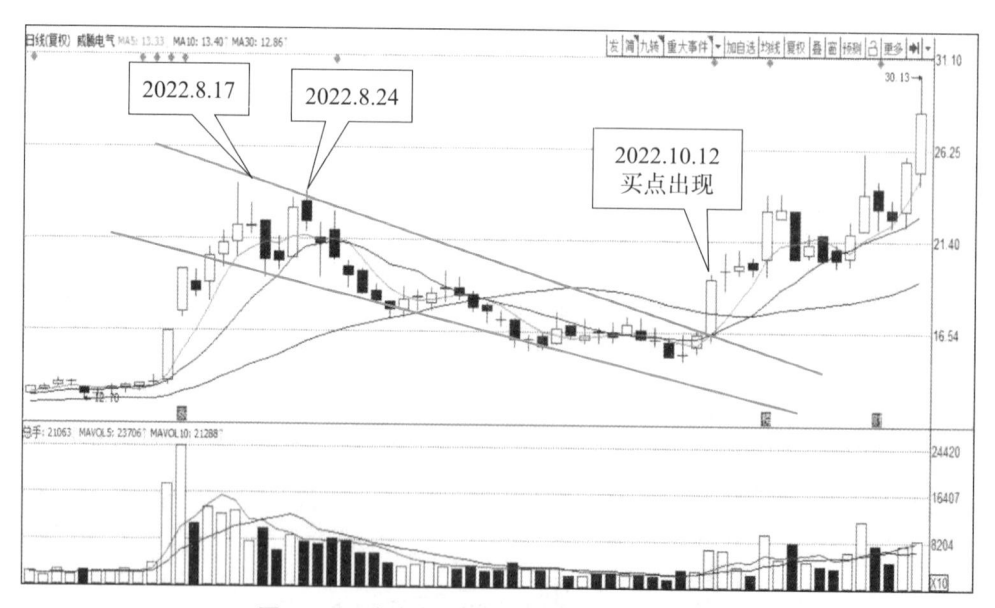

图3-24　威腾电气（688226）日K线走势图

从图3-24可以看出，威腾电气的股价在2022年8月至10月期间，走出了下降楔形整理形态，预示股价将会加速上涨。

2022年8月17日，威腾电气经过一段时间的加速上涨之后，收出一根中阴线，股价掉头向下，接着股价在2022年8月24日再次触及这一高点附近位置后，出现下跌，这个高点与前一高点均处于同一条直线上。

与此同时，股价在下跌转向上涨过程中形成的低点，却一个比一个低。如果把这些低点用线连接起来就会与高点之间的连线构成一个向下倾斜的楔形。

2022年10月12日，威腾电气的股价低开高走，并突破下降楔形上边线，预示股价将开始快速上涨之路。投资者应及时买入股票，以获得投资收益。

起涨点36：收敛三角形

↗ 起涨点概述

收敛三角形，又叫对称三角形，可以出现在任何行情中，其形态表现为：股价在一段时间内出现反复振荡整理局面，每次上升的高点都低于前一个高点，而每次下降的低点都高于前一个低点，于是股价波动幅度越来越小。如果将这些高点和低点分别用直线连接，就形成了一个逐渐收敛的三角形。

收敛三角形是一种整理形态，表示多空双方陷入了僵持局面，当股价向上突破上边线时，预示股价将发动一波上涨行情，如图3-25所示。

↗ 起涨点解析

收敛三角形后市具有不确定性，既有可能上行，也有可能下行。

第一，收敛三角形是一种观望信号，在该形态的形成过程中，无论是持股的投资者，还是持币的投资者，都应该采取冷静观望的态度，不宜盲目操作。

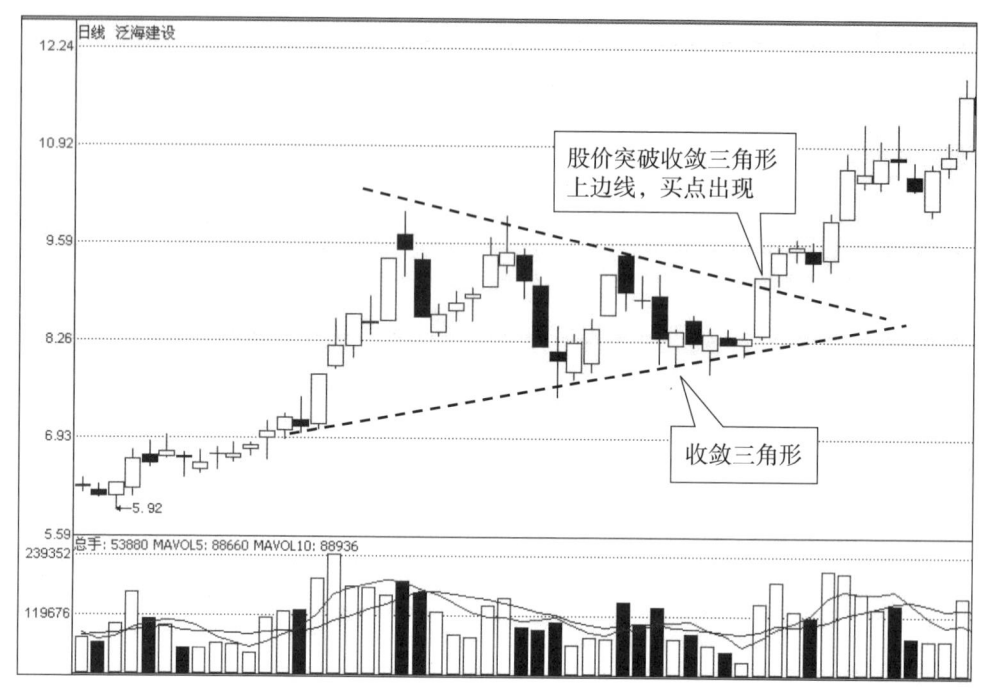

图3-25 收敛三角形示意图

第二，当在上涨行情中出现收敛三角形整理形态时，股价如突破该形态的上边线就可以考虑买入，如果跌破该形态的下边线就应该尽快卖出。

第三，收敛三角形完成后，如果股价选择向上突破，则必须伴随着成交量的放大，否则有可能造成假突破。

第四，收敛三角形向上突破后，股价上升到第一个高点的价位附近才会遇到阻力。因此，投资者通过这一高点画一条水平直线，并以此来度量突破后的最小涨幅。

实战案例

下面来看一下贝达药业（300558）的案例，如图3-26所示。

从图3-26可以看出，2020年12月至2021年1月贝达药业的日K线图上出现了收敛三角形整理形态。

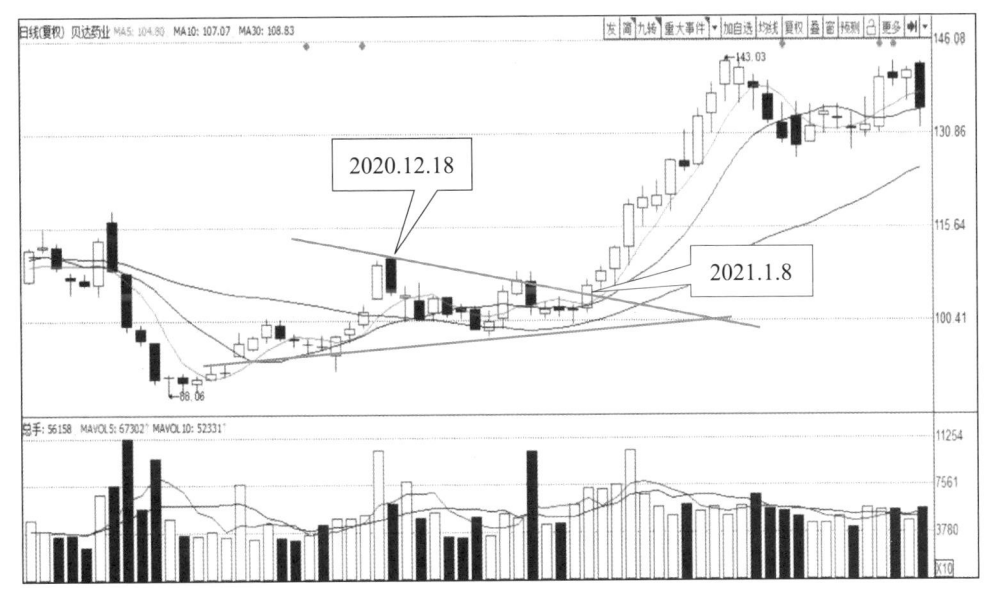

图3-26 贝达药业（300558）日K线走势图

2020年11月，处于下跌途中的贝达药业开始了止跌企稳迹象。此后，该股股价出现了振荡上升行情。

在振荡上升过程中，上涨的高点逐渐降低，回落的低点逐渐升高，呈现对称的三角形形状，且成交量呈现减少趋势，说明多空双方僵持不下，多方和空方都有很大一部分人开始作壁上观。在此过程中，投资者最好也保持观望姿态，静待明确的信号出现。

2021年1月8日，该股收出一根中阳线，股价一举冲破了收敛三角形的上边线，买点出现，这时投资者应该把握机会积极买进。之后，该股步入了上升轨道。

第四章
量价形态判断股价起涨信号

价涨量增、价跌量缩是典型的量价配合模式。在实战交易过程中，股价的涨跌又处处受资金的制约，当股价形态与成交量形态组合形成一些经典形态时，往往对股价未来的走势具有较强的指导意义。

第一节　经典量价形态判断股价起涨信号

股价在底部区域或刚刚启动上涨初期，成交量往往会显示出某些典型的异动形态，如出现极度缩量、随着股价的上升逐渐放量等形态。投资者从股价与成交量的配合可以轻松捕获股价启动上升的信号。

起涨点37：温和放量出底部

↗ 起涨点概述

温和放量，即成交量持续小幅上扬。与此同时，股价缓慢走出底部区域，这是股价见底反攻的明确信号。

股价经过一段时间的下跌之后不再下跌，开始在低位盘整，成交量温和放大，说明庄家已开始建仓，未来股价上涨的可能性较大，如图4-1所示。

↗ 起涨点解析

温和放量形态中成交量量柱顶点的连线呈反抛物线形上升，而且没有任何拐点，也就是说，成交量的放大是一个逐步增加的过程，而不是突然放大的结果。

第一，成交量逐步放大，说明庄家吸筹也是一个逐步增加的过程。越接

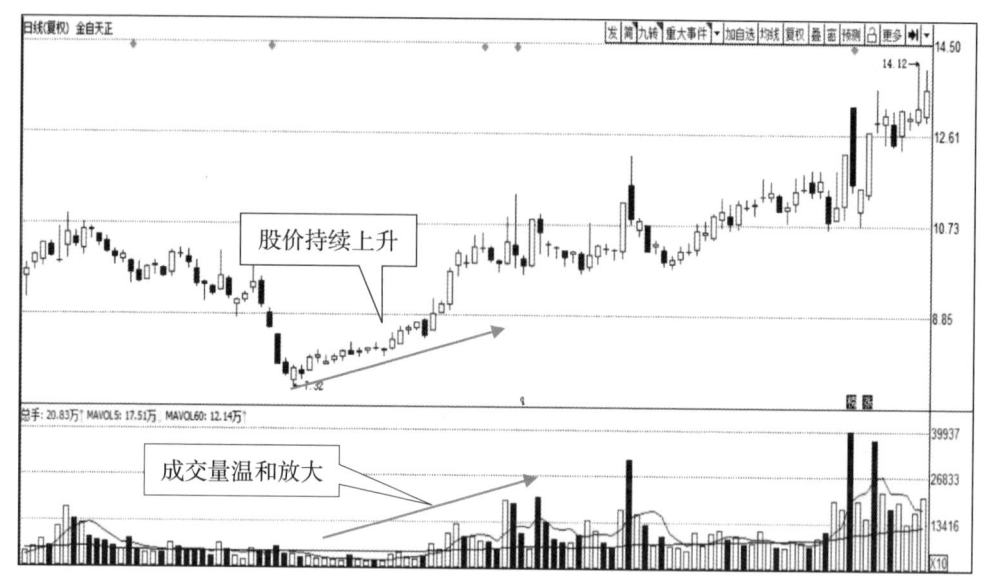

图4-1 温和放量出底部示意图

近吸筹的尾声，成交量增加的就越多。从另一个角度看，当成交量较高时，进入了庄家建仓的收尾阶段，庄家即将开始拉升，这时，投资者如果能够买入股票，就会有一个比较好的收益。

第二，一般情况下，温和放量的时间不会太长，否则庄家在持续吸筹过程中难以控制股价，也容易引起其他投资者的注意。

第三，成交量温和放大后，股价也会选择在某一个点位突破盘整区域而快速上涨。股价向上突破的点位就是一个较好的买点。

实战案例

下面来看一下海兰信（300065）的案例，如图4-2所示。

从图4-2可以看出，2022年10月至2022年11月初，海兰信走出了底部温和放量行情，预示股价后市将有一波上涨。

海兰信的股价在经历了2022年下半年的下跌之后，从2022年10月开始进入底部盘整阶段。

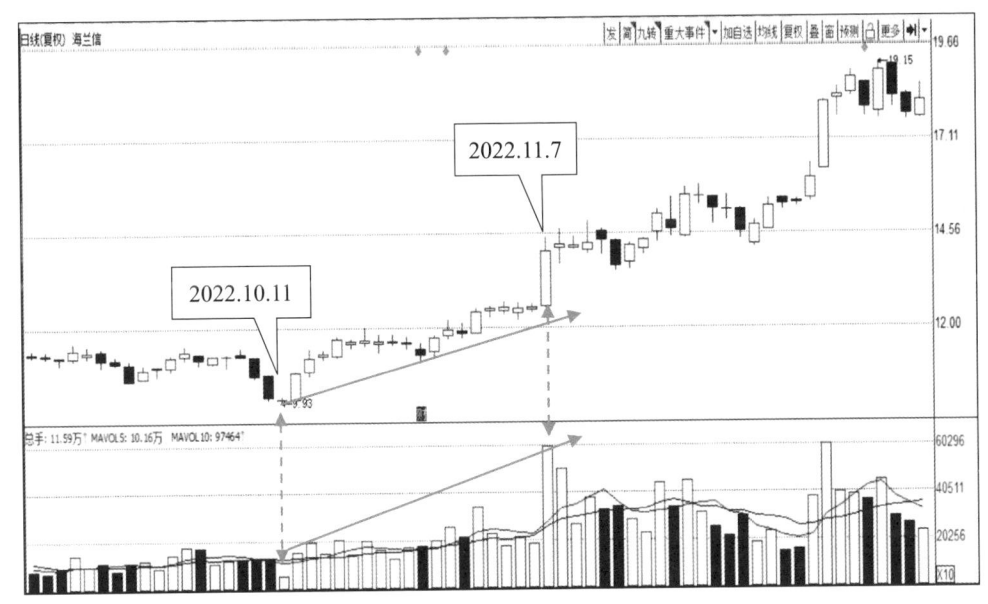

图4-2 海兰信（300065）日K线走势图

2022年10月11日，该股股价收出一根小十字线，成交量同步缩至极低水平。此后，该股股价持续上涨，成交量也开始同步温和放大。

2022年11月7日，海兰信的股价突破了长期盘整区域，且成交量异常放大，说明该股股价很快就要发动一波快速上涨行情。投资者如果能在庄家建仓时买入股票，就能获得较好的投资收益。

起涨点38：缩量大阴底筑牢

↗ 起涨点概述

股价下跌到底部区域后，某日突然拉出一根大阴线，且成交量同步出现缩量情况，说明股价已经下跌到位，即将开始上涨，如图4-3所示。

↗ 起涨点解析

股价在下跌了较长时间后，跌势仍然没有改变，然后在某个交易日突然拉出实体很长的大阴线，成交量却没有放大。这种情形可能是空方的最后一

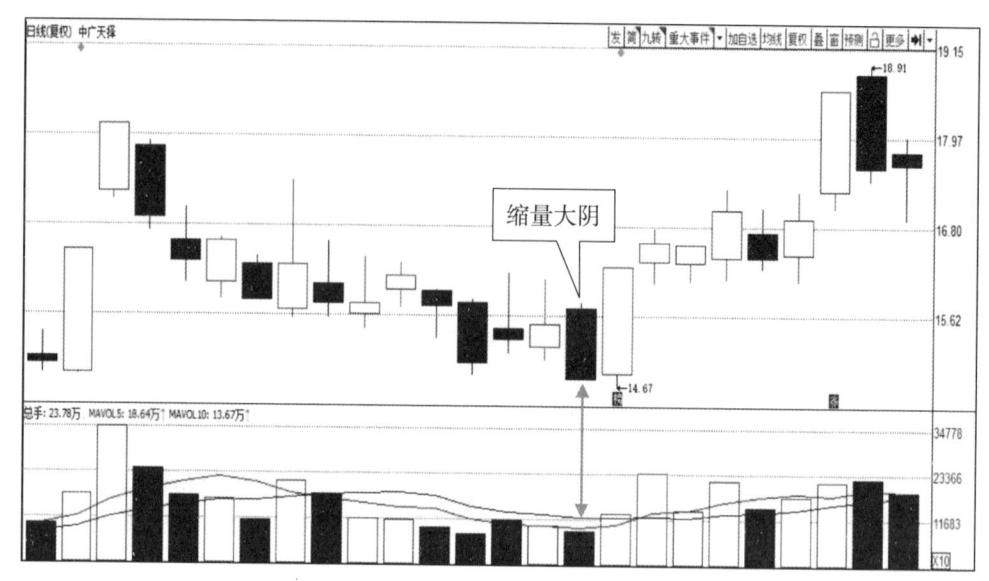

图4-3 缩量大阴底筑牢示意图

搏，之后股价可能进入底部整理或止跌反弹行情。

第一，当某只股票出现缩量大阴线后，股价如果出现反转向上的走势，投资者可积极跟进；股价如果继续下跌走势，则应保持关注，待股价拐头向上时，再买入即可。

第二，股票出现缩量大阴线的位置也十分关键。只有在底部区域出现时，才能被看成买入信号。当股价处于下跌初期或顶部区域则不能被视为买入信号。

第三，当某只股票出现缩量大阴线时，如果相关技术指标也能同步发出买入信号，则可增大该股未来上涨的可能性。

实战案例

下面来看一下航天科技（000901）的案例，如图4-4所示。

从图4-4可以看出，2022年4月26日航天科技的K线图上出现了底部缩量大阴线形态，预示该股即将止跌企稳。

图4-4　航天科技（000901）日K线走势图

从2022年4月中旬开始，该股股价启动了一波快速下跌走势，且给人一种无力反攻的感觉。

自2022年4月21日开始，航天科技的股价连续大幅下挫。4月26日，该股股价拉出了一根大阴线，与此同时，成交量相比前一交易日萎缩了很多，说明空头实力不济，股价即将启动一波反弹。

4月27日，该股股价低开高走，收于大阴线的开盘价之上，形成了曙光初现形态，且当日成交量也出现了放大，说明该股即将启动上涨，投资者宜迅速买入该股。

起涨点39：地量遇地价

↗ 起涨点概述

地量，即最低成交量，分为绝对地量和相对地量。绝对地量，是指自股价发行上市以来的最低成交量；相对地量，则是指一段时间内的股票最低成交量。地价，即最低成交价，与地量的概念相似，也分为绝对地价和相对地价。一般情况下，我们所说的地量与地价，多指相对地量与地价。

地量往往出现在下跌走势中。当地量遇地价时，往往意味着一个阶段性或全局性底部的来临，投资者可以选择买入股票，如图4-5所示。

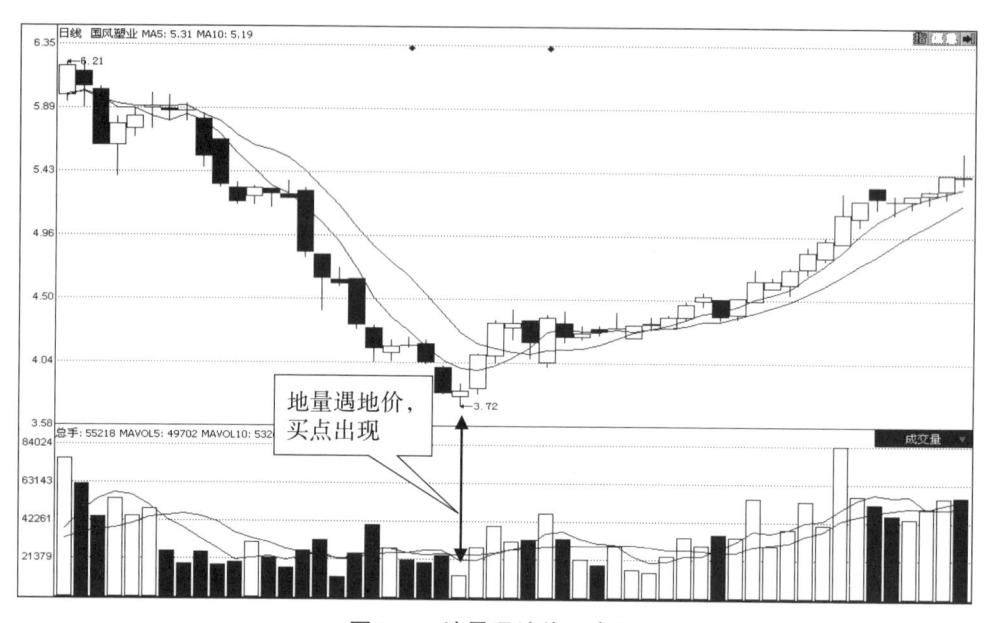

图4-5 地量遇地价示意图

📈 起涨点解析

在熊市的末端，经常会出现地量，但是出现地量并不意味着一定进入了熊市的末端，有时，地量只能意味着阶段性低点的来临。

第一，当成交量不再萎缩，也就是地量出现时，投资者需要观察股价的变化，如果股价也不再下跌，则可跟进买入股票。

第二，当成交量与股价双双达到最低点时，投资者可以综合其他技术指标进行判断，一旦相关技术指标发出买入信号，即可买入股票。

第三，当牛市中出现地量，往往都是上涨回调中的缩量情形，这种时候往往是投资者加仓的好时机。

第四，地量与地价有时不在同一交易日出现，中间可能会间隔一到两个交易日，但不影响该形态的成立。

📈 实战案例

下面来看一下盛视科技（002990）的案例，如图4-6所示。

图4-6　盛视科技（002990）日K线走势图

从图4-6可以看出，2022年10月11日盛视科技走出了地量遇地价的形态，预示股价很有可能触底反弹。

从2022年8月中旬开始，该股的股价出现了加速下跌态势，股价直线下跌，成交量也同步出现萎缩态势。

2022年10月11日，盛视科技的股价下跌到阶段低点20.57元，成交量也创下了一段时间以来的最低点。之后，股价与成交量同步出现了回升，说明10月11日的股价与成交量都是阶段最低值，即地量遇见了地价，这预示着股价未来有可能会反转向上，投资者应在10月12日股价上涨时买入该股。

起涨点40：价量齐升价上扬

📈 起涨点概述

股价在上涨趋势中出现价升量增的态势，是一种非常良好的价量关系，股价每次回调都是较好的买点，如图4-7所示。

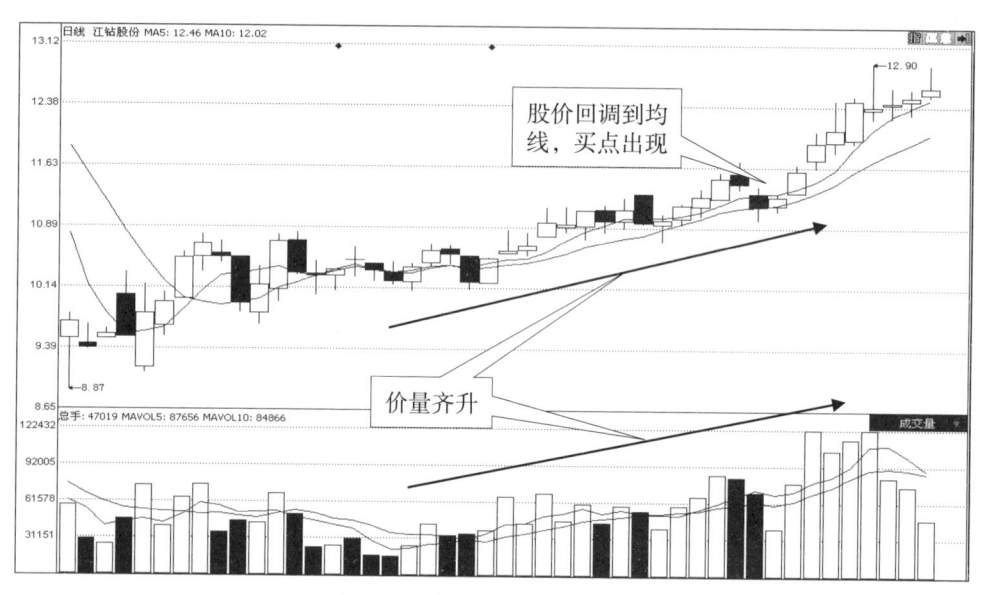

图4-7 价量齐升价上扬示意图

📈 起涨点解析

随着股价的不断攀升，成交量也在同步放大，这是一种价量配合良好的形态。这种形态表明，随着股价的上升，上升动力也在不断增强，预示着股价还将继续走高，投资者可以选择追高买入。

第一，当成交量随着股价的不断走高而放大时，预示着股价上涨行情还将继续，这时，股价的每一次回调，都是投资者的买入良机。

第二，当股价运行到一个较高的位置时，如果出现价升量增的情况，也可能是十分危险的情况，因为一旦成交量不能继续放大，股价就有可能下跌。

第三，股价与成交量呈现出价量齐升状态时，投资者可选的买点包括股价回调到均线位置、某一重要支撑位（如前期高点）等。

📈 实战案例

下面来看一下长盛轴承（300718）的案例，如图4-8所示。

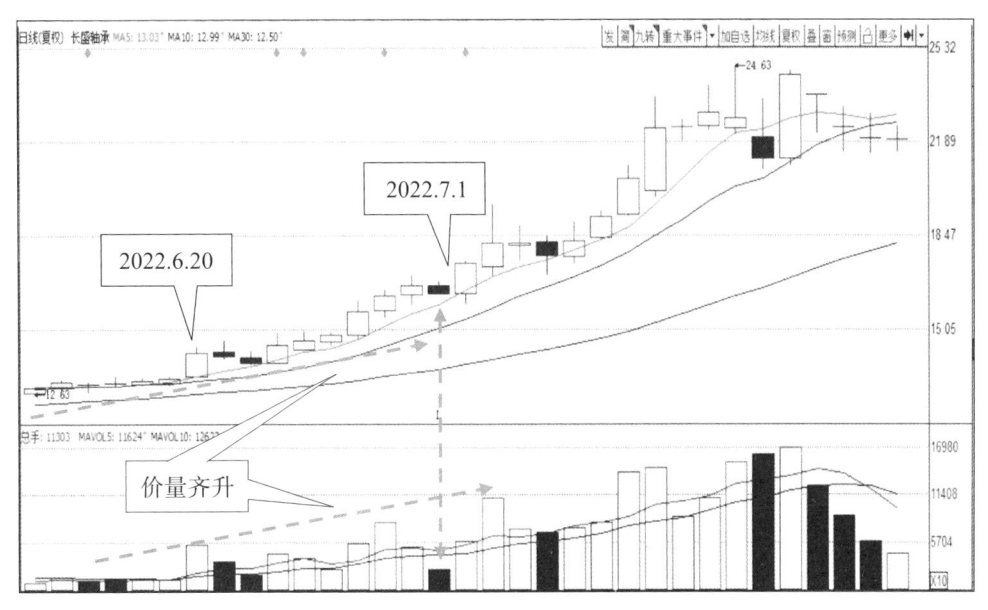

图4-8　长盛轴承（300718）日K线走势图

从图4-8可以看出，2022年6月到7月初长盛轴承的股价出现了价量齐升态势，预示股价将延续上涨行情。

从2022年5月初开始，长盛轴承的股价自底部启动，一路缓慢攀升，股价不断创出新高，且成交量也同步放大，说明该股股价与成交量配合良好，未来还有继续上涨的可能。处于价量齐升状态中的股票，投资者可以随时跟进买入，也可选择股价出现回调时逢低介入。

2022年7月1日，长盛轴承的股价自高点回落到均线位置，且受均线的支撑而重新开始上涨。投资者观察此时的成交量可以发现，当股价出现回调时，成交量同步萎缩。当股价出现上涨时，成交量也同步放大，说明股价与成交量配合十分合理，投资者可于此时买入该股。

起涨点41：持续缩量再反攻

📈 起涨点概述

通常来说，股价下行过程中，成交量也会同步出现萎缩态势。不过，成交量和股价都不可能无限制地萎缩下去。当成交量萎缩至极点，出现阶段低点时，往往也是股价即将启动反攻的时刻，如图4-9所示。

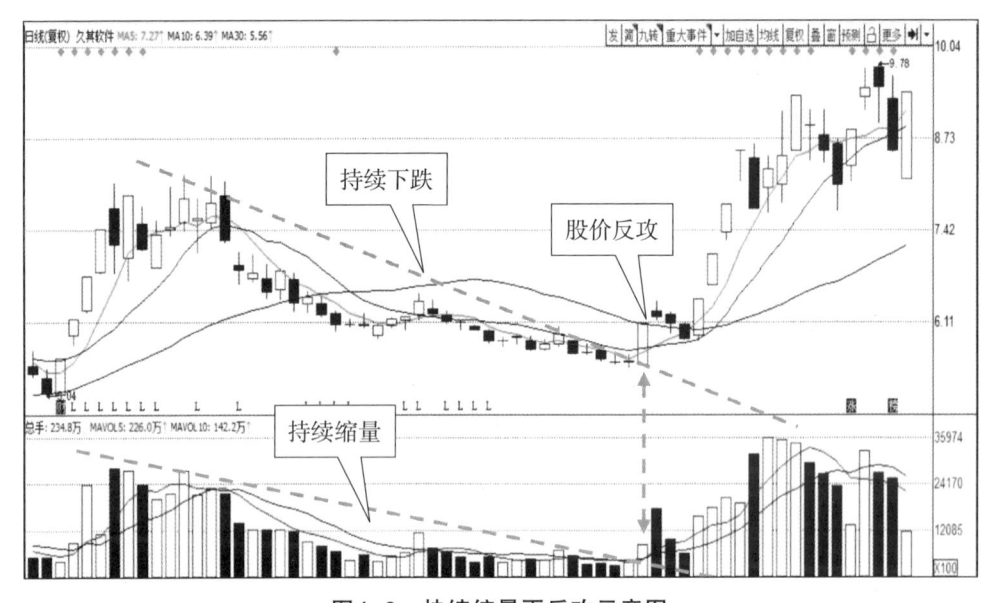

图4-9 持续缩量再反攻示意图

📈 起涨点解析

随着股价的持续走低，成交量同步逐渐萎缩，这本身也是空方动能逐渐得到释放，多方逐渐后退的一种体现。当多方面临退无可退的地步时，反攻就成了唯一的选择，其操作要点如下。

第一，随着股价的持续走低，成交量不断创出新的低点，特别是成交量创下一段时间的新低后，股价随时可能会出现反攻浪潮。

第二，股价下跌过程中，若开始沿着某一均线下行，此后股价反攻时，若能有效突破该均线，更可印证股价突破上攻的有效性。

第三，投资者按照此技巧买入股票时，还可以参照其他技术指标，比如MACD指标在0轴附近形成黄金交叉等形态时，更可增强买入信号的有效性。

📈 实战案例

下面来看一下恒久科技（002808）的案例，如图4-10所示。

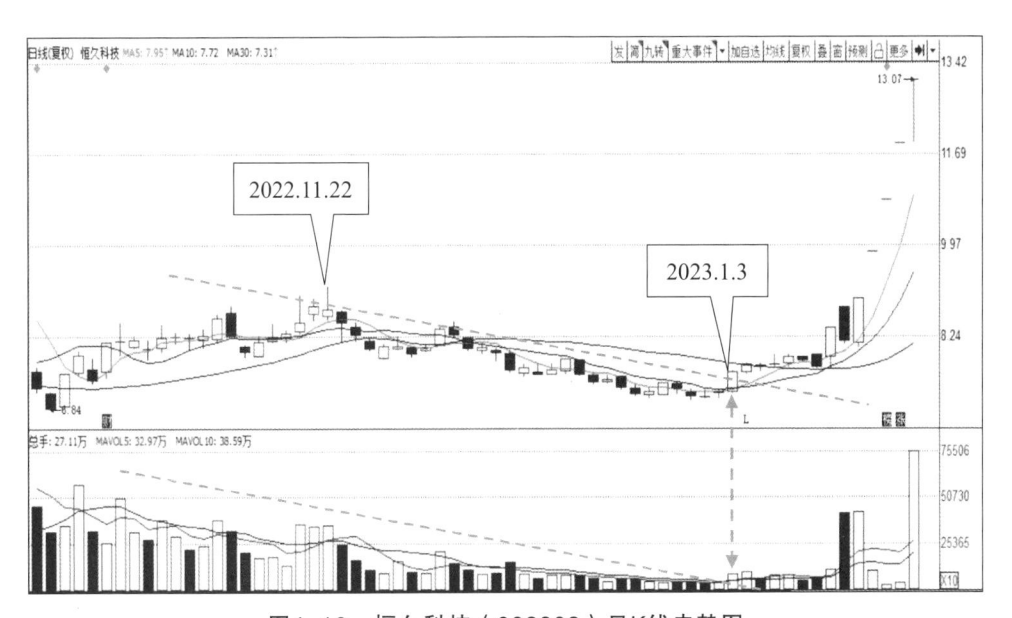

图4-10　恒久科技（002808）日K线走势图

从图4-10可以看出，恒久科技经过一段时间的上涨后，自2022年11月22日进入回调整理区间，股价出现了价量齐跌的态势，预示股价将延续下跌行情。

到了2022年年底，该股股价与成交量已经持续下跌了一个多月。特别是成交量已经萎缩至较低的水平，股价下跌的幅度和速度同步缩小，这都是股价即将触底反弹的迹象。投资者可密切关注之后股价的变化。

2023年1月3日，恒久科技的股价放量上攻，并向上突破了5日均线和10日均线，这标志着股价已经开始进入上升通道。

第二节　股价突破形态判断股价起涨信号

股价突破某一重要价格区域，意味着有大量的套牢盘需要离场，这就必然要求成交量放大相配合。

起涨点42：放量突破前期高点

↗ 起涨点概述

股价自底部开始小幅上升后，前期振荡回落过程中所形成的高点仍可能对股价构成一定的阻力作用，毕竟这些前期高点往往会聚集较多套牢盘。股价想要突破该区域就必须消化掉足够多的套牢盘。

某一交易日，当股价完成了对前期高点的突破，就意味着股价正式进入了加速上升行情，如图4-11所示。

↗ 起涨点解析

这类起涨点的形成具有如下几个典型特征。

第一，股价自底部反弹后出现小幅上升走势，股价K线一直呈小幅振荡上扬态势，成交量也同步温和放大。

第二，随着股价上升的持续，距离前期高点越来越近，股价K线出现上影线的情况越来越多，也就是说，市场已经感受到了来自前期高点的压力。很多投资者开始选择撤退或部分减仓，并密切关注股价的走势。

第三，股价临近前期高点位置时，股价波动幅度明显变小，成交量常常

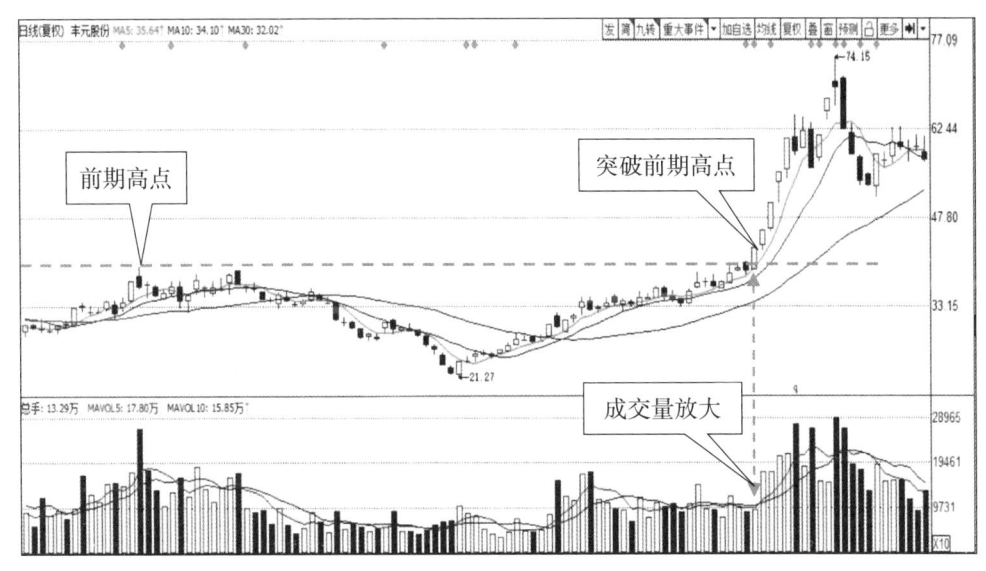

图4-11　放量突破前期高点示意图

会出现明显的萎缩，这是典型的启动前兆。

第四，某一交易日股价突然放量上攻，并成功突破前期高点，这就是典型的起涨点来临信号，投资者可考虑入场建仓。

实战案例

下面来看一下科力远（600478）的案例，如图4-12所示。

从图4-12可以看出，科力远的股价自2022年4月12日创下一个阶段高点后连续大幅下挫。几个交易日后的4月27日，该股股价开始触底反弹向上。

此后，该股一路小幅振荡上扬，该股K线多是以小阳线和小阴线报收，说明多方并未取得决定性优势。当股价上涨至4月12日高点附近时，股价的波动开始增大，这是主力有所行动的迹象。

6月17日，该股股价大幅向上放量突破4月12日高点，这是主力强势的一种体现。

此后的两个交易日，该股股价稍有调整，重新开始了上攻之路。

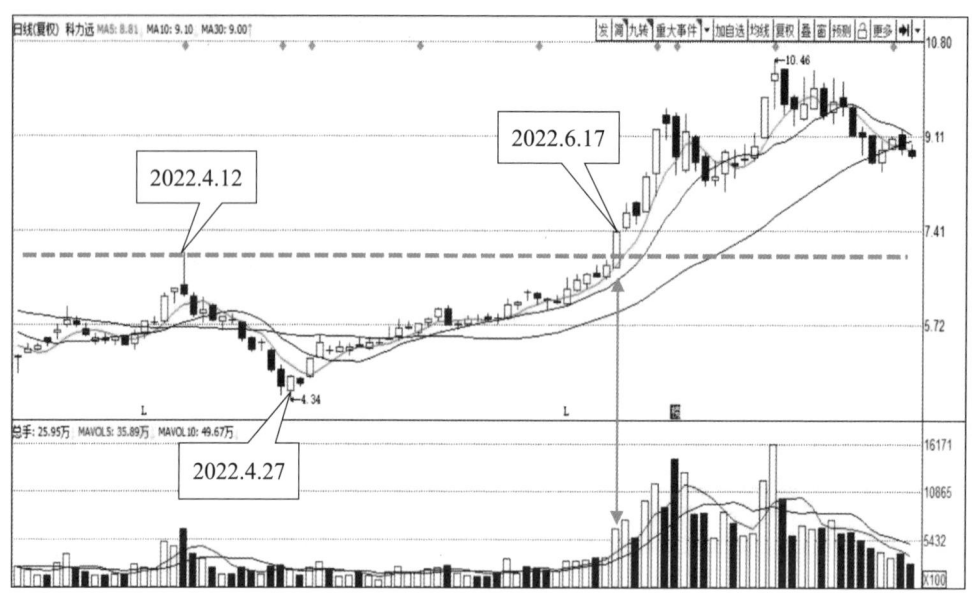

图4-12　科力远（600478）日K线走势图

起涨点43：突破阻力线

📈 起涨点概述

阻力线由股价在振荡过程中形成的高点连线构成。这类阻力线形成后，往往会对股价的上行起到一定的阻力作用。其后，若股价能够有效突破这类阻力线，则意味着阻力线的阻力作用消失，未来股价将进入新的上升行情，如图4-13所示。

📈 起涨点解析

这类起涨点的形成具有如下几个典型特征。

第一，股价在小幅上升过程中，也会陆续出现几个明显的高点，将其中两个较为明显的高点连线，就构成了股价上升的压力线。

第二，该压力线对股价事实上造成较大的阻力，每当股价上升至该线附近时，都会因为该线的阻力作用而重新回落。

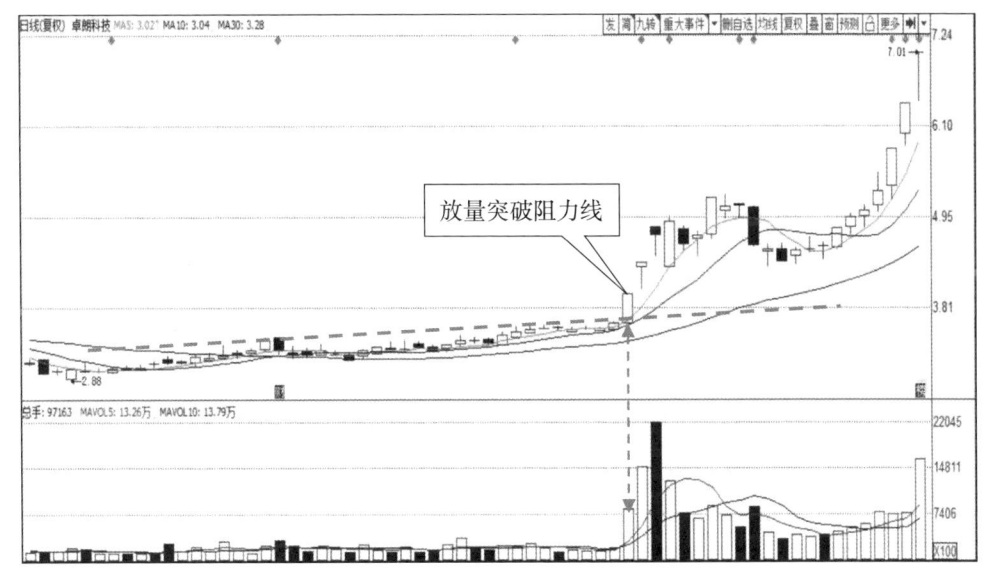

图4-13　突破阻力线示意图

第三，因该线对股价造成了一定的阻力，这就使得很多投资者将其看成较佳的出货位置，也就是说，当股价上升至该线附近时，投资者就可能主动卖出手中的股票，这在一定程度上强化了该线的作用。

第四，股价经过一波振荡后，突然放量向上突破该阻力线，则意味着股价将会进入一个新的上升通道。

第五，有时，股价虽然处于该阻力线下方，但呈现上升走势，只是上升的幅度相对较小，如图4-13所示的一样。股价一旦完成了对该线的突破，就意味着上升的幅度和速度都将加快。这个突破点位也可以看成股价的起涨点。

📈 实战案例

下面来看一下中南建设（000961）的案例，如图4-14所示。

从图4-14可以看出，中南建设的股价经过一波下跌后，自2020年3月开始呈现企稳迹象。

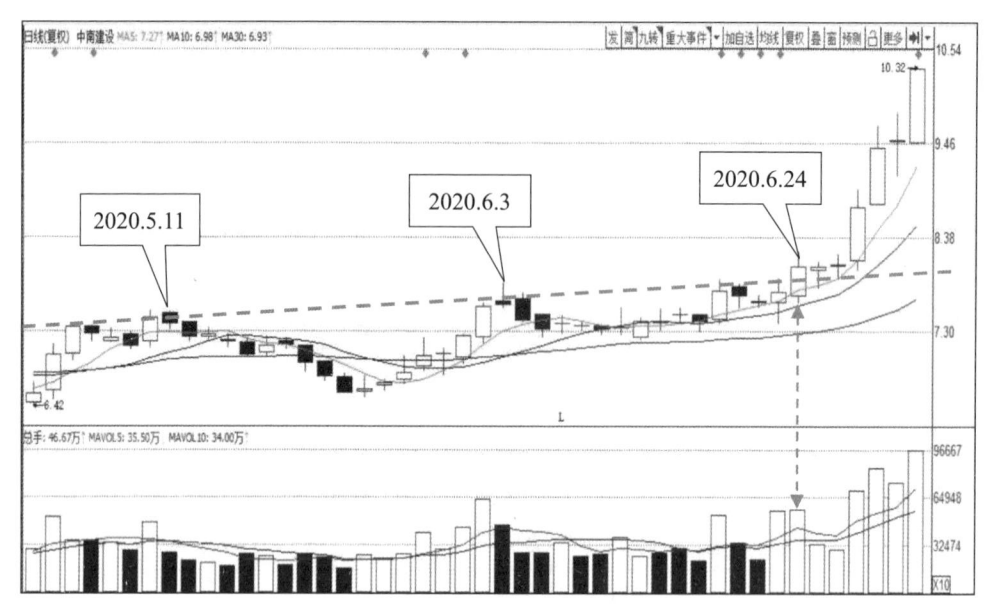

图4-14 中南建设（000961）日K线走势图

此后，该股股价开始了一波小幅振荡上升走势，并于2020年5月11日和6月3日创下两个明显的高点。投资者可将股价振荡上升中所形成的明显高点绘制一根趋势线。此后，股价一直运行于趋势线下方，说明这根趋势线对股价具有较强的阻力作用。

2020年6月24日，该股放量突破了上方压力线，成交量相比前一交易日放大了数倍。这标志着该趋势线的阻力作用已经开始转为支撑作用。

此后，该股股价经历了两个交易日的调整后，立即转为快速上攻模式。6月24日，该股股价突破上方压力线的时刻，就是该股的起涨点位。

起涨点44：突破盘整位

📈 起涨点概述

横有多长，竖有多高。股价经过一波上升或下跌后，多空双方实力进入均衡状态。股价沿着近乎直线的形态横向振荡运行，各条均线也开始呈现明显的黏合形态。某一交易日，股价突然上攻，则意味着股价暴涨时机的到来，如图4-15所示。

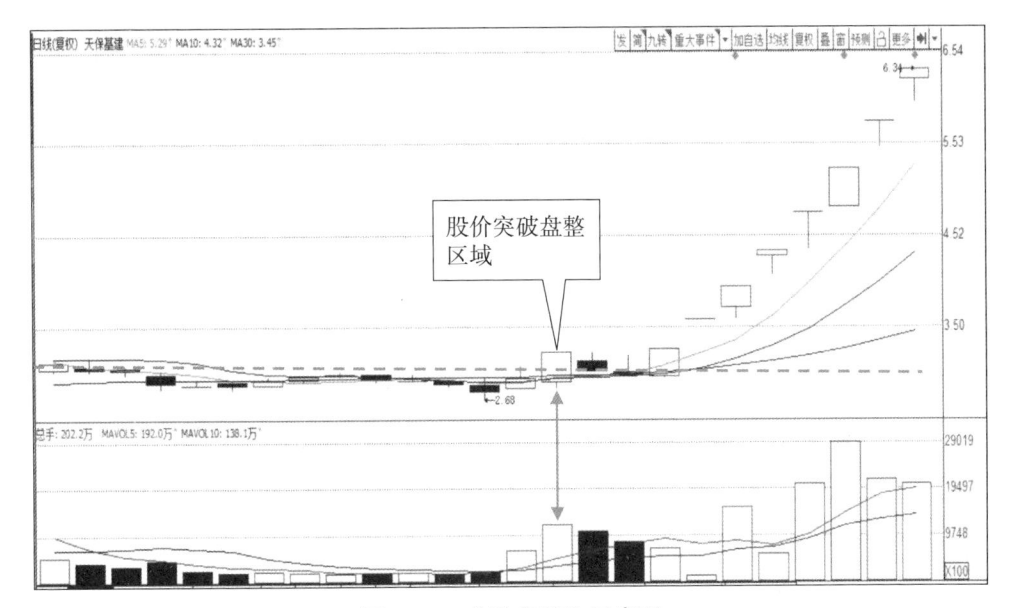

图4-15 突破盘整位示意图

📈 **起涨点解析**

这类起涨点的形成具有如下几个典型特征。

第一，股价的横向盘整可能会持续几周，甚至几个月的时间，说明多空双方形成了势均力敌的局面，谁也不敢轻举妄动。

第二，随着股价盘整的持续，各条均线开始黏合在一起。通常来说，这属于典型的股价选择突破方向时的均线形态，投资者可密切关注股价的运行情况。

第三，某一交易日，股价突然放量上攻，这属于典型的股价启动信号，此时，各条均线由黏合状态转为多方发散排列，这就说明股价将要进入快速上攻区间。

第四，有时候，股价在向上突破前还会先做一个假动作，也就是将要向上突破先来个向下跌破的动作。当投资者纷纷卖出股票时，再反手向上拉升股价。股价向上突破的时刻，就是该股起涨点来临的时刻。

第五，股价上攻时，成交量是一个重要的辅助性指标。只有成交量放大到一倍以上，才能保证突破的有效性。当然，若股价当日早早涨停，成交量出现萎缩也是可以接受的，毕竟交易时间较短。

📈 实战案例

下面来看一下汇绿生态（001267）的案例，如图4-16所示。

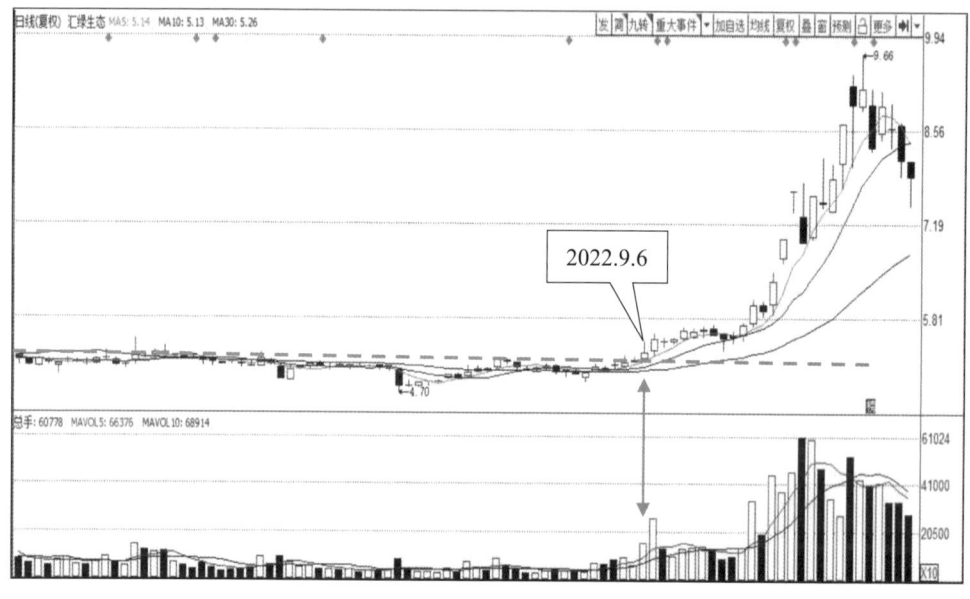

图4-16 汇绿生态（001267）日K线走势图

从图4-16可以看出，进入2022年5月后，汇绿生态的股价进入了横向盘整走势。

在三个多月的时间里，该股股价的走势几乎呈现直线形态，与此同时，各条均线黏合在一起，说明股价正在选择突破方向，投资者可密切关注股价的走势情况。

2022年9月6日，该股放量上攻，成交量相比前一个交易日放大了数倍，而且该K线也一举突破了多根均线。各条均线开始呈现多头发散排列，说明股价已经开始进入了快速上攻区间。

该股的起涨点已经来临，投资者可积极入场买入股票。

第三节　股价回调判断股价起涨信号

股价回调遇支撑的过程，从成交量的角度来看，就是由缩量再到放量的过程。也就是说，支撑能否有效，还要看成交量的缩量情况。只有成交量萎缩的回调，才能被看成主力的洗盘动作，否则，股价就有跌破支撑位的可能。

起涨点45：遇前高支撑

📈 起涨点概述

前期高点位置，通常会聚集大量的套牢盘。当股价完成对前期高点的突破后，这些套牢盘会全部被消化掉。此后，股价出现一波回调走势，给人一种股价走势变坏的感觉，但当股价回调至前期高点附近时，因受前期高点支撑而重新上攻，自此股价正式进入快速上升区间，如图4-17所示。

📈 起涨点解析

这类起涨点的形成具有如下几个典型特征。

第一，股价在前期创出阶段高点并回调后，股价自底部反弹出现持续的小幅上升走势，这是行情转暖的一个标志。

第二，股价经过一波持续的上升后已经突破了前期高点位置，正当很多投资者认为股价将会发动上攻趋势时，股价却反向出现回调走势。

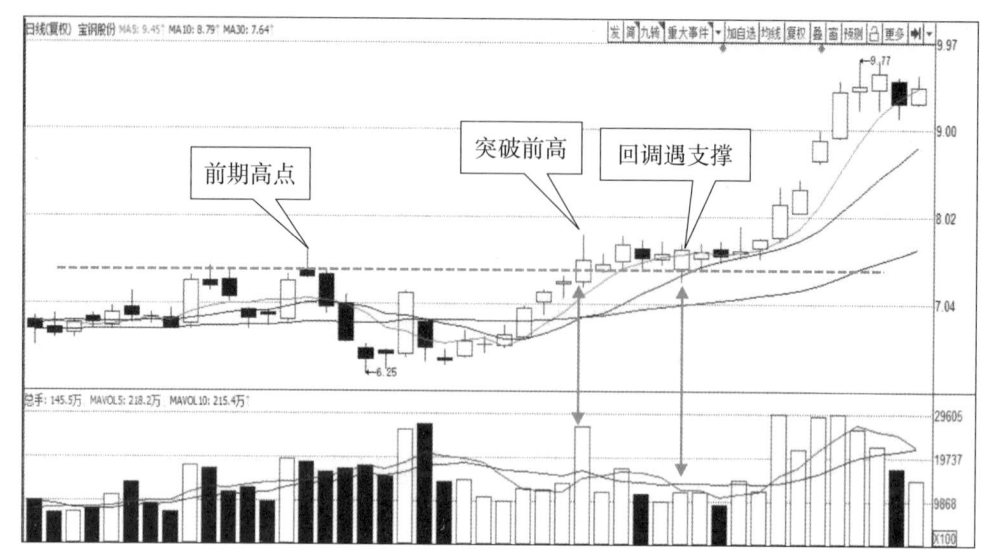

图4-17　遇前期高点支撑示意图

第三，股价回调至前期高点位置时，因受前期高点的支撑而重新上攻，此时就是股价正式开启强势上攻的临界点。

第四，通常来说，前期高点位置往往会聚集较多获利盘，若股价能够完成对该位置的突破，则意味着这些套牢盘已经被消化，而且该位置会被很多人看成一个较佳的入场位置。因此，当股价再次回落至该位置时，很多场外资金就会入场买入股票，从而将股价向上推高。该股股价则借此发动一波上升走势。

第五，前期高点位置若存在较多获利盘，那么，当股价完成对该位置的突破后，再回到该位置所受的支撑将会更加强大，未来股价上升的幅度和力度都会更大。

📈 实战案例

下面来看一下天奇股份（002009）的案例，如图4-18所示。

从图4-18可以看出，天奇股份的股价在2021年1月5日创下一个阶段高点后快速下跌。2月8日，该股股价出现止跌企稳迹象。

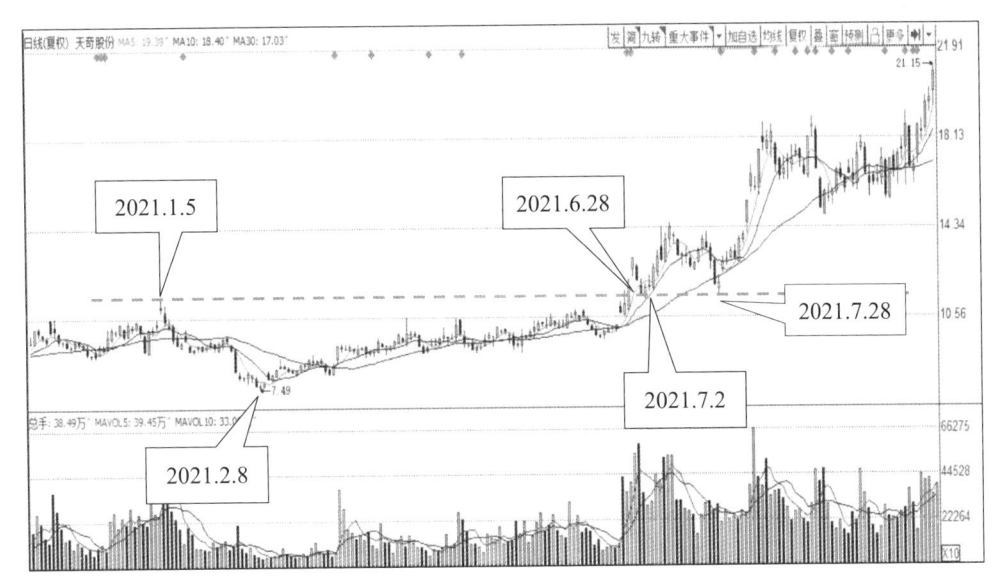

图4-18 天奇股份（002009）日K线走势图

此后，该股股价开始了一波小幅振荡上升走势。当股价重新来到1月5日高点附近时，明显感受到了该点的阻力，K线频繁拉出带长上影线的K线。

2021年6月28日，该股放量突破了1月5日的高点位置。正当投资者认为股价会发动大幅上升走势时，该股却反向出现了调整走势。

7月2日和7月28日，该股两次回调至1月5日高点位置附近，均因受该点的支撑而重新上攻。

此后，该股股价经过几个交易日的盘整后，立即转为大幅上攻走势，这标志着该股暴利拐点的来临。

起涨点46：遇缺口支撑

↗ 起涨点概述

通常情况下，缺口的产生源于买卖双方对股价的某种认知空白。上升缺口就是大家普遍认为股价将位于该区域之上。因此，当股价回调至缺口位置时，很多先前在缺口上方没有成交的买盘就会纷纷买入股票，促使股价重新回归上升通道，如图4-19所示。

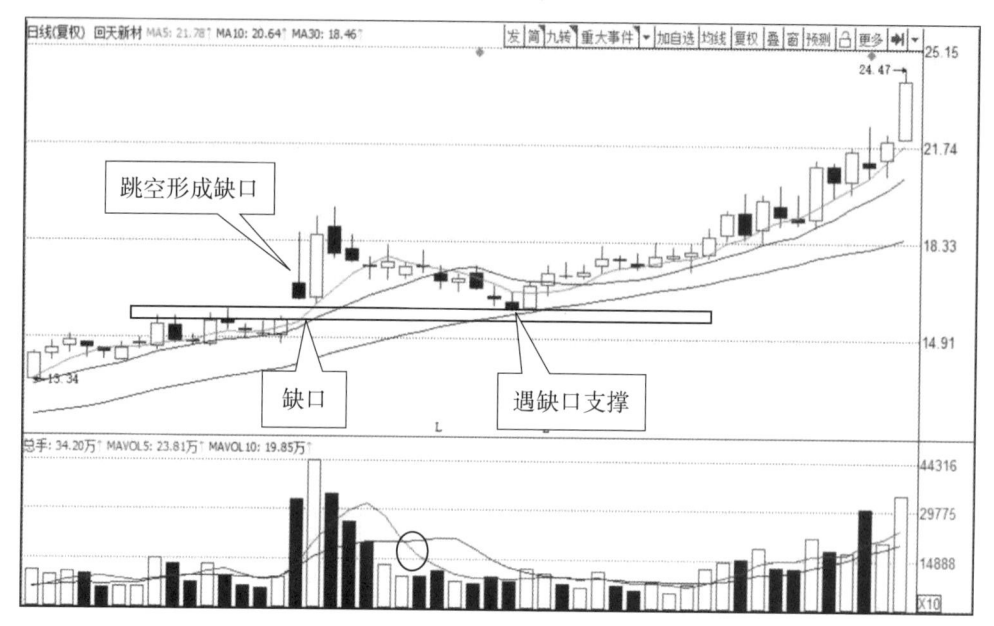

图4-19 遇缺口支撑示意图

📈 起涨点解析

这类起涨点的形成具有如下几个典型特征。

第一，一般情况下，缺口越大，支撑力就越强，股价下跌到缺口位置时，遇阻上涨的可能性也就越大。

第二，股票在创下阶段高点后出现回调时，成交量应该呈现萎缩态势，表明主力并没有出货。这为该股未来的上涨提供了必要的条件。

第三，当股价遇缺口支撑而上涨时，如果其他技术指标能同步发出买入信号，将增大股价上涨的可能性。

第四，有时候受外部环境影响，股价K线可能短暂跌破缺口，但很快又收复缺口位置，不影响对缺口支撑有效性的判断。

📈 实战案例

下面来看一下陇神戎发（300534）的案例，如图4-20所示。

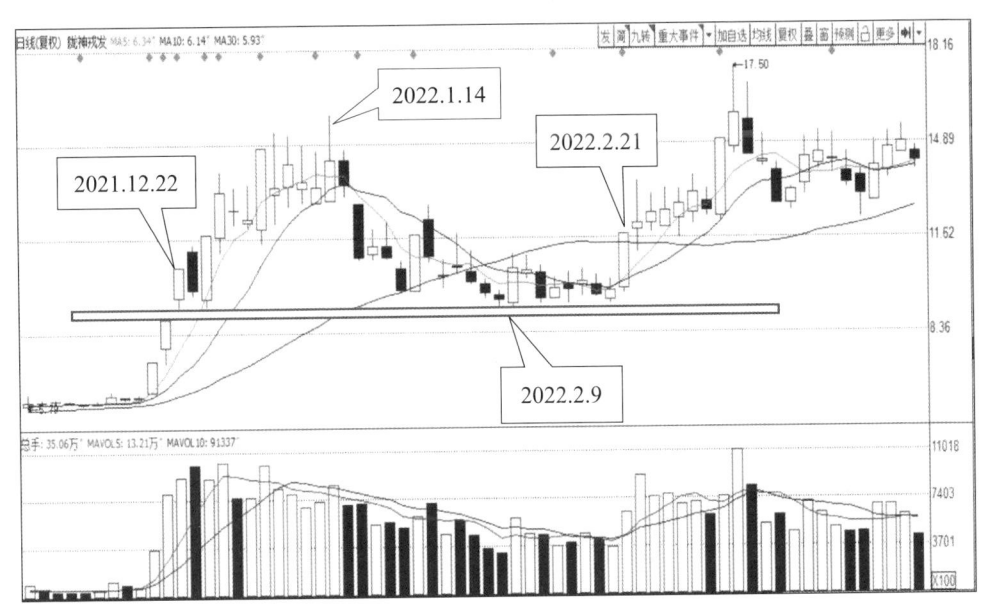

图4-20　陇神戎发（300534）日K线走势图

从图4-20可以看出，2021年12月到2022年2月期间，陇神戎发的股价出现了回落遇缺口支撑而重新上涨的情况，预示股价将有一波上涨行情。

陇神戎发的股价从2021年12月中旬开始被大幅拉升。2021年12月22日，该股大幅跳空高开高走并以涨停报收，使其K线图上出现了一个巨大的缺口。2022年1月14日，该股股价在创下近期新高后，出现振荡回调走势。

2022年2月9日，该股股价在缺口区域获得支撑，此后重新上攻，并于同年2月21日重新站稳5日均线。

此时，投资者可考虑建仓买入该股。其后，该股发动了一波快速上涨行情。

第五章
画线技术判断股价起涨信号

从本质上来说，画线技术就是按照一定的证券分析理论寻找股价可能的支撑位、阻力位与变盘点位等。当股价向上突破或回调遇到这些点位后，往往会引发一波新的上涨。

第一节　趋势线判断股价起涨信号

在所有画线技术中，趋势线是最为重要的一种，也是对股价最具支撑或阻力作用的线。当股价向上突破趋势线或遇趋势线支撑，都可能会带来股价的上行。

起涨点47：放量突破下降趋势线

↗ 起涨点概述

股价经过一波振荡走低后，明显受制于某条下降趋势线。股价每次反弹至趋势线附近时，都会因趋势线的阻力而重新下跌。某一交易日，股价K线放量向上突破该趋势线，则意味着股价将进入新的上升周期，如图5-1所示。

↗ 起涨点解析

这类起涨点的形成具有如下几个典型特征。

第一，股价自高位出现振荡下跌走势，且该下跌走势已经持续了较长时间，说明该股的下跌动能已经得到了充分的释放。

第二，该股股价振荡下行过程中，也曾出现几次规模较大的反弹，将这些反弹高点连接，就获得了一根下降趋势线。

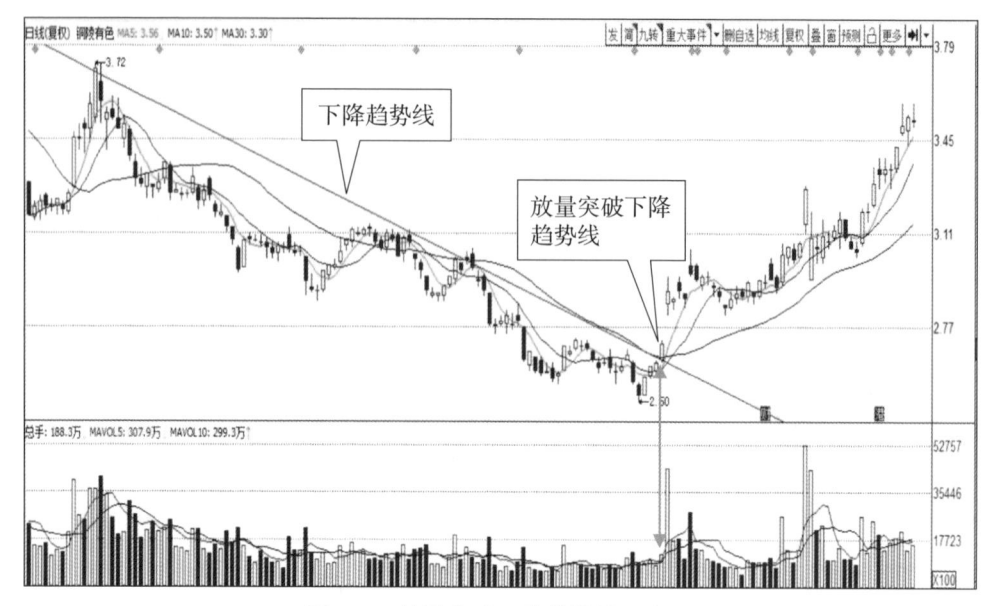

图5-1 放量突破下降趋势线示意图

第三，当股价每次反弹至下降趋势线附近时，大多数会因该趋势线的阻力作用而重新下行，这也反映了该趋势线对股价具有较强的阻力作用。

第四，某一交易日股价突然放量上攻并成功突破下降趋势线，就是典型的起涨点来临信号，投资者可考虑入场建仓。

📈 实战案例

下面来看一下徐工机械（000425）的案例，如图5-2所示。

从图5-2可以看出，徐工机械的股价自2021年4月下旬自顶部启动振荡下跌走势。进入2022年7月下旬后，该股股价下跌的幅度突然增大，且股价K线也出现了数次反弹走势。将7月22日和9月13日股价反弹的高点相连就获得了一根下降趋势线。

2022年10月，该股股价曾数次试图突破下降趋势线，均未成功。一方面说明下降趋势线对股价的阻力作用之强；另一方面也可以看出多方已经开始试图重新夺取股价走势的主导权。

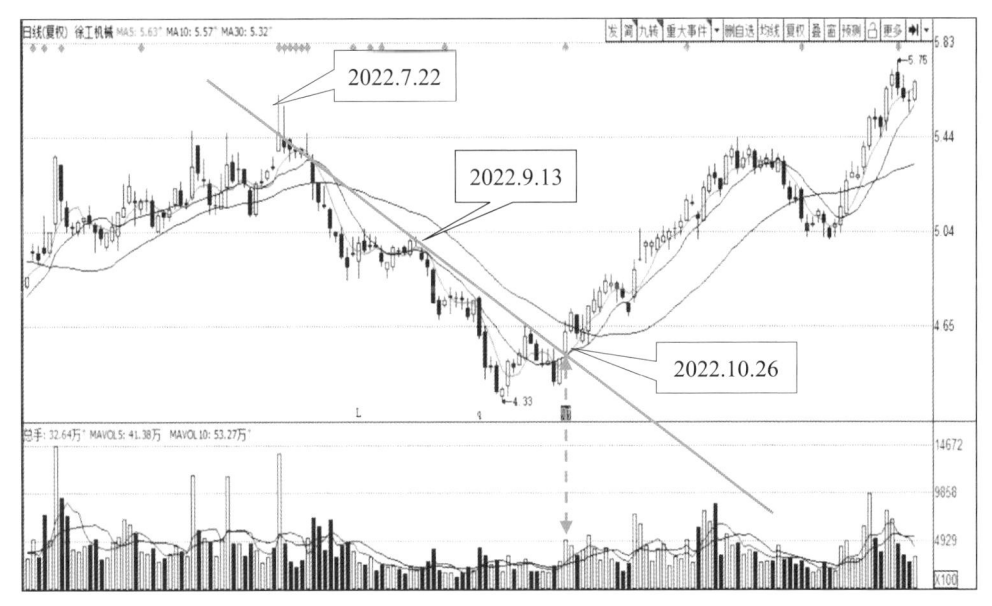

图5-2 徐工机械（000425）日K线走势图

到了2022年10月26日，该股股价放量上攻并突破了长期压制股价上行的下降趋势线。说明该股股价将开启一轮新的上升周期，毕竟该股股价被下降趋势线压制的时间太久了。

股价突破下降趋势线时，说明该股的暴利拐点即将来临，投资者可积极入场建仓。

起涨点48：遇趋势线支撑

↗ 起涨点概述

某种趋势一旦形成，在一段时间内是很难改变的。股价沿着某条上升趋势线振荡上行，当股价回调至上升趋势线附近时，因受趋势线支撑而重新上升。此时，就是该股最佳的入场点，如图5-3所示。

↗ 起涨点解读

这类起涨点的形成具有如下几个典型特征。

图5-3 遇趋势线支撑示意图

第一，有支撑作用的趋势线，实质就是股价每次回落低点的连线。当股价几次回落到这一支撑线而重新上涨后，这根支撑线的支撑作用就会越来越强。当股价再回落到趋势线附近时，投资者就可以做好准备，一旦股价受支撑而重新上涨就可以买入股票了。

第二，如果股价自高点向支撑线回落时，成交量呈萎缩状态，而股价受支撑上涨时，成交量呈放大状态，则可增大该股后市上涨的可能性。

第三，股价自高点回落到趋势线位置，又因受趋势线支撑而重新上涨时，如果KDJ等技术指标也能同时发出买入信号，则可增加买入的成功率。

第四，投资者在使用趋势线判断买入股票时机时，应尽量选择长期趋势线。因为通过短期趋势线判断而买入的股票，往往上涨空间十分有限。

↗ 实战案例

下面来看一下双一科技（300690）的案例，如图5-4所示。

从图5-4可以看出，2022年4月到7月初，双一科技的股价呈现出沿趋势线上升的状态。

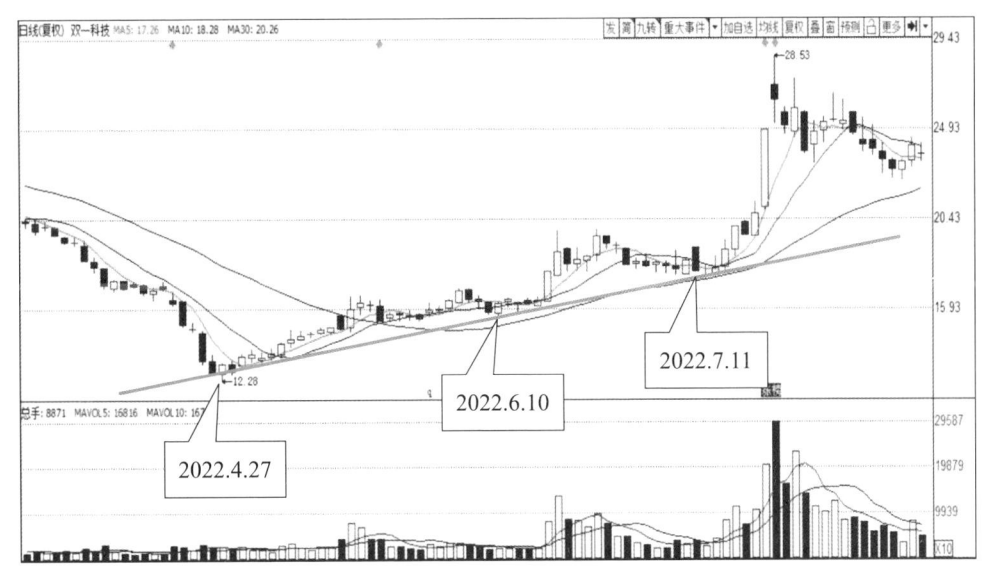

图5-4 双一科技（300690）日K线走势图

2022年4月27日，双一科技经过一轮下跌之后，股价到达最低点12.28元，随后股价不断创出新高。

在股价的上涨过程中也不断出现回调，但每次回调都会因受到趋势线的支撑而重新上涨。且成交量与股价之间存在这样的关系，即股价出现上涨时，成交量同步放大。股价出现回落时，成交量同步萎缩。这说明该股量价关系配合十分健康，未来该股还有很大的上涨空间。投资者应该把握住可能的获利机会。

2022年7月11日，双一科技的股价再次回落到趋势线位置，其间一度跌破上升趋势线，但又立即回归趋势线上方。该趋势线的支撑作用仍然有效。此时，投资者应该抓住机会及时买入该股。

起涨点49：突破通道线快速上升

↗ 起涨点概述

通道线是画线工具中一种有效的划定股价运行区域的技术分析工具。股价在某一通道内运行，当股价上升，遇上升通道线的上轨回落，再遇通道线下轨反弹，如此往复。

某一交易日，股价出现大幅上升态势，并放量突破了通道上轨，则意味着股价将进入加速上升区间，如图5-5所示。

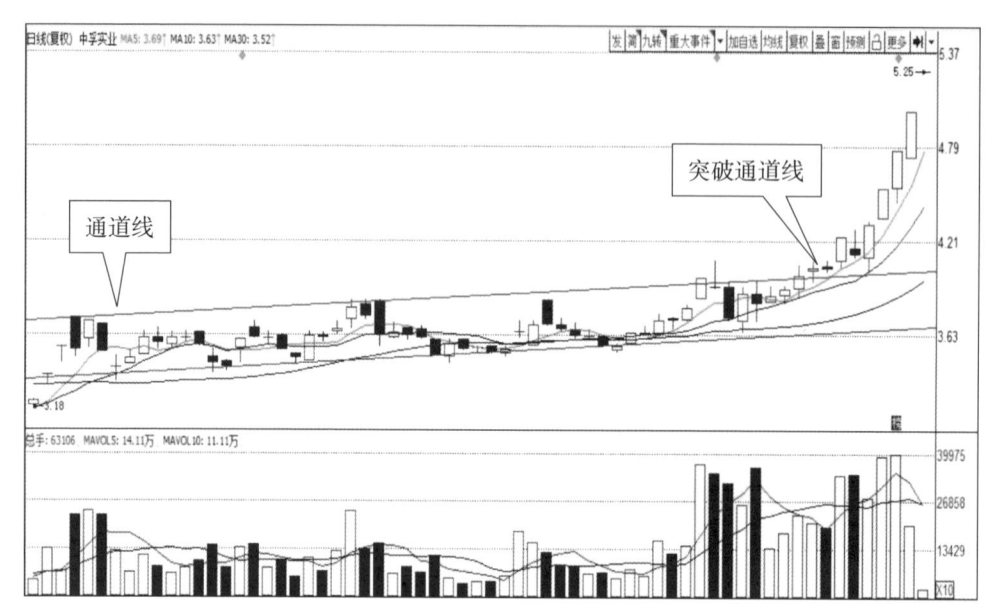

图5-5　突破通道线快速上升示意图

📈 起涨点解读

股价在振荡上升过程中，回调高点和下跌后反弹的低点同步上移，将这些高点和低点分别相连，就构成了一组通道线。股价若能放量向上突破通道线的上轨，则属于明确的看涨信号。

这类起涨点的形成具有如下几个典型特征。

第一，股价运行在通道内，每次振荡上升时，成交量都会出现明显的放大。反之，若股价下行时，成交量则会出现缩量。

第二，伴随着整个通道的上升，股价回调的高点和反弹的低点逐渐走高，这本身就是多方实力不断增强的一个显著信号。

第三，股价在振荡上升时，若偶尔出现对通道线的突破，但很快又回到通道内部，仍可认定通道区域为有效波动区域。通道线对股价的支撑与阻力作用依然有效。

第四，某一交易日，股价放量向上突破通道线，且其后没有回落至通道内部（一般为3个交易日没有跌破通道），则可认定该突破为有效突破。投资者可据此入场买入股票。

📈 实战案例

下面来看一下绿的谐波（688017）的案例，如图5-6所示。

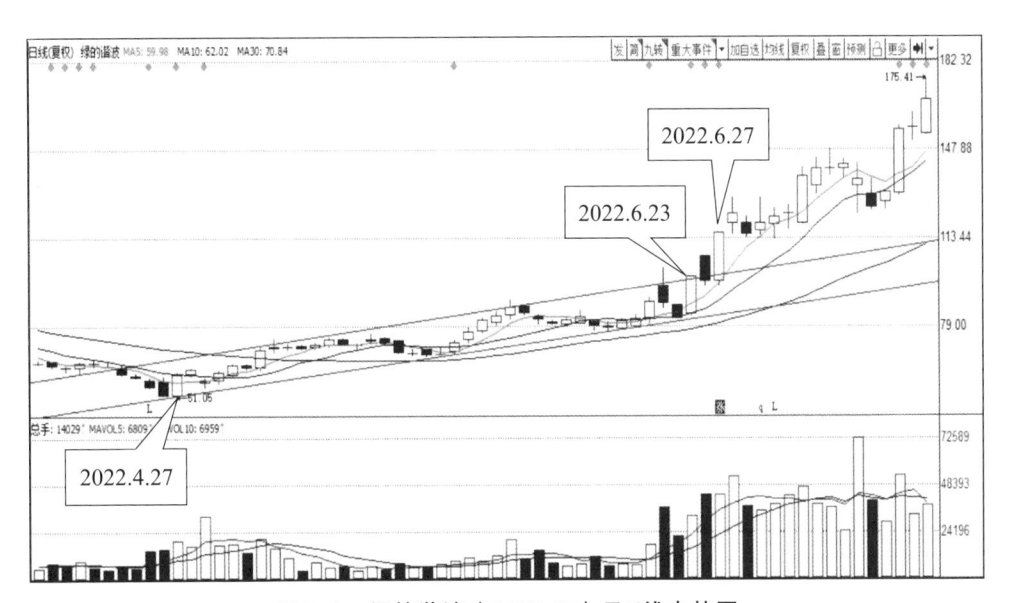

图5-6　绿的谐波（688017）日K线走势图

从图5-6可以看出，2022年4月到6月底，绿的谐波的股价呈现出沿上升通道线上升的状态。股价上升至通道线上轨就会出现回调走势。反之，股价回调至通道线下轨后再反弹向上，如此往复。

2022年6月23日，经过一轮回调之后股价放量向上突破通道线上轨。此后，该股股价跳空高开回调，收出一根阴线。

2022年6月27日，该股股价再度上攻，收出一根涨停光头阳线。至此，可以认定该股股价对通道线的突破为有效突破。投资者可积极入场买入股票。

第二节　其他画线工具判断股价起涨信号

黄金分割线、百分比线、江恩角度线、速阻线等都是常用的画线工具。当股价遇到这些支撑位时，都可能会引发一波上升行情。

起涨点50：遇黄金分割线支撑上扬

↗ 起涨点概述

黄金分割线本质上是根据最近一段时间内，股价上升或下跌幅度，来测算股价回调或反弹可能的位置和幅度的方法。

股价经过一波上升后出现回调走势，当股价回调至某一重要黄金分割位遇支撑时，则意味着股价很可能会出现一波上升行情，如图5-7所示。

↗ 起涨点解读

该起涨点的操作要点如下。

第一，在使用黄金分割线时，所选取的阶段高点和低点应该非常具有代表性和典型性。此时，黄金分割点位所具有的支撑作用会更强。

第二，投资者一般不宜事先预测股价会在哪个分割点位获得支撑，而应该等到股价在某一分割点位确实出现企稳迹象后再入场。

第三，股价向分割线靠拢时，成交量应该以缩量为宜。反之，当股价获得支撑后，重新上升时，成交量应该呈现放大态势。

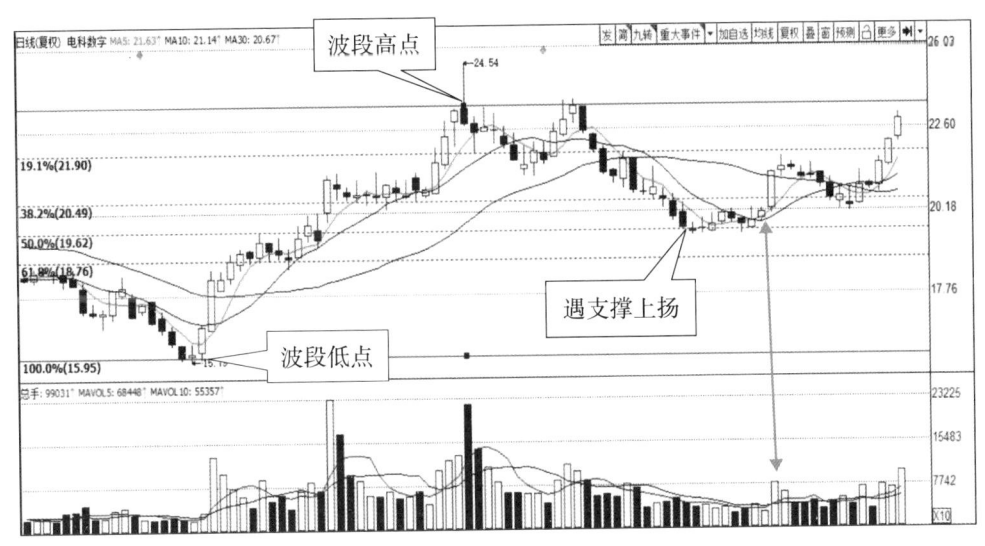

图5-7 遇黄金分割线支撑上扬示意图

第四，通常来说，一些经典的黄金分割点位，都可能具有较强的支撑作用，如0.191、0.382、0.618等。

实战案例

下面来看一下平高电气（600312）的案例，如图5-8所示。

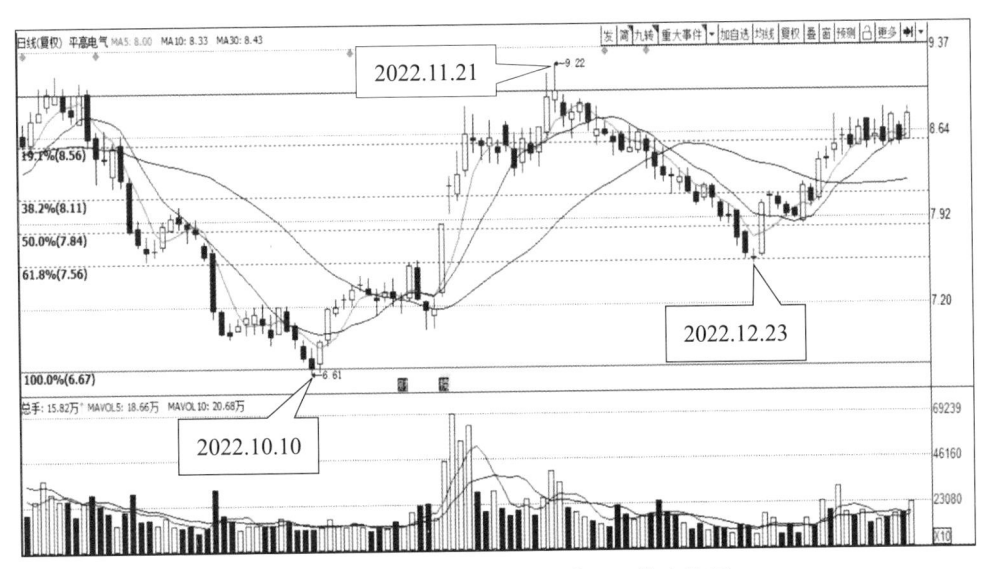

图5-8 平高电气（600312）日K线走势图

平高电气的股价自2022年10月10日开始启动了一波上涨走势。2022年11月21日，股价在到达短期高点后出现回调，此时，投资者可以按照黄金分割线的画法，在K线图中画出股价运行的各个支撑位，以判断股价未来运行趋势。

平高电气的股价在一度回调至0.618点位时，才遇到支撑而再度上涨，此时，投资者可考虑择机入场，买入股票。

起涨点51：遇百分比线支撑上扬

📈 起涨点概述

百分比线是指利用百分比率的原理进行股价涨跌分析的技术方法。百分比线是将上一次行情中重要的高点和低点之间的涨跌幅按1/8、2/8、1/3、3/8、4/8、5/8、2/3、6/8、7/8、8/8的比率生成百分比线。

股价经过一波上升后出现回调走势，当股价回调至某一重要百分比线遇支撑时，则意味着股价很可能会出现一波上升行情，如图5-9所示。

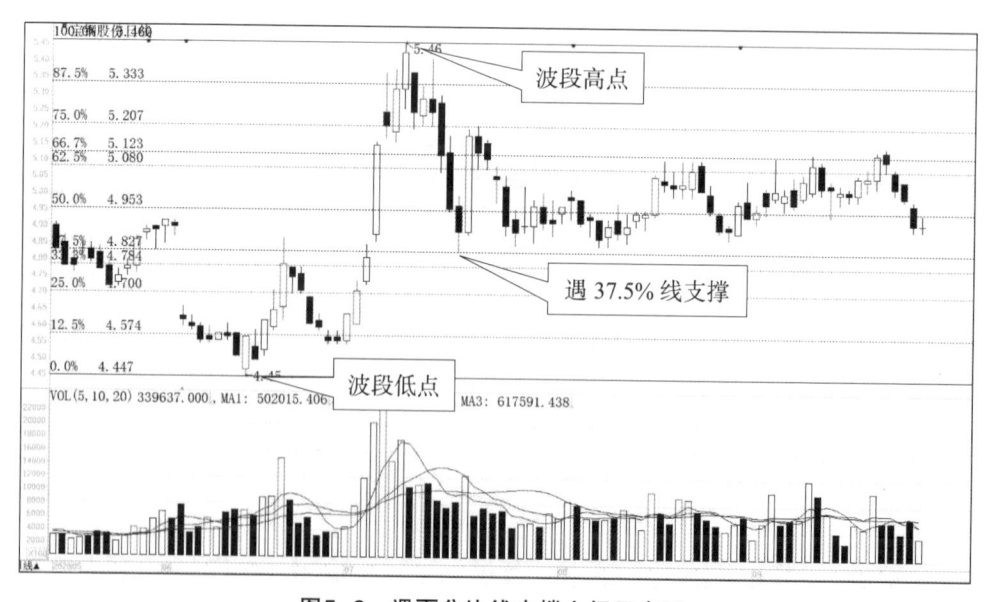

图5-9 遇百分比线支撑上扬示意图

📈 起涨点解读

该起涨点的操作要点如下。

第一，在使用百分比线时，所选取阶段的高点和低点应该非常具有代表性和典型性。此时，百分比点位所具有的支撑作用会更强。

第二，投资者一般不宜事先预测股价会在哪个分割点位获得支撑，而应该等到股价在某一百分比点位确实出现企稳迹象后再入场。

第三，股价向百分比线靠拢时，成交量应该以缩量为宜。反之，当股价获得支撑后，重新上升时，成交量应该呈现放大态势。

第四，通常来说，一些经典的百分比点位，都可能具有较强的支撑作用。在各比率中，4/8（50%）最为重要，1/3、3/8、5/8、2/3等距离较近的比率也十分重要，往往起到重要的支撑与压力作用。

📈 实战案例

下面来看一下诚迈科技（300598）的案例，如图5-10所示。

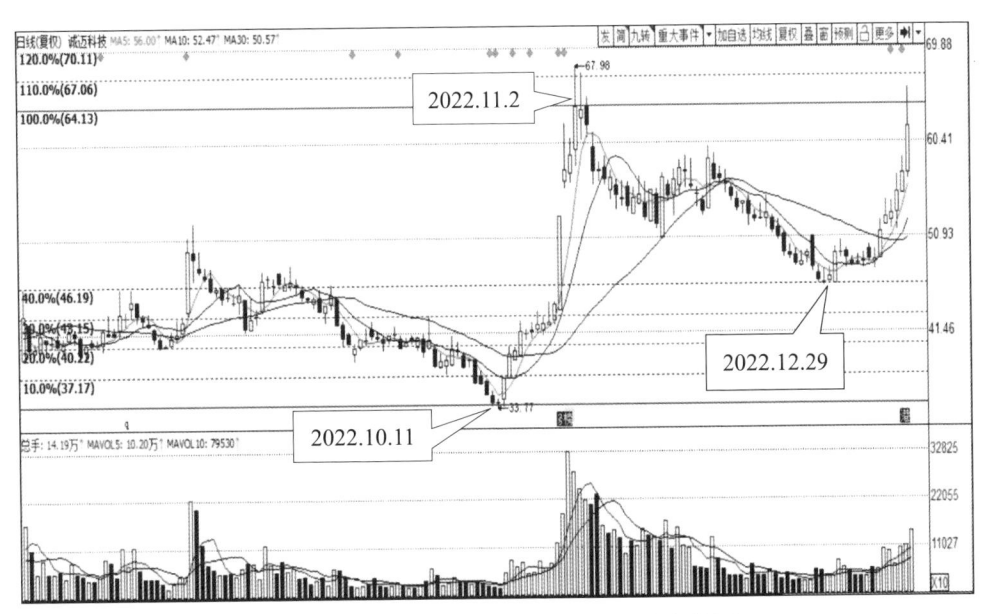

图5-10　诚迈科技（300598）日K线走势图

诚迈科技的股价自2022年10月11日开始启动了一波上涨走势。2022年11月2日，股价在到达短期高点后出现回调，此时，投资者可以按照百分比线的画法，在K线图中画出股价运行的各个支撑位，以判断股价未来运行趋势。

诚迈科技的股价在一度回调至40%点位时，遇到支撑而再度上涨，此时，投资者可考虑择机入场，买入股票。

起涨点52：遇上升江恩角度线支撑上扬

📈 起涨点概述

江恩角度线由时间单位和价格单位定义价格运动，它以股价重要的高低点作为起点和终点，然后按照不同角度绘制出8根角度线，当股价运行至角度线位置时，将会遇到重大的支撑或者阻力。

股价经过一波上升后出现回调走势，当股价回调至某一重要角度线遇支撑时，则意味着股价很可能会出现一波上升行情，如图5-11所示。

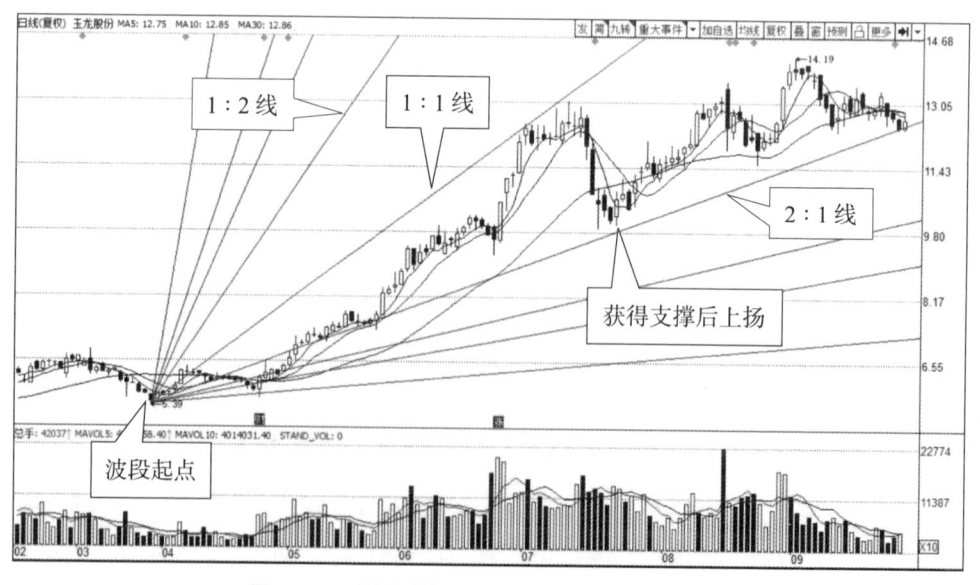

图5-11　遇上升江恩角度线支撑上扬示意图

📈 起涨点解读

该起涨点的操作要点如下。

第一，在使用江恩角度线时，所选取的阶段低点和1∶1线应该非常具有代表性和典型性。此时，各点位所具有的支撑作用会更强。

第二，投资者一般不宜事先预测股价会在哪个角度线点位获得支撑，而应该等到股价在某一角度线点位确实出现企稳迹象后再入场。

第三，股价向江恩角度线靠拢时，成交量应该以缩量为宜。反之，当股价获得支撑后，重新上升时，成交量应该呈现放大态势。

第四，江恩线的基本比例为1∶1，即每单位时间内，价格运行一个单位。另外，还有2∶1、3∶1、4∶1、8∶1、1∶2、1∶3、1∶4、1∶8等比例。这8条角度线中，最重要的是2∶1和3∶1这两条线。

📈 实战案例

下面来看一下品高股份（688227）的案例，如图5-12所示。

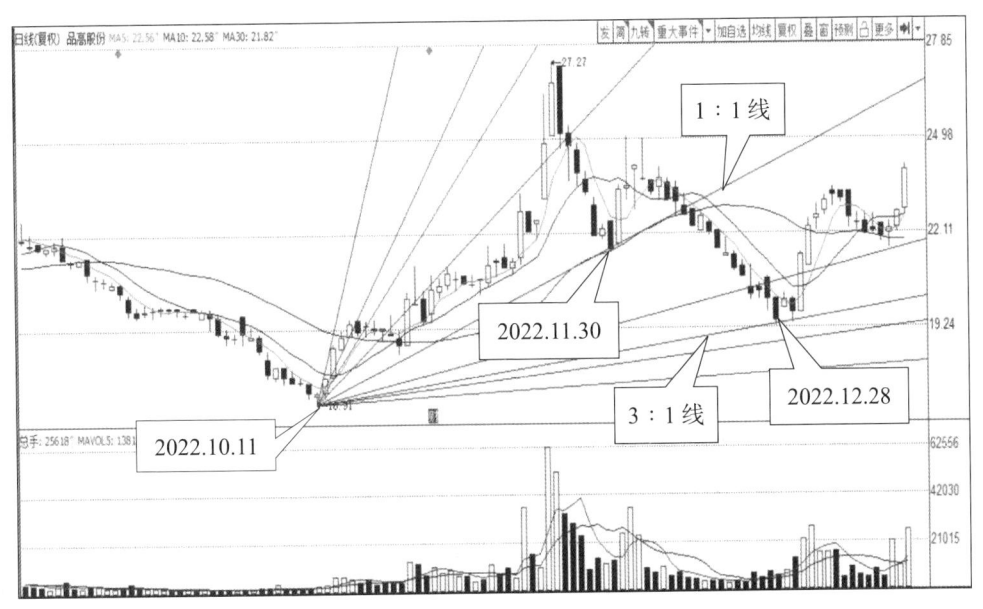

图5-12 品高股份（688227）日K线走势图

从图5-12可以看出，品高股份的股价自2022年10月11日启动了一波振荡上涨行情，股价在上涨过程中不断出现回调。为了准确地预判股价回调的位置和强度，投资者可以绘制一组上升江恩角度线。

在股价多次回调过程中，2022年11月30日回调的力度最大。可以将当日的回调低点与10月11日低点相连绘制一条1∶1线。

2022年12月28日，该股股价大幅回落至3∶1线时遇到了强力支撑，此后，股价开始振荡反攻，这就是一个典型的股价起涨位。

起涨点53：遇上升速阻线支撑上扬

📈 起涨点概述

速阻线，又称速度阻挡线，是由美国人埃德森·古尔德（Edson Gould）创立的一种分析工具。简单地讲，即取一段涨幅或者跌幅的最高点和最低点做一垂直线，并将此直线三等分，每等分的交点与最高点或最低点的连线即为速阻线，而一轮中级以上的波动，往往会在1/3速阻线上转势，如图5-13所示。

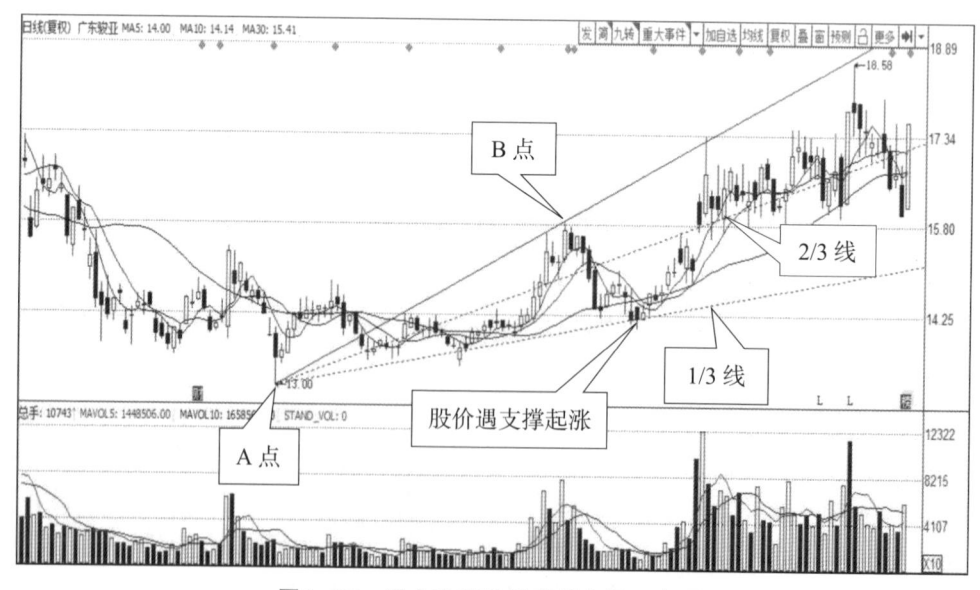

图5-13　遇上升速阻线支撑上扬示意图

起涨点解读

该起涨点的操作要点如下。

第一，在使用上升速阻线时，所选取的阶段低点和高点应该非常具有代表性和典型性。此时，各点位所具有的支撑作用会更强。

第二，投资者一般不宜事先预测股价会在哪个点位获得支撑，而应该等到股价在某一点位确实出现企稳迹象后再入场。

第三，股价上涨时，如果触及上升速阻线后出现回调，投资者可考虑卖出部分股票。

第四，如果股价回调遇速阻线支撑而再度上涨，可考虑买入股票。

第五，如果股价加速上涨，突破上升速阻线上轨线，则可考虑加仓买入。

实战案例

下面来看一下海得控制（002184）的案例，如图5-14所示。

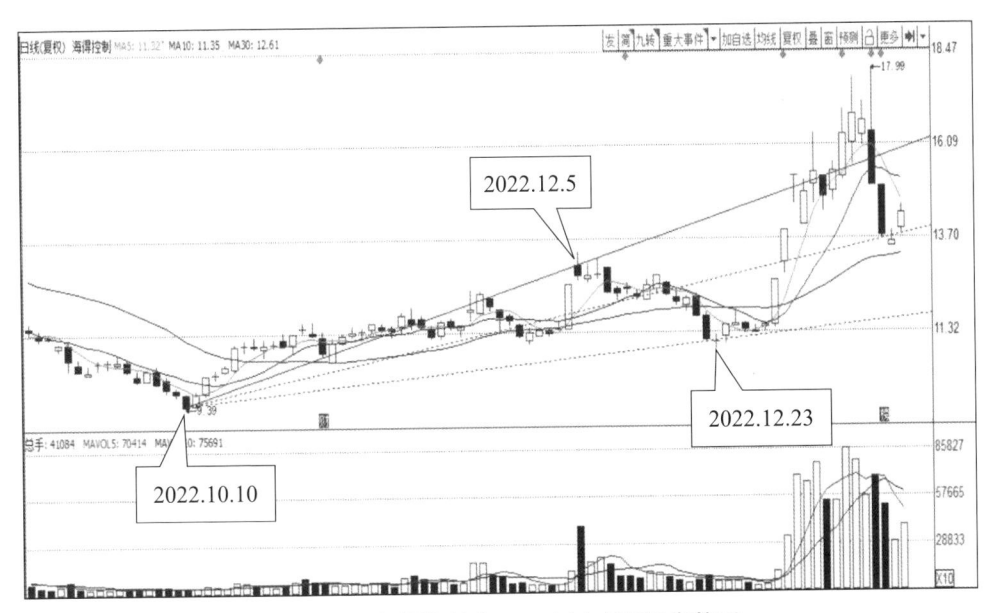

图5-14　海得控制（002184）日K线走势图

2022年10月10日，海得控制收出一根阴线后，启动了一波上涨行情。

该股股价在振荡上涨过程中形成了若干个短期高点，投资者可以设2022年10月10日股价收盘价为低点，以12月5日股价的波段顶点为高点画出一条上升速阻线。

此后，股价基本运行在速阻线范围之内。2022年12月23日，该股股价回调至1/3速阻线时，因受速阻线的支撑而上涨。这意味着该速阻线对股价具有较强的支撑作用，投资者可考虑追涨买入该股。

第六章
技术指标判断股价起涨信号

技术指标是通过数学公式计算得出的一系列股票数据的集合。指标的每一次波动都是因为股价变动造成的。通过对技术指标波动的研判就可以分析股价的下一步运动方向了。

大多数时间里，技术指标都在正常的区间波动，而这时，技术指标几乎没有多大的参考价值。但是，当股价将要发生剧烈波动时，技术指标往往会先于股价出现异动，而这些异动对于我们研判股价的运行方向有着重要作用。

第一节　均线指标判断股价起涨信号

均线全称为移动平均线，是将一段时间内股票的平均价格连成曲线，用以显示股价趋势的一种技术指标。

均线本质上反映了整个市场在某一时段内的平均持仓成本。股价K线大部分时间都会围绕均线运动。这也使得，股价K线与均线的位置关系以及短期均线与中长期均线之间的位置关系，往往能够对股价K线未来的走势起到一定的指示作用。

起涨点54：突破5日均线

↗ 起涨点概述

5日均线是强势股的生命线，对强势股有助涨、助跌的作用。股价一旦向上突破5日均线，投资者即可考虑买入该股，如图6-1所示。

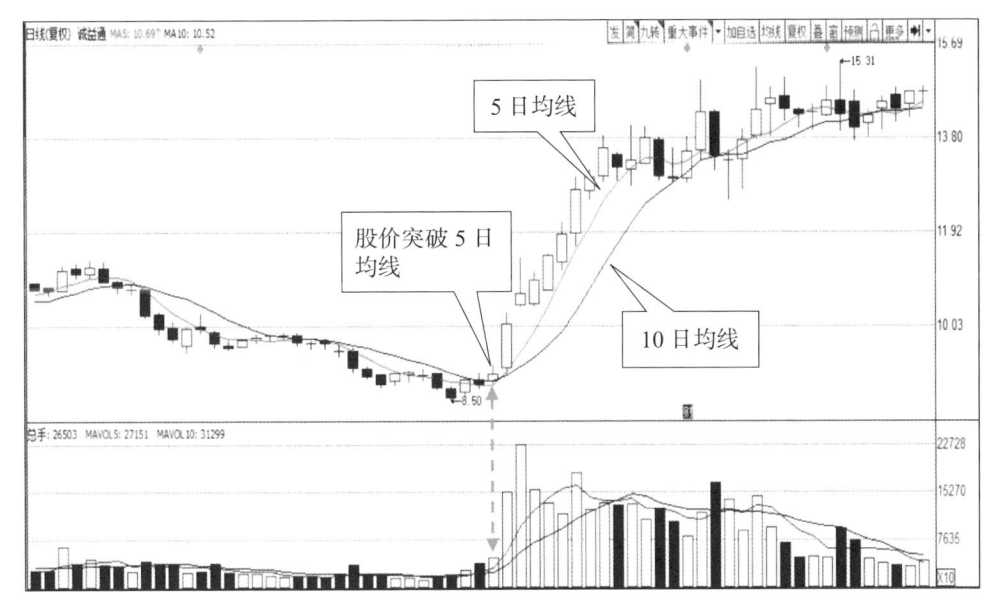

图6-1 突破5日均线示意图

📈 战术解读

该起涨点的操作要点如下。

第一，股价向上突破5日均线，是指股价已经站到5日均线以上的位置，如果股价只是偶尔突破均线后又回到均线下方，则不能认定为有效突破。

第二，股价向上突破5日均线后，5日均线就具有了支撑作用，而当股价突破5日均线时，如果成交量也能随之放大，则可增大突破的有效性。

第三，当股价高于5日均线太多时，一般指股价高于均线7%～15%，股价就会出现一波短暂的回调，为了回避损失，投资者最好选择卖出股票。

第四，5日均线如果能够与10日均线综合应用，会使均线发出更加准确的买入信号，也就是说，当股价突破5日均线时，5日均线也能同步向上穿过10日均线，则可增强买入信号的准确性。

📈 实战案例

下面来看一下健民集团（600976）的案例，如图6-2所示。

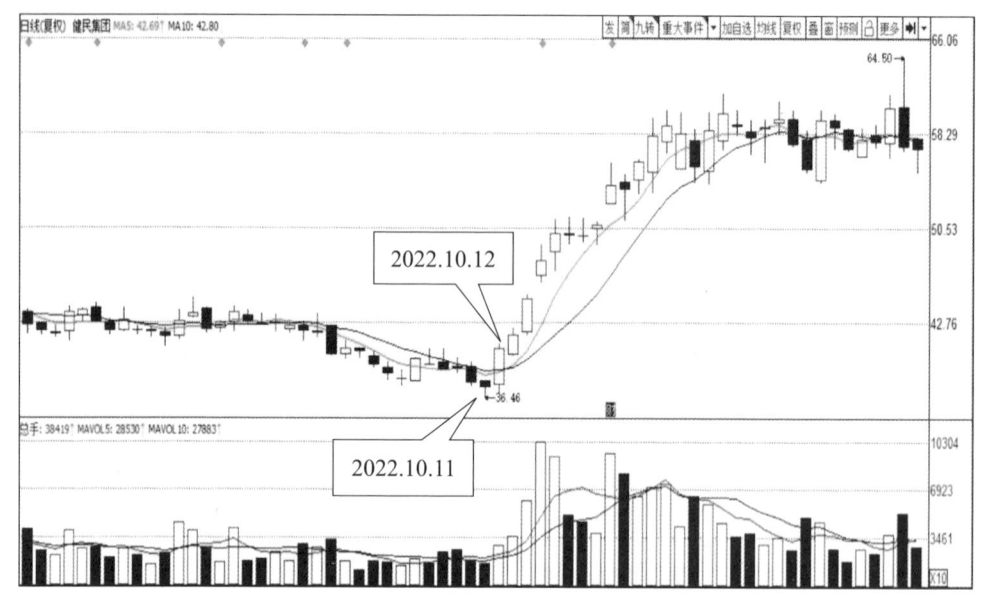

图6-2 健民集团（600976）日K线走势图

健民集团的股价经历了2022年6月中旬的下跌之后，在9月底出现了振荡筑底的态势。

2022年10月11日，健民集团的股价创下一段时间下跌以来的最低点。次日，即10月12日，该股股价放量大涨，并成功突破了5日均线的压制，并站到5日均线的上方。此后，5日均线也成功上穿10日均线，说明该股短期内将走出一波上涨行情，投资者宜跟进买入该股。

股价突破5日均线后，一直沿着5日均线向上运行，说明5日均线对股价具有很强的支撑作用。只要股价没有跌破5日均线，投资者就可以一直持有该股。

起涨点55：均线金叉

↗ 起涨点概述

上涨行情初期，短期移动平均线自下而上穿过中长期移动平均线形成的交叉，叫作黄金交叉。

均线出现黄金交叉，往往意味着股价将迎来一波上升行情，投资者可考虑短线买入，如图6-3所示。

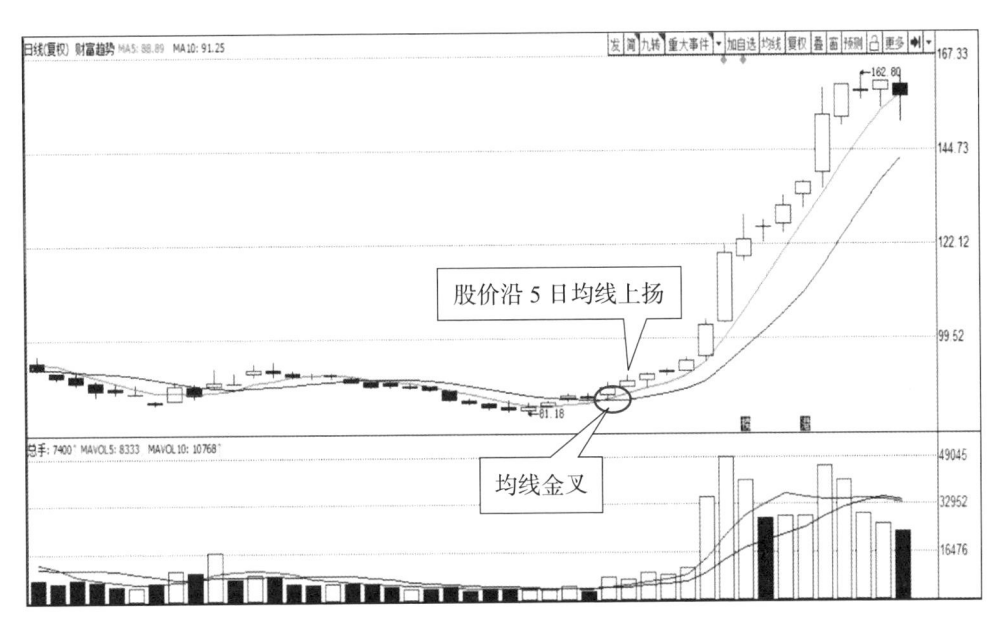

图6-3　均线金叉示意图

📈 战术解读

该起涨点的操作要点如下。

第一，当股价大幅下跌之后，短、中、长期三根均线出现黄金交叉形态，投资者可据此买入股票。

第二，中长线投资者可在周K线或月K线中出现均线金叉后，再买入股票，以实现中长期投资收益计划。

第三，形成黄金交叉之后，要保证短、中、长期三根均线呈多头排列，即短期均线位于最上方，长期均线位于最下方，中期均线处于中间位置。

第四，当短期移动平均线上穿中期移动平均线与中期移动平均线上穿长期移动平均线时，如果能有成交量放大相配合，将提升该信号的准确度。

📈 实战案例

下面来看一下凯尔达（688255）的案例，如图6-4所示。

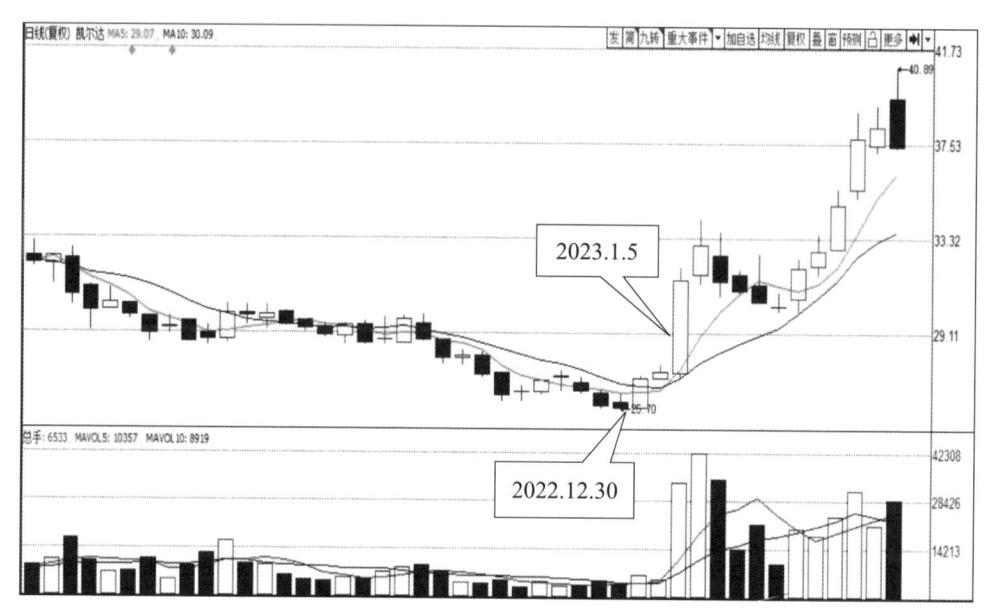

图6-4　凯尔达（688255）日K线走势图

凯尔达的股价自2022年8月初开始进入下跌通道。经过一轮短暂的调整后，在2022年12月30日，该股股价到达阶段低位。

2023年1月3日，凯尔达自底部开始放量上攻，并突破了5日均线。同年1月5日，该股股价再度放量上涨，5日均线顺利上穿10日均线，黄金交叉正式形成，而且5日均线与10日均线呈多头排列，股价将走出一波上涨行情，与此同时，凯尔达的成交量也较前几个交易日呈现出放大态势。

投资者看到5日均线上穿10日均线完成后，应该第一时间买入股票，以博取未来股价上涨带来的收益。

起涨点56：回挡不破10日均线

📈 **起涨点概述**

股价上涨一段时间后出现回调，并向10日均线靠拢，最终因受10日均线支撑而重新上涨时，投资者可以加仓买入，如图6-5所示。

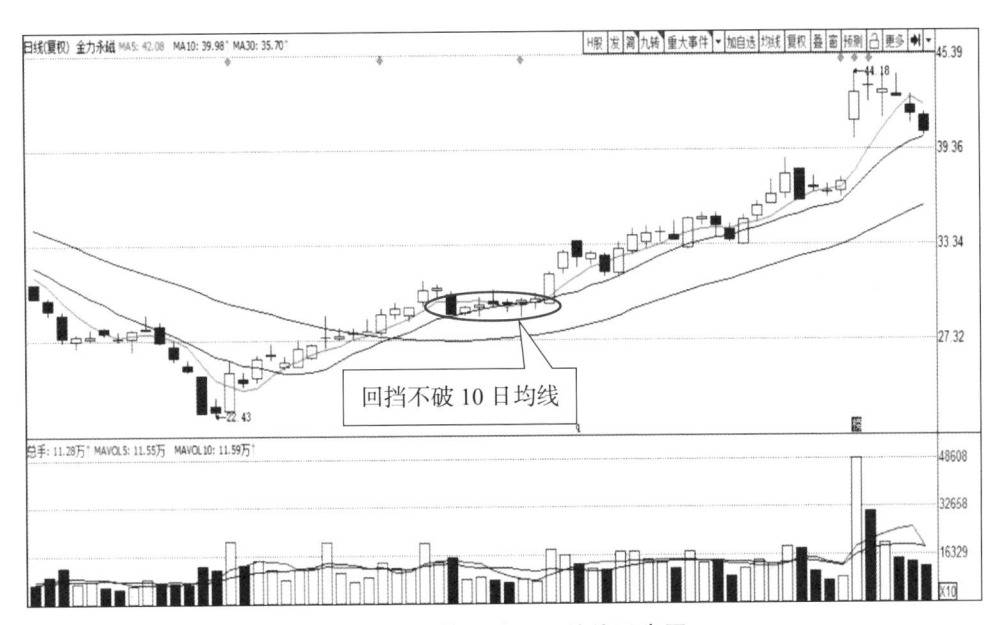

图6-5　回挡不破10日均线示意图

📈 **战术解读**

该起涨点的操作要点如下。

第一，股价经过一段时间的上涨之后，由于短期获利盘太大，就会出现获利回吐的情况，从而促使股价下跌，但只要股价不跌破10日均线且10日均线仍继续上行，说明此次回调是正常的短线强势调整，上升行情尚未结束，此时是逢低买入的一次良机。

第二，在上升趋势中，股价回挡至10日均线附近时成交量应明显萎缩，而再度上涨时成交量应放大，这样后市上升的空间才会更大。

第三，股价回调至10日均线附近买入，其后又很快跌破了10日均线，应该坚持止损原则，待到调整结束，股价重回10日均线之上时再买入。

第四，股价在回调过程中，偶尔跌破10日均线后很快又回到10日均线上方，仍可看作10日均线支撑有效，并不妨碍此形态的研判。

实战案例

下面来看一下凯瑞德（002072）的案例，如图6-6所示。

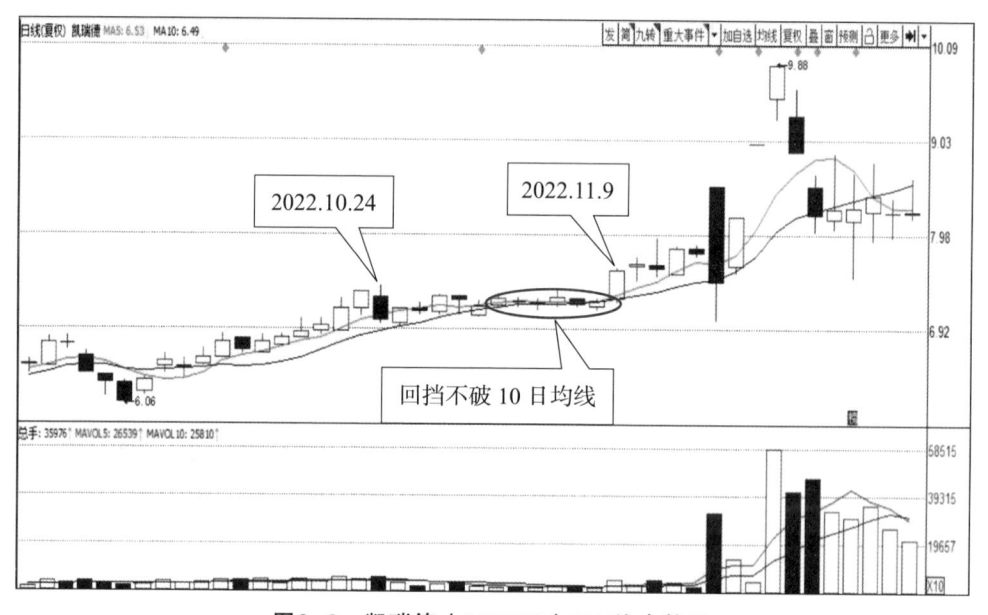

图6-6　凯瑞德（002072）日K线走势图

自2022年9月底，凯瑞德的股价自下而上突破了5日均线和10日均线，此后一路沿10日均线上涨。经过了一段时间的上涨之后，自10月24日开始，该股股价出现了回调整理，股价向10日均线靠拢，并在10日均线附近盘整了一段时间，但并未跌破10日均线。这就意味着回档不破10日均线形态正式成立。

11月9日，该股股价受10日均线支撑大幅上攻，这说明10日均线对股价有很强的支撑能力，投资者可以追涨买入该股。

起涨点57：破位后速补回

📈 起涨点概述

均线通常被认为对股价有着重要的支撑作用。一旦股价跌破均线，很多投资者就会纷纷卖出股票。主力经常利用这一技巧，刻意打压股价，使其短暂地跌破均线，以诱使散户卖出手中的股票。此后，再反向向上拉升股价。

因此，股价自上而下跌破均线后，迅速上涨并回到均线上方时，也是一个比较好的买点，如图6-7所示。

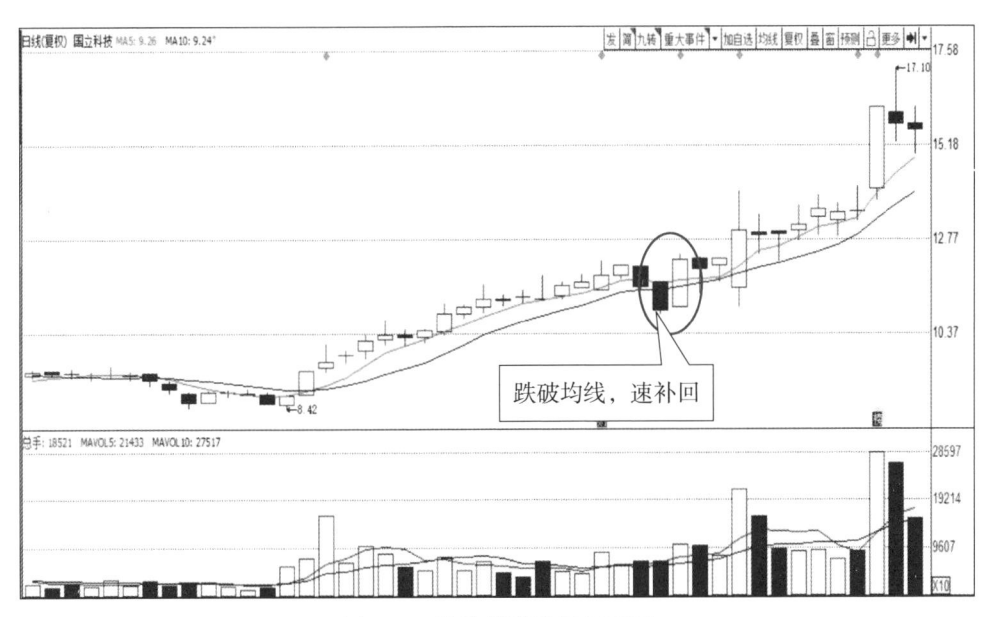

图6-7 破位后速补回示意图

📈 战术解读

该起涨点的操作要点如下。

第一，当均线处于平稳上升过程中，股价出现跌破均线情况，且股价在均线下方几个交易日内（一般不超过五个交易日）又重新回到均线上方时，是一个较好的买点。

第二，股价在跌破均线时成交量出现萎缩迹象，而股价重新上涨回到均线上方时，成交量又出现放量，则说明股价强势依旧，未来仍有较大的上涨空间。

第三，投资者用股价跌破均线后重新回到均线上方这一技巧，买入股票时，需要在股价重新回到均线之上时买入，不可提前入场，以免被套。

第四，股价跌破均线后又重新回到均线上方这一过程中，均线的方向应该是保持向上的，如果方向出现拐头向下的情况，则不宜介入该股。

📈 实战案例

下面来看一下普源精电（688337）的案例，如图6-8所示。

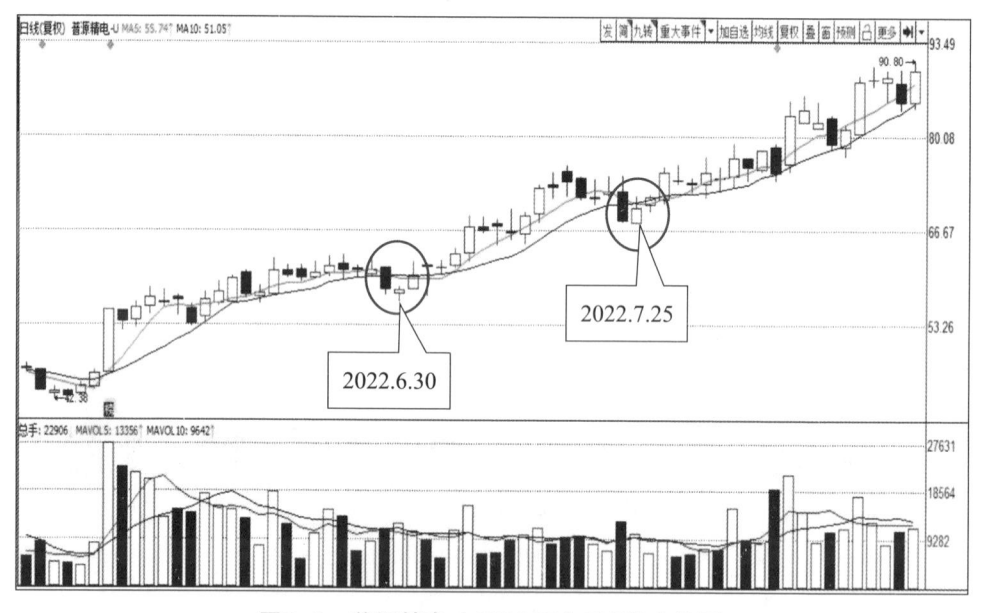

图6-8 普源精电（688337）日K线走势图

2022年5月，普源精电上市后经历一波股价回调，之后又重新开始进入上升轨道。该股股价在振荡上升过程中，始终沿着10日均线振荡上行，说明股价上升势头很猛，持仓投资者可耐心持股待涨。

在该股股价振荡上升过程中，分别在6月30日和7月25日两度跌破10日均线，但股价又很快重新收复了10日均线。这仍可说明均线对股价具有较强的支撑作用。该股股价未来仍旧看涨。

投资者可在股价重新回到10日均线上方时，追涨买入该股。

起涨点58：暴跌距离均线远

↗ 起涨点概述

物极必反。通常来说，股价跌破均线属于典型的卖出信号。不过，当股价出现较大幅度下跌，且距离均线较远之后，股价就会产生调整的需求，发动一波上涨攻势，这就是一个较好的买点，如图6-9所示。

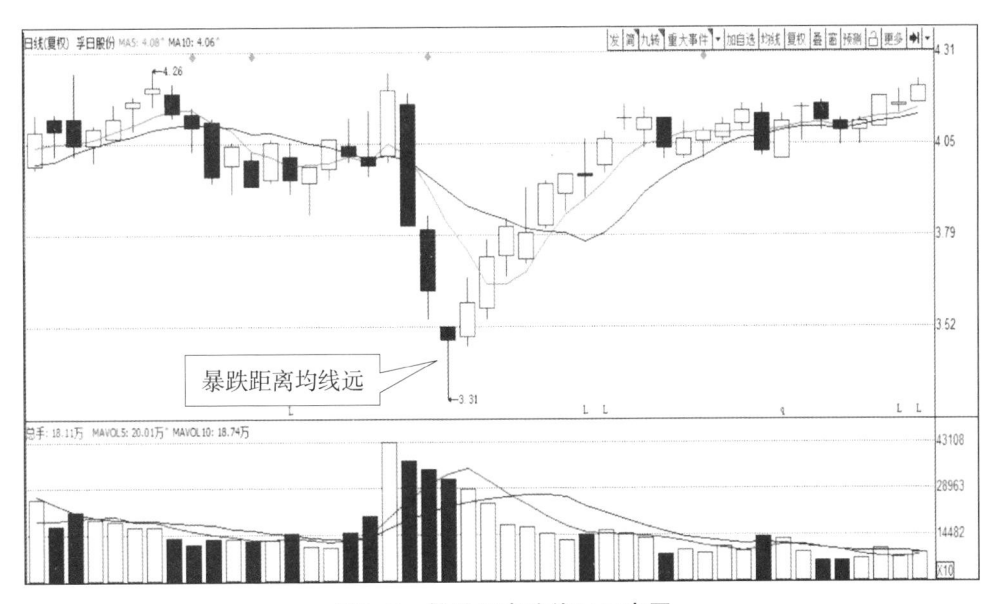

图6-9 暴跌距离均线远示意图

↗ 战术解读

该起涨点的操作要点如下。

第一，当一只股价短期内下跌幅度较大，且股价已经远离均线（我们这里以30日均线为例），则未来股价止跌反弹的可能性非常大，投资者可以选择买入该股。

第二，投资者按照股价暴跌远离均线形态买入股票后需要注意，一旦股价反弹到均线位置，股价有反转向下的可能。

第三，当股价下跌幅度较大且远离30日均线后，如果成交量出现严重萎缩，说明市场上已经没有多少投资者愿意以当前的价格卖出股票了，股价上涨的时间也快到了，投资者应果断买入股票。

第四，股价暴跌远离均线时，股价与均线的距离越远，股价上涨的幅度也就越大。

📈 实战案例

下面来看一下万丰奥威（002085）的案例，如图6-10所示。

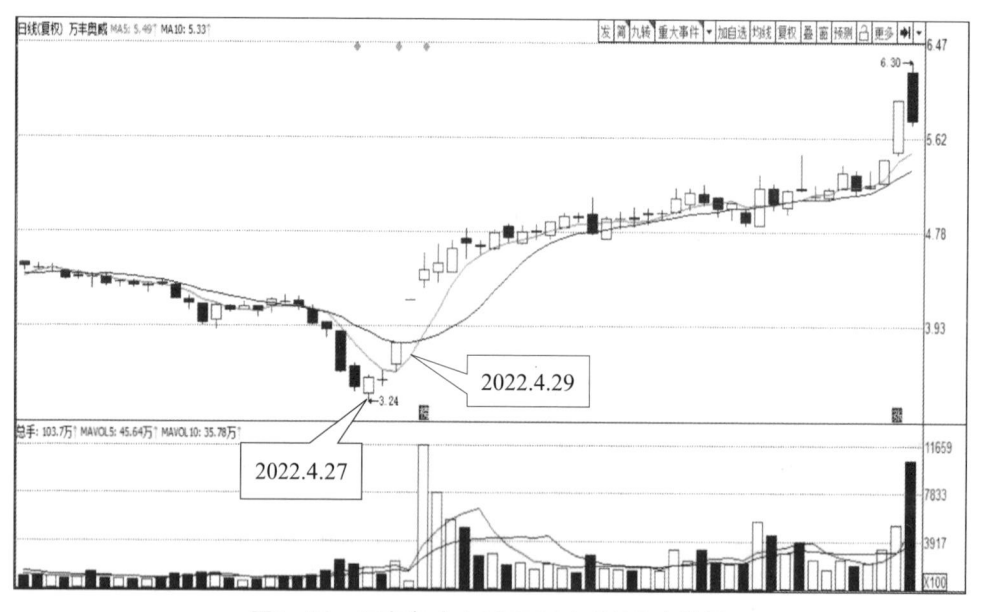

图6-10 万丰奥威（002085）日K线走势图

从图6-10可以看出，2022年4月至5月，万丰奥威的日K线图上出现了股价暴跌远离均线形态，预示股价很可能会出现反弹。

万丰奥威的股价从2021年12月中旬开始一路下跌，且下跌速度越来越快。股价在下跌过程中曾出现几次反弹均因受制于均线的压力而重新步入下跌轨道，说明均线对股价有很强的阻碍作用。

2022年4月下旬，该股股价突然出现大幅暴跌走势。此时，该股股价距离30日均线比较远，有强烈的反弹需求。

此后，该股股价经过一个交易日的盘整之后，自4月29日开始强势反弹。投资者可考虑追涨买入该股。

起涨点59：均线黏合再发散

↗ 起涨点概述

均线黏合往往意味着股价处于一段横向整理期，而横向整理结束，均线开始发散且方向向上时，股价就会有较大的涨幅，如图6-11所示。

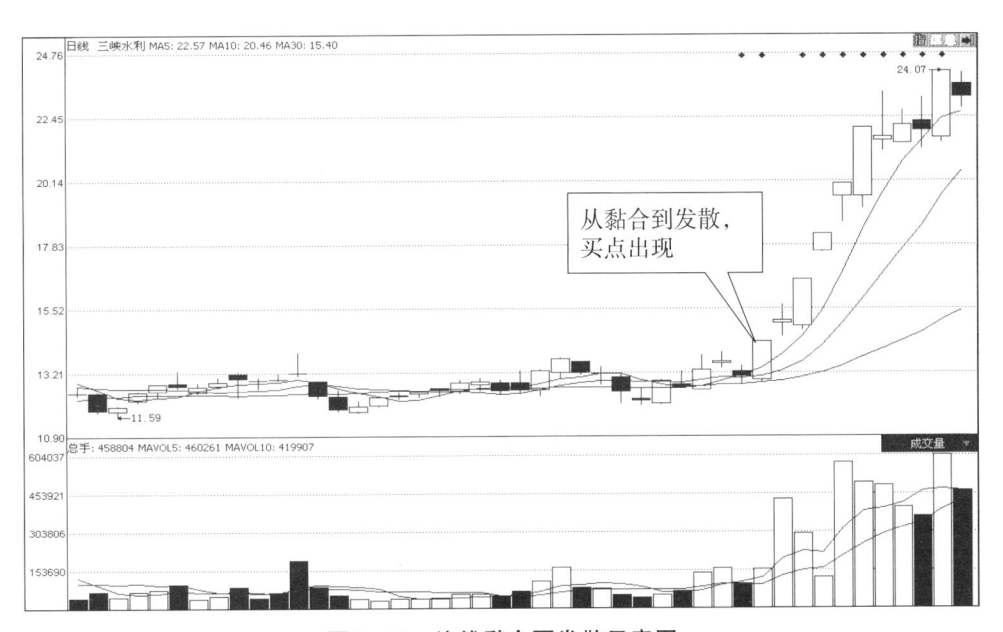

图6-11 均线黏合再发散示意图

↗ 战术解读

该起涨点的操作要点如下。

第一，均线黏合在一起无论从什么角度看都只能是暂时的，当不再黏合在一起之时，就是股价突破方向选定之际。如果均线开始发散，且各条均线方向向上，则股价上涨的可能性就会非常大。

第二，一般情况下，均线黏合的时间越久，说明股价横盘整理的时间也就越长，未来上涨的空间也就越大。

第三，并不是均线黏合，股价就一定会上涨，只有当各条均线方向向上时，才能判断股价有上涨的可能。此时，如果均线能够呈多头排列，且K线形态也显示出买入特征，那么，股价后期上涨的可能性就会更大。

第四，有些庄家在5日、10日、30日均线黏合在一起时，故意让股价先向下突破，造成出货假象，然后再翻身向上，推动股价向上创出新高，这时投资者需要密切观察，以免误入庄家陷阱。

📈 **实战案例**

下面来看一下恒大高新（002591）的案例，如图6-12所示。

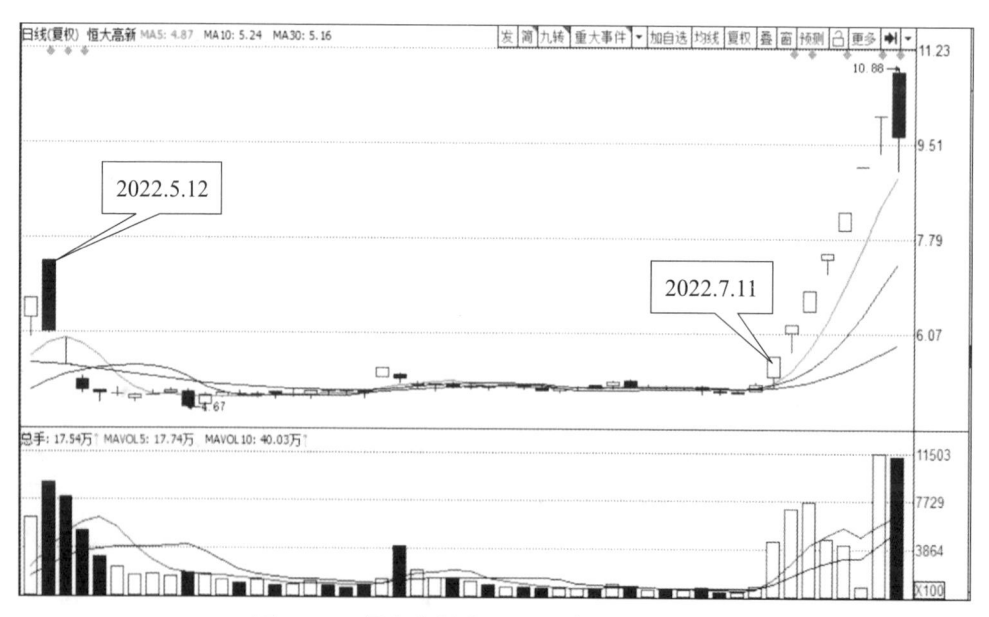

图6-12　恒大高新（002591）日K线走势图

从图6-12可以看出，恒大高新的股价自2022年5月中旬启动一波下跌走势，并很快进入了底部盘整区域。该股股价在底部振荡盘整时，各条均线逐渐靠拢，并形成了黏合状态，说明该股股价正在选择突破的方向，投资者宜密切关注该股其后的走势。

2022年7月11日，该股股价向上突破整理区域，各条均线开始呈多头发散排列，说明股价上涨空间已经打开，投资者宜追涨买入该股。

第二节　MACD指标判断股价起涨信号

MACD指标是由美国人杰拉尔德·阿佩尔（Gerald Appel）在移动平均线的基础上重新发展出来的一种技术指标。

在MACD指标应用方面，多从以下几个角度入手。

第一，MACD指标的交叉。

MACD指标中，DIFF快线对DEA慢线每次穿越往往都带有很强的交易指示含义：当DIFF线自下而上突破DEA线，属于典型的看涨形态。反之，当DIFF线自上而下跌破DEA线，则属于典型的看跌形态。

第二，MACD指标对0轴的突破。

在MACD指标体系中，0轴是一个重要的多空力量对比分界线。当MACD指标运行于0轴上方时，说明多方占据了较大的优势。反之，若MACD指标运行于0轴下方时，则说明空方占据了较大的优势。因此，MACD指标每次对0轴的突破，实质上都是多空力量对比的一次转变。

当MACD指标自下而上突破0轴，则意味着市场已经转暖，多方开始占据优势地位，投资者可以考虑入场交易了。反之，当MACD指标自上而下跌破0轴，则意味着市场已经转差，空方开始占据优势地位，投资者应该尽量减仓或清仓。

第三，MACD指标走势的形态。

在实战中，MACD指标的两条指标线和MACD柱线也会根据股价K线的波动而呈现各种形态，其中，有些形态的出现往往意味着股价可能会迎来一波上涨，而另外一些形态的出现，则意味着股价有转入下行趋势的可能。

起涨点60：MACD指标0轴金叉

↗ 起涨点概述

通常来说，MACD指标出现黄金交叉形态，都可能会引发股价上涨。不过，金叉出现的位置不同，股价上升的幅度和持续时间不同。若金叉出现在0轴附近，特别是0轴上方，股价未来上升的幅度可能会更大。

也就是说，MACD指标在0轴附近出现黄金交叉，则意味着股价可能会引发一波规模较大的上升行情，如图6-13所示。

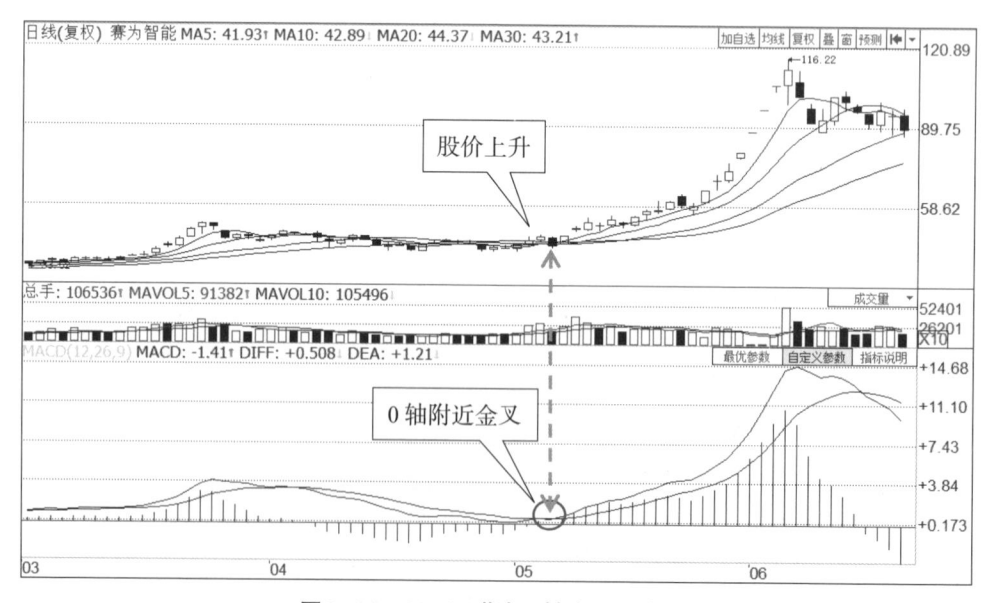

图6-13　MACD指标0轴金叉示意图

📈 战术解读

该起涨点的操作要点如下。

第一，当金叉发生在0轴下方较远位置时，股价发出的是由弱转强的信号，激进的投资者可以选择此时入场。不过，此时空方仍占据较大的优势地位，从投资安全角度来说，这并不是非常理想的入场点。

第二，当MACD指标自下而上突破0轴，则意味着股价整体开始走强，多方开始取得了优势地位。

第三，当金叉发生在0轴上方时，预示股价将继续走强，这时是一个比较可靠的买入时机，投资者可以大胆买入该股。但因金叉位置过高，买点也可能转变为卖点，所以投资者一定要确保金叉在0轴附近时买入。

第四，当股价在底部小幅上升，并经过一段时间的横盘整理，放量向上突破，同时，MACD指标在0轴附近形成金叉，则是非常明确的买入信号。

📈 实战案例

下面来看一下全聚德（002186）的案例，如图6-14所示。

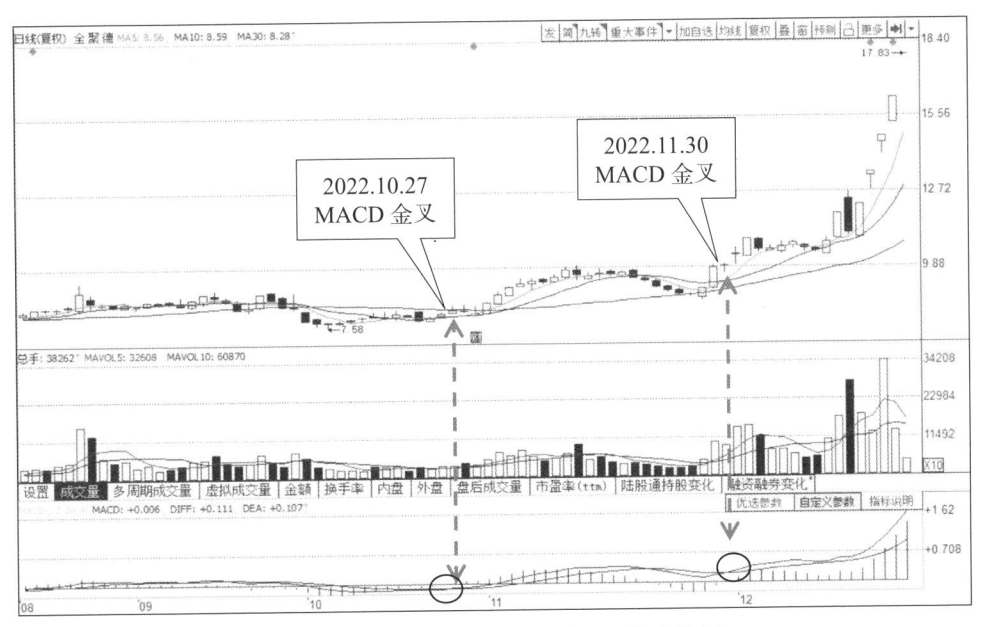

图6-14 全聚德（002186）日K线走势图

从图6-14可以看出，全聚德的股价自2022年10月中旬开始触底反弹。10月27日，该股股价K线向上穿越30日均线遇阻，此时，DIFF线完成了对DEA线的穿越，形成了低位金叉。投资者观察该金叉可以发现，该交叉点处于0轴下方，且距离0轴较远，说明此时仍为空方占据主导地位，此时的金叉成色不足。未来能否形成一波上升，还要看反弹的高度如何，以及股价能否突破重要阻力位。

其后，该股股价经过短暂的反弹后重新进入调整行情。11月30日，该股股价再度发力上攻，MACD指标在0轴附近形成了黄金交叉，由于该交叉点就在0轴附近，属于成色较高的金叉，投资者可积极入场。该位置也是该股起涨点出现的位置。此后，该股股价掀起了一波快速上升走势。

起涨点61：MACD指标上穿0轴

📈 起涨点概述

在MACD指标系统中，0轴是一个较为明确的多空力量对比分界线。当MACD指标位于0轴上方时，说明多方占据优势地位。反之，当MACD指标处于0轴下方时，说明空方占据优势地位。

当MACD指标自下而上突破0轴，则意味着多方取得了竞争的优势，这是股价看涨的明确信号，投资者可考虑追涨入场，如图6-15所示。

📈 战术解读

该起涨点的操作要点如下。

第一，股价经过一段时间的振荡上升后，MACD指标已经开始自底部反弹向上，这是多方实力逐渐增强的一个信号。

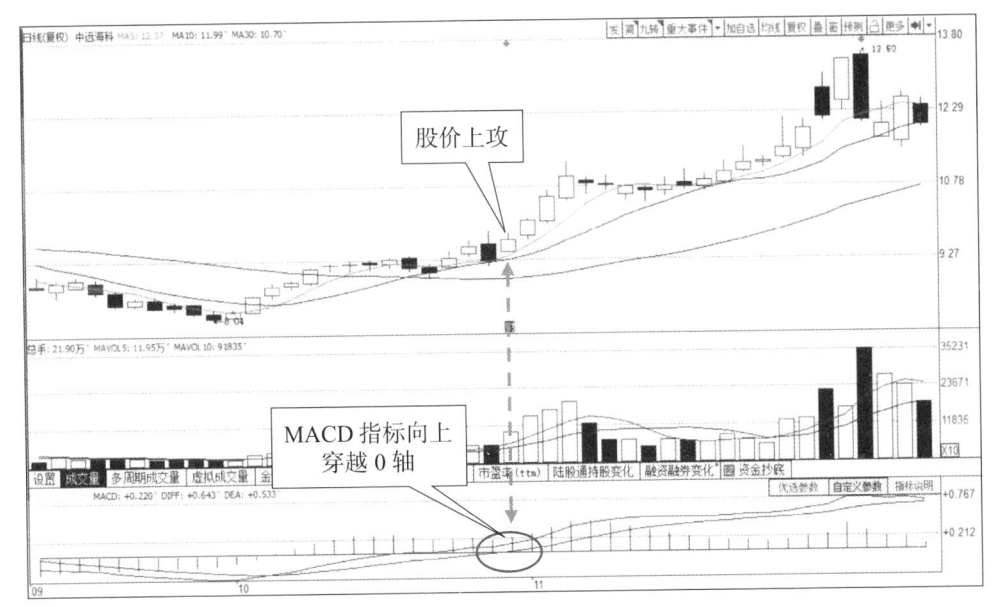

图6-15 MACD指标上穿0轴示意图

第二，某一交易日，在股价上行的带动下，MACD指标完成了对0轴的穿越，则意味着整个市场由空方主导变成了由多方主导。

第三，在股价上行的影响下，MACD指标中的DIFF快线和DEA慢线会先后完成对0轴的突破，从投资安全角度出发，以DEA慢线完成对0轴突破为准。

第四，MACD指标对0轴突破时，成交量同步放大，则可增强买入信号的有效性。

实战案例

下面来看一下南网科技（688248）的案例，如图6-16所示。

从图6-16可以看出，南网科技的股价自2022年4月底触底反弹后，启动了一波振荡上升走势。随着股价的不断走高，MACD指标也同步振荡上扬。

进入2022年5月后，MACD指标的两条指标线分别于5月17日和5月23日向上穿越0轴，标志着多方已经开始占据了优势地位。也就是说，自2022年5

月23日开始，多方就已经彻底占据了绝对的优势地位。此后，投资者可以在股价企稳时入场买入该股。

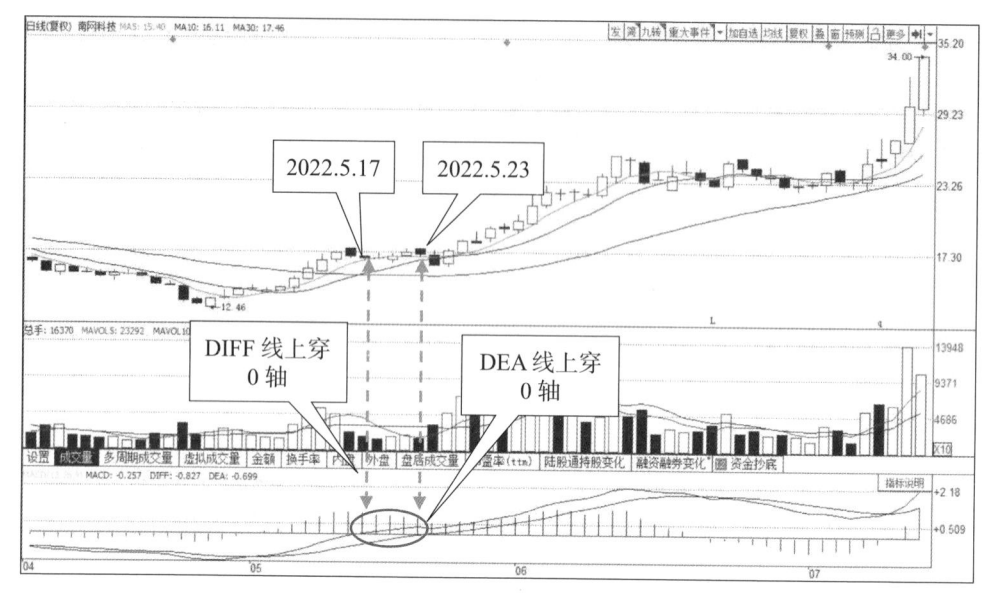

图6-16 南网科技（688248）日K线走势图

起涨点62：MACD指标高位双金叉

↗ 起涨点概述

MACD指标在0轴上方出现金叉后，预示着股价将迎来一波快速上升行情，此后，若股价在高位区域出现调整，MACD指标短暂出现死叉后，再重新走出黄金交叉形态，就形成了短期内的二度金叉形态，这也是股价将快速上升的信号，如图6-17所示。

↗ 战术解读

该起涨点的操作要点如下。

第一，DIFF快线与DEA慢线两次形成黄金交叉时，必须全部位于0轴上方，说明多方一直占据主导地位，而股价的调整只是启动前的洗盘操作。

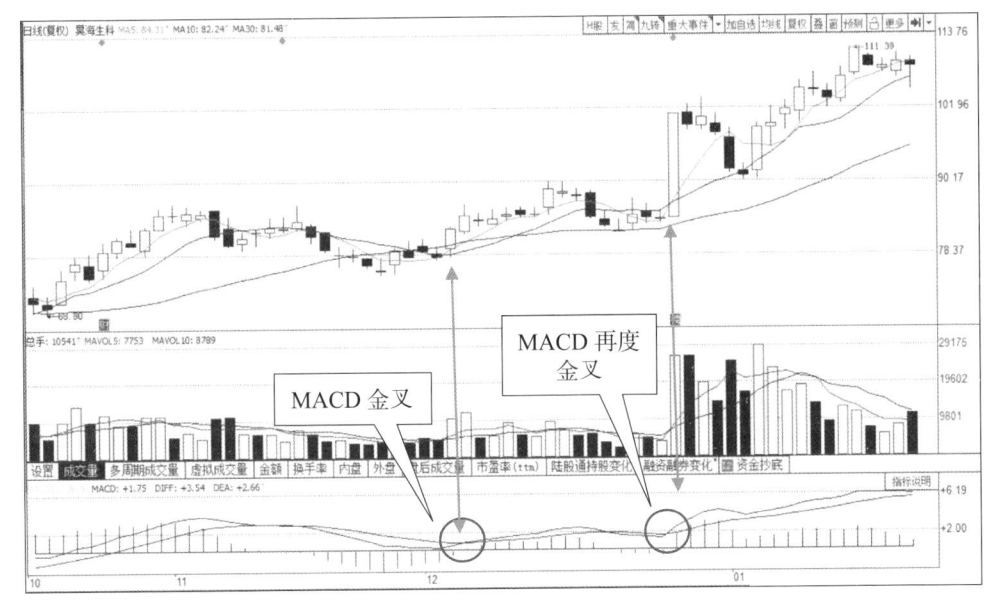

图6-17　MACD指标高位双金叉示意图

第二，两个金叉之间的死叉时间不能太长，而且越短越好。金叉之间间隔的时间过长，则说明这个金叉分别代表了两个不同的上升波段，也就失去了组合的力量和效果。

第三，两个金叉出现期间，成交量应该出现温和的放大，但不能出现巨量。

第四，MACD指标在短期内形成的两个金叉应该是相对简单的交叉，而非缠绕式交叉。也就是说，如果MACD指标出现了连续的缠绕，频繁地交叉，则此形态无效。

第五，股价在重新上涨的同时，MACD指标出现第二个黄金交叉，这就预示着该股马上要进行大幅拉升，投资者宜迅速跟进，买入股票。

📈 实战案例

下面来看一下永鼎股份（600105）的案例，如图6-18所示。

从图6-18可以看出，永鼎股份的股价经过一段时间的振荡上涨后出现上行走势。

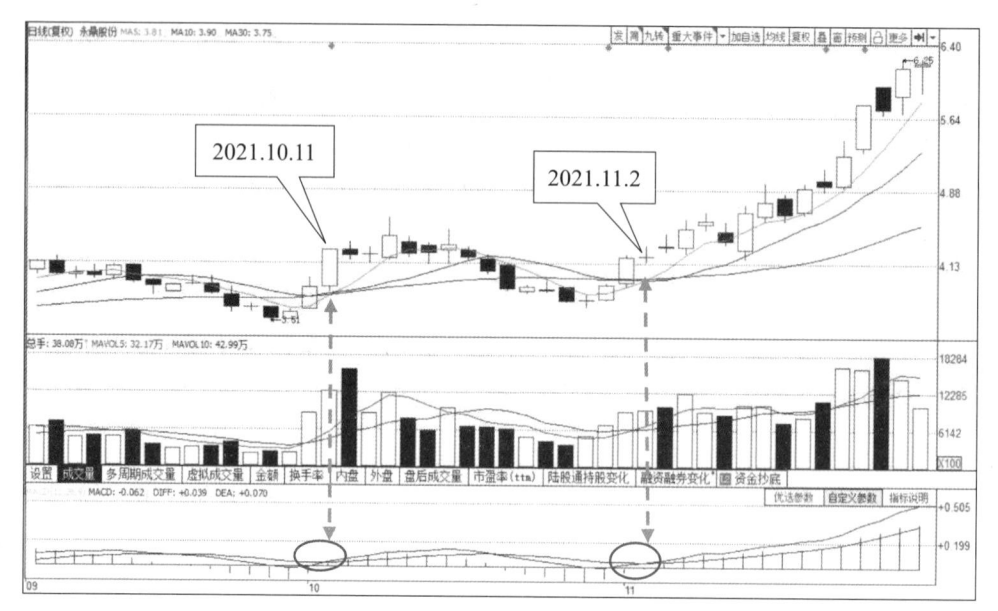

图6-18 永鼎股份（600105）日K线走势图

2021年10月11日，该股股价重新开始上攻，并以涨停报收，MACD指标在当日出现了黄金交叉形态，且该交叉点位于0轴上方，说明该黄金交叉成色较高，未来股价将会继续看涨。

其后，该股股价短暂上冲后出现了一段时间的整理。2021年11月2日，该股股价在前日大幅上攻的基础上，再度冲高后收出十字线，MACD指标在当日再度出现黄金交叉形态，且在金叉出现时，成交量同步放大，这意味着股价将会出现大幅上升走势，投资者可积极入场买入股票。

该股的MACD指标在短期内出现了两次黄金交叉形态，且交叉点全部位于0轴上方，这属于强烈的买入信号。这也就意味着该股股价暴利拐点的来临。

起涨点63：MACD指标"将死不死"

↗ 起涨点概述

DIFF快线自下而上穿越DEA慢线，且交叉点位于0轴上方时，这时出现一个黄金交叉。当黄金交叉出现之后，DIFF快线出现短暂的下跌，且在下跌至DEA慢线附近（没有跌破）时，因受DEA慢线的支撑而再度上升。这种形态出现时，往往意味着股价将会有一段相当可观的上涨，如图6-19所示。

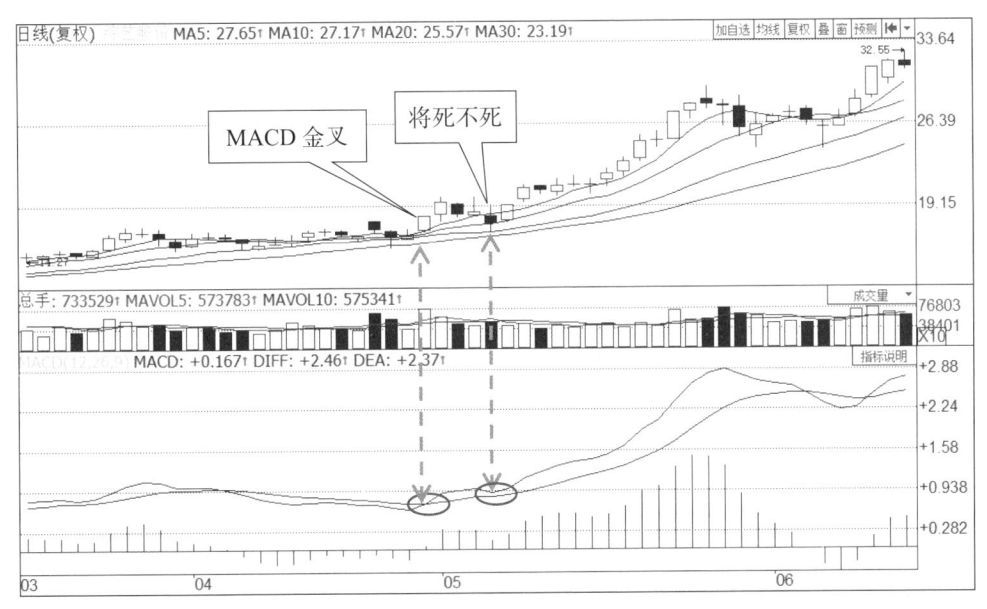

图6-19 MACD指标"将死不死"示意图

↗ 战术解读

"将死不死"形态，是指当MACD指标出现金叉后，DIFF快线不升反降，遇DEA慢线支撑再度上升的形态。该形态属于典型的看涨形态。该起涨点的操作要点如下。

第一，DIFF快线与DEA慢线形成黄金交叉时，必须全部位于0轴的上方。

第二，DIFF快线下跌至DEA慢线处时，成交量不应该出现明显的放大，且以缩量为佳。

第三，DIFF快线下跌至DEA慢线处时，股价最好能在某一重要点位获得支撑。

第四，股价在重新上涨的同时，DIFF快线再度上扬，投资者宜迅速跟进买入股票。

📈 实战案例

下面来看一下维科技术（600152）的案例，如图6-20所示。

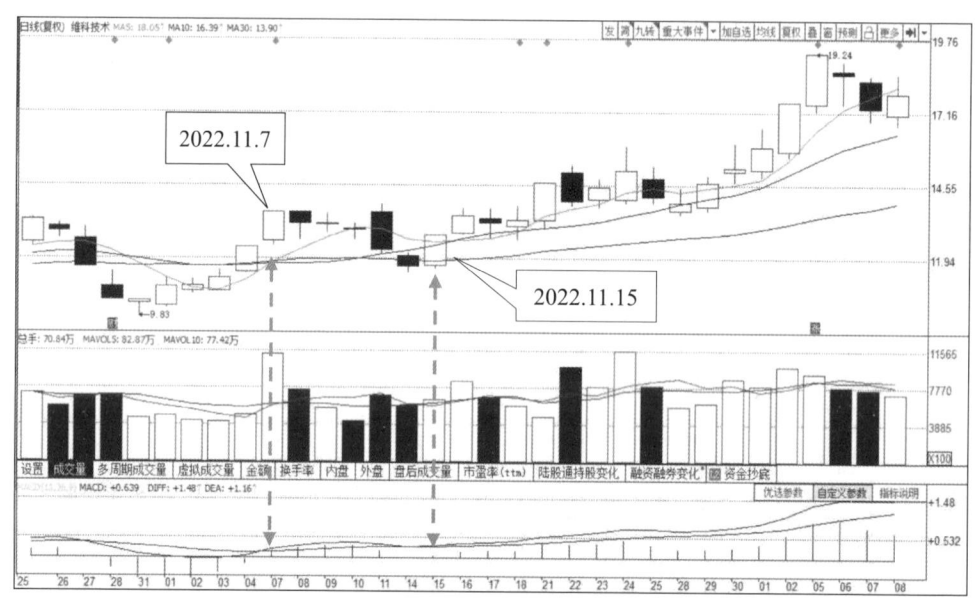

图6-20　维科技术（600152）日K线走势图

从图6-20可以看出，维科技术的股价在2022年下半年出现了一波振荡上涨行情。

该股MACD指标在2022年11月7日走出了黄金交叉形态，此时，DIFF快线和DEA慢线均位于0轴上方不远处，这说明股价短期有走强的可能。随后，该股股价不升反降，股价K线连续跌破了5日均线和10日均线，但在30

日均线处获得支撑。

2022年11月15日，DIFF快线向DEA慢线靠拢，在将要形成死叉且未汇合时再度上扬，且形成多头发散态势，说明该股股价未来将发动一波快速上涨行情。

维科技术走出黄金交叉形态时，投资者可考虑建仓买入该股。随后，DIFF快线遇DEA慢线支撑再度上扬时，可加仓。

起涨点64：MACD指标多头发散

↗ 起涨点概述

DIFF快线和DEA慢线都位于0轴下方，DIFF快线自下而上穿越DEA慢线形成金叉。其后，DIFF快线没有上攻而是向DEA慢线靠拢，两条线逐渐黏合在一起。随后，DIFF快线与DEA慢线逐渐分离，且DIFF快线位于DEA慢线上方，形成多头发散排列。这预示着股价即将启动上涨，如图6-21所示。

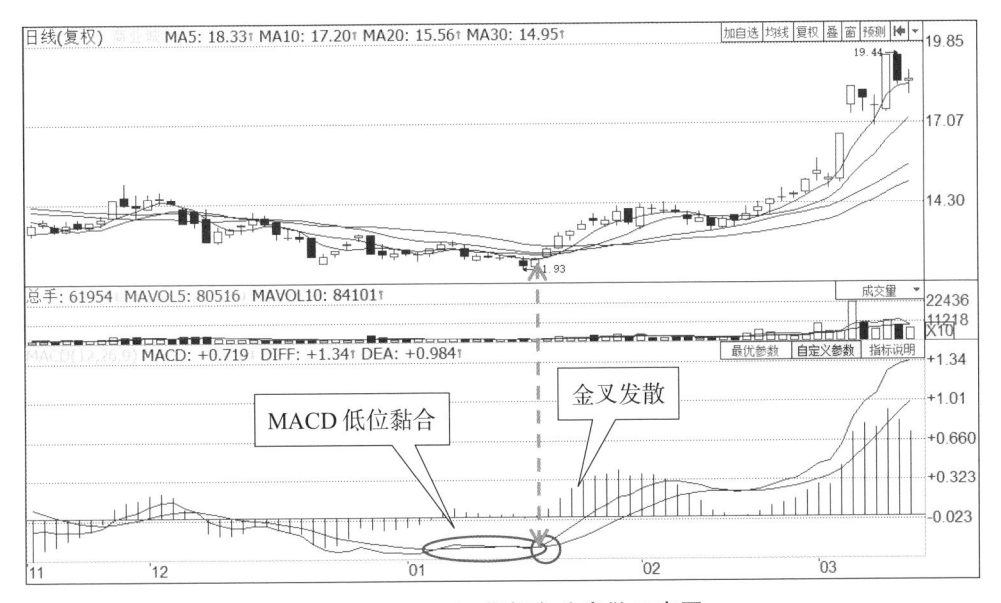

图6-21 MACD指标多头发散示意图

战术解读

该起涨点的操作要点如下。

第一，DIFF快线与DEA慢线形成的金叉要位于0轴下方。

第二，DIFF快线与DEA慢线黏合在一起的时间越长，未来上涨的空间越大。

第三，DIFF快线与DEA慢线逐渐走向多头发散排列时，若成交量同步放大，则可增大股价上涨的可能性。

第四，DIFF快线与DEA慢线由黏合到发散时，就是该股第一个买点，其后，DIFF快线和DEA慢线向上穿越0轴时，就是该股的第二个买点。

实战案例

下面来看一下金种子酒（600199）的案例，如图6-22所示。

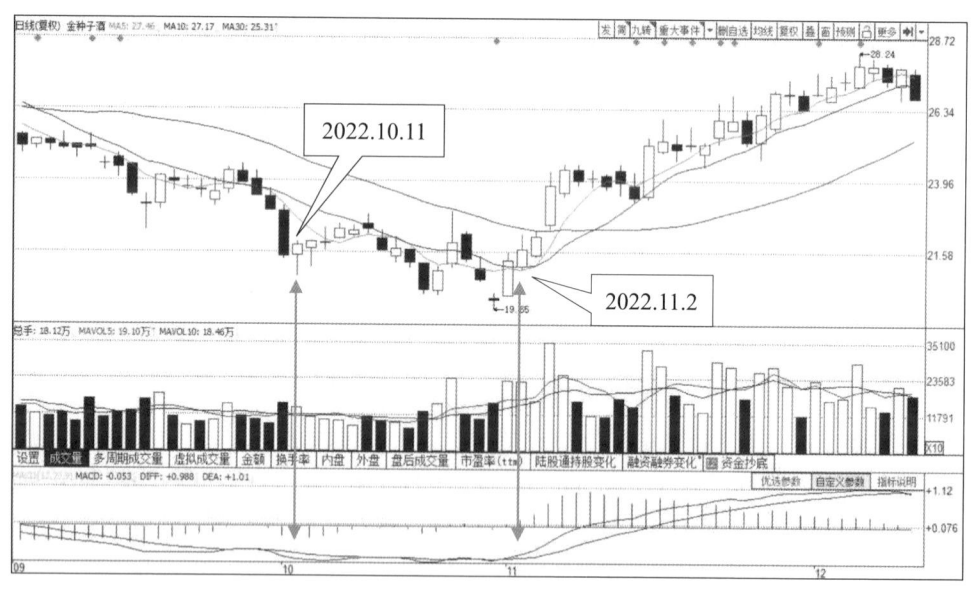

图6-22　金种子酒（600199）日K线走势图

从图6-22可以看出，金种子酒的股价在2022年10月到11月出现了振荡盘整走势。

2022年10月11日，该股股价在前日下跌的基础上，出现止跌企稳迹象。DIFF快线与DEA慢线在0轴下方呈现触底迹象，随后DIFF快线逐渐向DEA慢线靠拢，并与DEA慢线黏合在一起。

2022年11月2日，该股股价在前日上攻的基础上，再度上攻。与此同时，DIFF快线拐头向上，且与DEA慢线形成多头发散形态，这预示着股价短期将出现上涨走势，投资者可在此时买入该股。

此后，MACD指标与股价同步振荡上升。

第三节　KDJ 指标判断股价起涨信号

KDJ指标又称随机指标，是一种在市场上应用非常广泛的技术分析工具。它主要被用来反映市场上买卖力量的强弱和超买超卖现象，它能够在股价尚未上升或下降之前发出准确的买卖信号。

KDJ指标的研判可以从以下几个方面入手。

第一，50线分强弱。

在KDJ指标中，50线是一条非常重要的多空力量均衡线。当KDJ指标（主要以曲线K为准）运行于50线上方时，说明股价处于相对高位，即多方占据优势地位。当KDJ指标运行于50线下方时，说明股价处于相对低位，即空方占据优势地位。

第二，超买功能。

随着股价的上扬，KDJ指标中的曲线K进入80线上方超买区，说明股价短线走强，但回调的风险也在逐步增加。持股投资者可继续持仓，持币投资者一般不宜再追加仓位。

KDJ指标自80线上方区域跌破80线位置时，可执行减仓或离场操作。

第三，超卖功能。

与80线上方区域相对的是20线下方的超卖区域。随着股价的下行，KDJ指标中的曲线K进入20线上方超卖区，说明股价短线走弱，但反弹的可能也在逐步增加。KDJ指标自20线下方区域向上突破20线位置时，可执行买入操作。

第四，买卖点判断。

KDJ指标中曲线K与曲线D的交叉，是KDJ指标最重要的一种形态，也是对股价运行趋势最具影响的一种形态。通常来说，KDJ指标金叉，股价后市看涨。反之，KDJ指标死叉，股价后市看跌。

起涨点65：KDJ指标金叉

↗ 起涨点概述

KDJ指标金叉是一种经典的短线买入信号。在短线交易过程中，KDJ指标金叉的指导作用要强于MACD指标金叉，如图6-23所示。

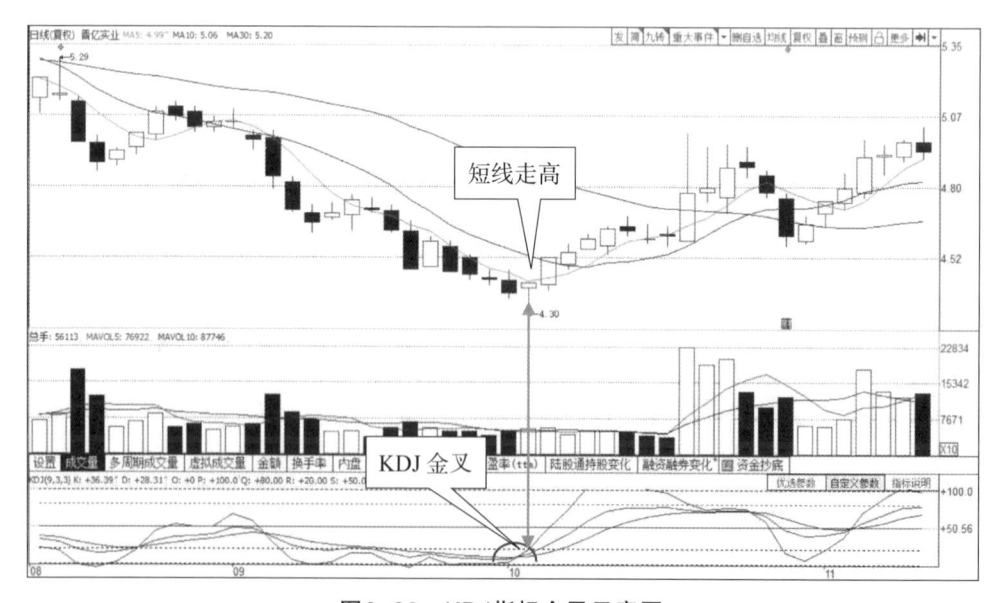

图6-23　KDJ指标金叉示意图

📈 战术解读

该起涨点的操作要点如下。

第一，曲线K如果在超卖区（K值小于10或D值小于20）开始回升，并且上穿曲线D形成黄金交叉，此时发出的买入信号较为强烈，投资者可以大胆买入股票。

第二，曲线K如果没到超卖区就开始回升，并且上穿曲线D形成黄金交叉，此时，虽然发出的也是买入信号，但该信号强度较弱，投资者应该继续观察股价的走势。若KDJ指标再次出现黄金交叉，投资者就可以大胆买入了。

第三，实战中，当曲线K、曲线D在20以下交叉向上，此时的短期买入信号较为准确。如果K值在50以下，由下往上接连两次上穿D值，形成右底比左底高的W底形态时，后市股价可能会有较大的涨幅。

📈 实战案例

下面来看一下厦门钨业（600549）的案例，如图6-24所示。

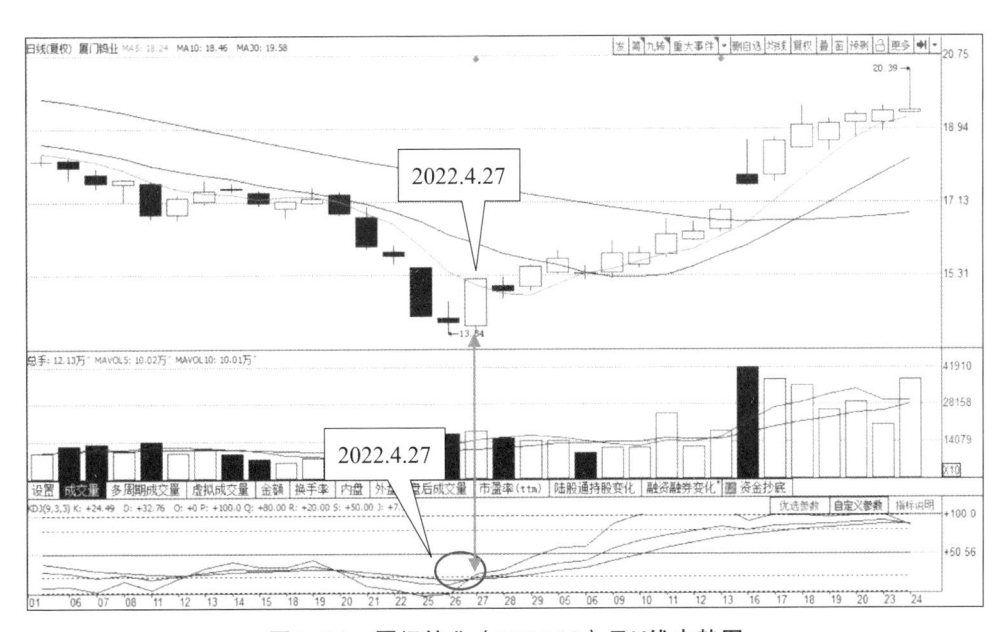

图6-24 厦门钨业（600549）日K线走势图

厦门钨业的股价在2022年上半年经过了一波振荡下跌之后,在2022年4月下旬走出了一波急速下跌的走势。

与此同时,KDJ指标也逐步走低。2022年4月下旬,当股价创下一段时间以来的最低点时,KDJ指标中的曲线J已经进入了0线以下区域,说明股价已经进入了严重超卖区间,未来有望出现反弹走势。

2022年4月27日,该股股价放量上攻,与此同时,曲线K、曲线J先后上穿曲线D,形成黄金交叉形态,且曲线K、曲线D、曲线J的数值全部位于20以下,曲线K、曲线D又全部从超卖区域开始回升。由此可见,买入信号非常明确,后市看涨。

投资者如果能在KDJ指标形成黄金交叉时买入股票,那么,就能把握住股价后续上涨带来的收益。

起涨点66:KDJ指标超卖

↗ 起涨点概述

KDJ指标超卖,是指市场上投资者纷纷卖出股票,卖方力量逐渐加强。后来,股价进入超过卖方实力的区域,股价即将转为上涨,如图6-25所示。

↗ 战术解读

该起涨点的操作要点如下。

第一,当KDJ指标中的曲线K的数值小于10时,意味着曲线K已经进入超卖区间。当曲线D的数值小于20时,意味着曲线D也进入了超卖区间。

第二,当曲线J数值连续几个交易日为0时,说明短期底部即将到来,投资者应仔细观察,寻找买入信号。

第三,投资者在观察KDJ指标超卖时,应将注意力集中在曲线K上,一旦曲线K发出超卖信号,投资者就可以买入股票了。

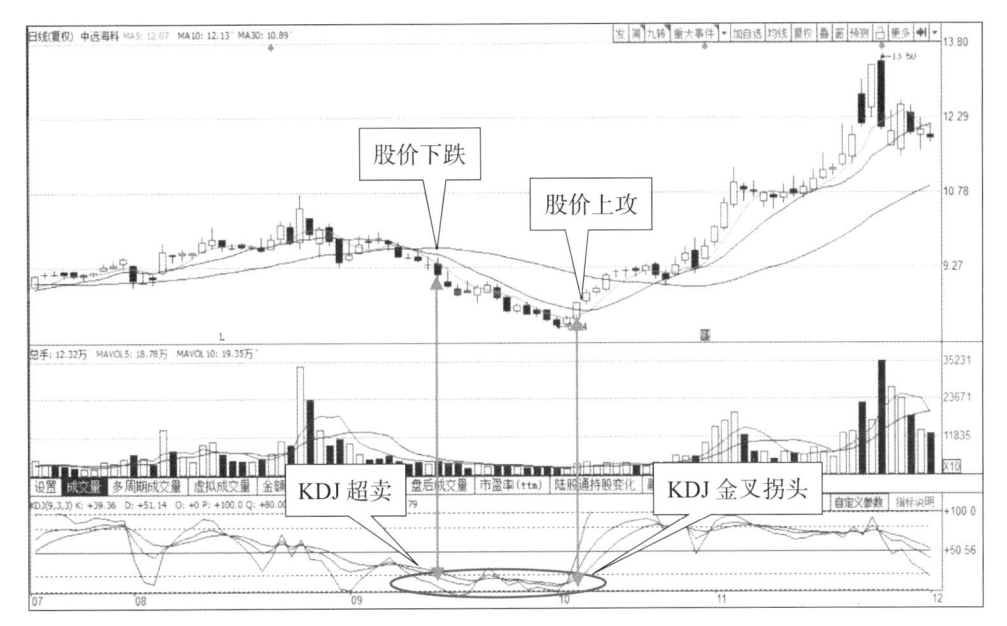

图6-25　KDJ指标超卖示意图

第四，当KDJ指标进入超卖区间后，如果股价出现上涨行情，KDJ指标同步上行并出现黄金交叉，那么此时就是一个非常好的买点。

实战案例

下面来看一下华源控股（002787）的案例，如图6-26所示。

从图6-26可以看出，2022年12月华源控股的日K线图上出现了KDJ指标超卖形态。

华源控股的股价在2022年12月经历了一波下跌走势，股价不断创出新低，KDJ指标的各条指标线也都进入了底部区域。

2022年12月22日，该股收出一根大阴线，将股价带到一个非常低的位置。曲线K、曲线D同时发出超卖信号，预示股价在短期内将出现上涨走势，投资者应密切关注该股的后续走势，一旦结束下跌，就可以买入该股了。

12月30日，华源控股的曲线K、曲线D形成低位黄金交叉形态，这也印证了股价后期将开始上涨的走势。投资者可于当日买入股票。

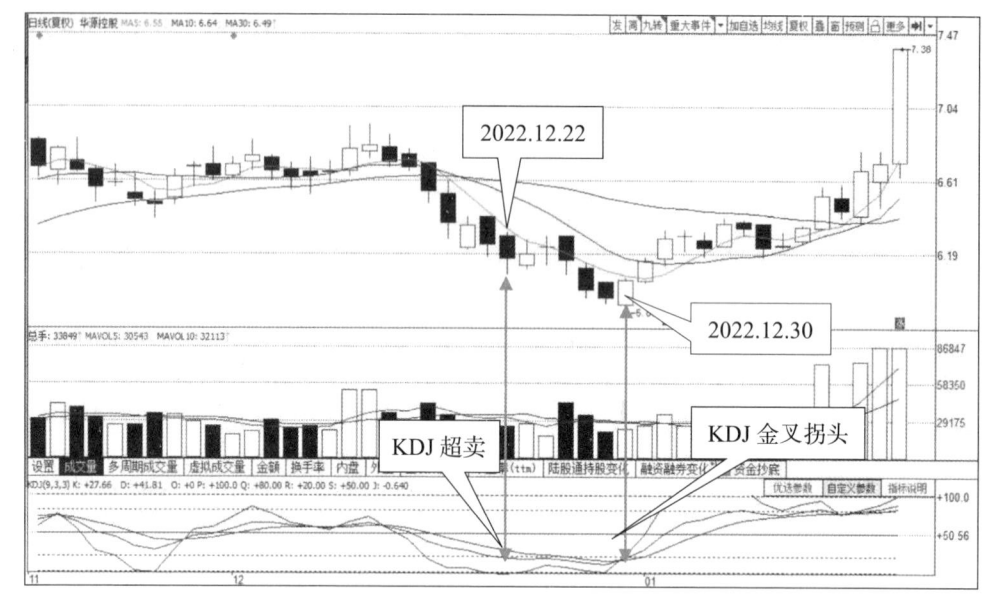

图6-26 华源控股（002787）日K线走势图

起涨点67：KDJ指标超买

📈 起涨点概述

通常来说，KDJ指标进入超买区域，则意味着股价的上升势头很难长时间持续，未来存在反转向下的可能。不过，对于短线牛股来说，KDJ指标进入超买区间时，往往是上升势头最猛的一段时间，如图6-27所示。

📈 战术解读

该起涨点的操作要点如下。

第一，股价出现明显的突破上攻动作，这些突破动作主要为突破重要阻力位（如均线阻力位、前期高点等）。

第二，KDJ指标出现黄金交叉，且进入超买区间，特别是曲线J可能很快就会进入90线以上区域，甚至突破100线，这是股价走强的一个显著特征。

第三，目标股当日股价强势上涨，且突破了均价线与前日收盘价。此时，投资者可以考虑买进目标股。买入时机：一是，股价冲高回调之后，再次突破均价线或受均价线支撑重新上涨；二是，股价冲高达到涨停板价位时，可以考虑追高买入；三是，如果股价开盘出现下跌，则要等到股价重拾升势，且股价线突破均价线之后再买入。

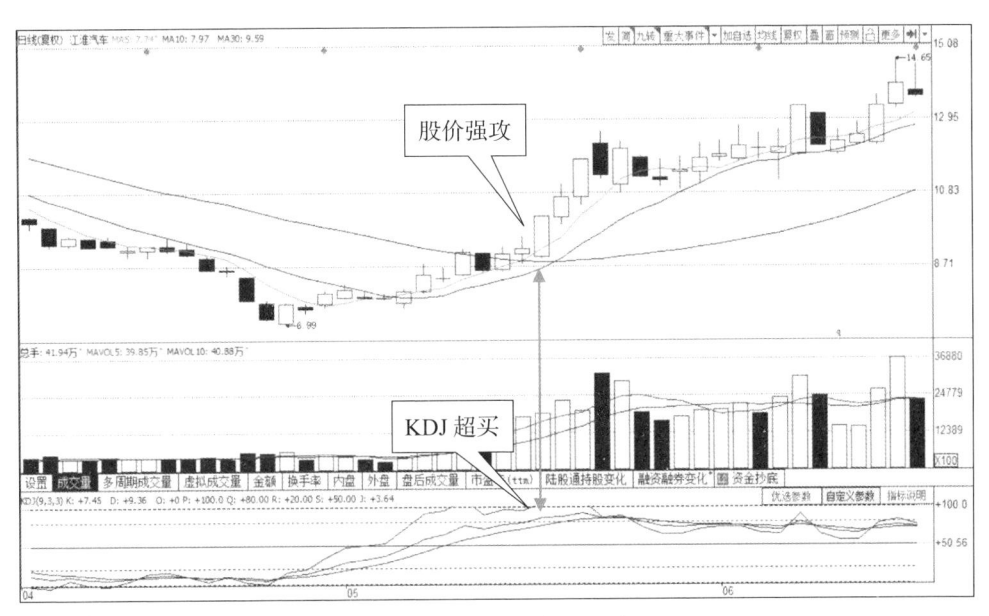

图6-27　KDJ指标超买示意图

实战案例

下面来看一下金石资源（603505）的案例，如图6-28所示。

从图6-28可以看出，金石资源的股价自2022年3月初开始持续振荡下行。KDJ指标同步振荡走低，并进入了超卖区域。

进入2022年4月底后，该股股价开始振荡反弹，KDJ指标也呈现上行态势。

5月20日，该股股价再度放量上攻，且成功突破了各条均线的压制，各条均线形成了多头排列。与此同时，KDJ指标中的曲线J接近100线，曲线K向上突破80线，这属于典型的超买信号。

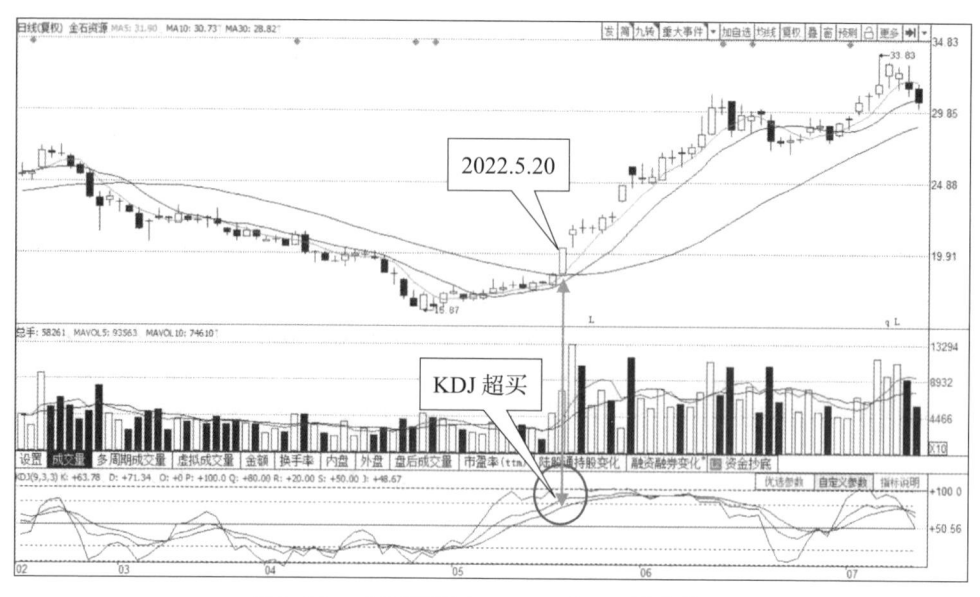

图6-28 金石资源（603505）日K线走势图

基于以上判断，我们可以认定在5月20日金石资源已经启动了短线上攻走势。投资者可在当日择机买入该股。

第四节 布林线指标判断股价起涨信号

布林线又称布林带，英文简称为BOLL，由美国人约翰·布林格（John Bollinger）先生发明并以其名字命名。该指标根据统计学中的标准差原理求出股价的信道区间，从而划定股价的波动范围，并预测未来可能的走势，同时利用波带显示股价安全的高低价位。

通常来看，布林线指标具有以下几项典型的交易含义。

第一，阻力与支撑。

布林线的上轨线、下轨线和中轨线都具有很强的支撑与阻力作用。当股价回调至各条轨道线附近时，都可能会因为受到支撑而重新进入上升通道。

反之，若股价上涨或反弹至各条轨道线附近，也会因轨道线的阻力而重新进行调整行情。

第二，股价强势信号。

布林线的中轨线本质就是一条20日均线，对研判股价中期运行趋势具有重要的意义。当股价自下而上突破中轨线时，同时布林线通道的喇叭口开始放大，则意味着股价将进入一波上升行情。

第三，股价波动方向与幅度的展示。

布林线指标中的喇叭口会随着股价波动幅度的变化而变化。当股价波动幅度变大时，喇叭口就会越开越大。反之，则会越开越小。同时，当股价处于上升趋势时，整个布林通道也会呈现向右上方倾斜态势。反之，则会向右下方倾斜。

投资者通过布林线喇叭口的状态就可以大致判断股价的运行态势。

第四，股价超买与超卖的识别。

股价K线在绝大多数时间都会运行于布林通道之内。当股价偏离布林通道，比如向上突破布林通道上轨或跌破布林通道下轨，则意味着股价很可能会出现反向运行的态势，以促使股价重新回到布林通道之内。

起涨点68：股价突破中轨线

↗ 起涨点概述

中轨线是布林线指标最核心的组成部分。股价放量突破中轨线，是股价中期波段启动最显著、最主要的一个特征。

股价K线放量完成对布林线中轨的突破，则意味着股价中线走强的趋势基本确立，如图6-29所示。

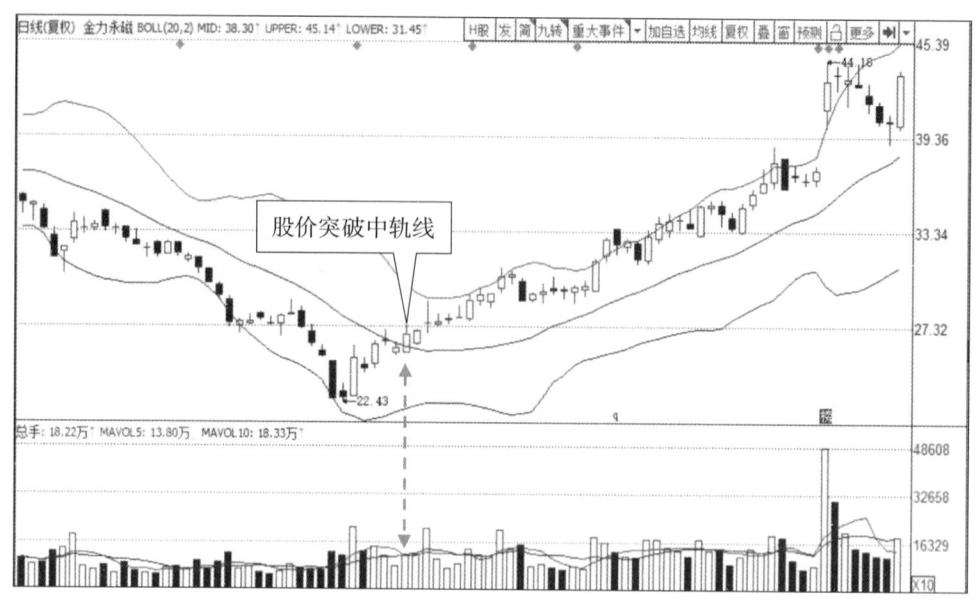

图6-29 股价突破中轨线示意图

📈 战术解读

该起涨点的操作要点如下。

第一，股价经过一段时间的振荡上升后，出现了加速上攻的态势。从K线形态上来看，这属于典型的触底回升走势。股价的触底回升能否最终演化为股价运行趋势的反转，其实主要是看能否完成对中轨线的有效突破。

第二，股价K线对中轨线的有效突破需要具备这样几个特征：其一，成交量温和放大；其二，股价突破中轨线后能够站稳中轨线（连续三个交易日没有跌破中轨线）。

第三，当股价突破中轨线时，布林通道的喇叭口迅速放大，这也是股价进入高波动区间的一个显著特征。投资者可借助布林通道宽度指标来观察布林通道喇叭口的波动情况。

第四，从成交量方面来看，当股价向上突破时，成交量出现了明显的放大，这也是股价进入上行通道的显著特征。

第五，当股价完成对中轨线的突破后，中轨线的方向也会呈现向上的态势，这说明股价中线运行趋势已经进入上升通道，投资者可积极进行追涨操作。

实战案例

下面来看一下固德威（688390）的案例，如图6-30所示。

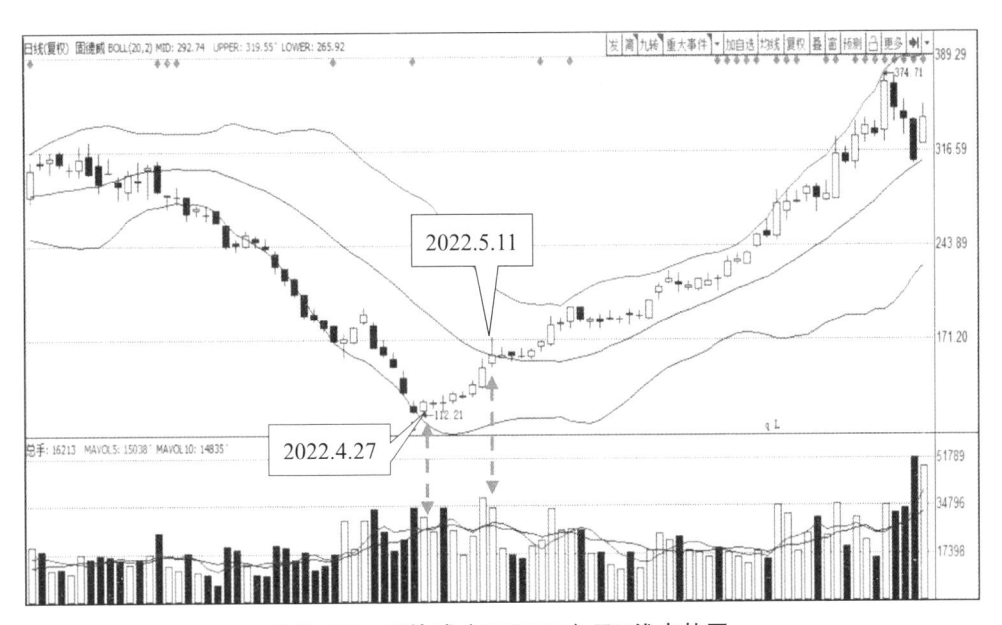

图6-30　固德威（688390）日K线走势图

从图6-30可以看出，固德威的股价在2022年上半年出现了一波振荡下跌走势。到了2022年4月27日，该股股价在触及布林线下轨后出现振荡反弹走势。

与此同时，该股股价在振荡过程中，布林通道的喇叭口越来越窄，说明股价波动幅度越来越小，正在选择未来的突破方向，投资者宜密切关注该股之后的走势。

2022年5月11日，该股股价放量向上突破了布林线中轨，与此同时，布林线通道的发展方向开始转向右上方，说明该股股价运行趋势已经发生了改变。

此后，该股股价开始沿着布林线中轨振荡上行，说明该股股价已经进入了上升通道。股价向上突破布林线中轨时，就是该股股价的暴利拐点。

起涨点69：股价回调遇中轨支撑

↗ 起涨点概述

通常来说，股价的上涨行情都不是一蹴而就的，在其上涨过程中，可能会出现若干次回调整理，若股价回调至中轨线位置，因受中轨线支撑而再度上升，则意味着股价中线仍可看高一线，如图6-31所示。

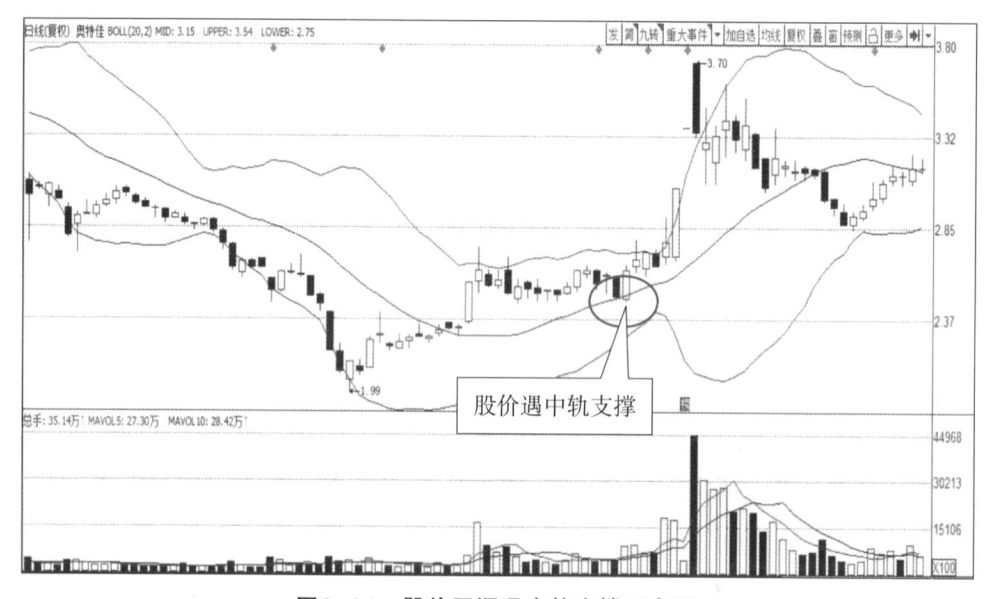

图6-31 股价回调遇中轨支撑示意图

↗ 战术解读

该起涨点的操作要点如下。

第一，股价K线运行于布林线中轨之上，说明股价处于强势上升趋势。

第二，当股价出现回调走势，但其回调至布林线中轨位置，均因中轨线的支撑而重新上攻，说明中轨线的支撑力很强。

第三，股价偶尔跌破中轨线，并快速拉起，仍可认定中轨线对股价的支撑有效。

第四，观察该股的成交量可知，当股价向中轨线回调时，成交量呈现了萎缩状态。其后，当股价受到支撑上攻时，成交量同步放大，这属于典型的价量同步形态，说明股价运行比较健康，未来还有继续上攻的可能。

第五，从布林通道情况来看，当股价回调时，布林通道同步收缩，股价遇支撑上扬时，布林通道的喇叭口开始重新放大，这也是股价启动的一个显著特征。

📈 实战案例

下面来看一下潮宏基（002345）的案例，如图6-32所示。

图6-32 潮宏基（002345）日K线走势图

从图6-32可以看出，潮宏基的股价自2022年10月底启动了一波上涨行情。该股股价在11月1日突破布林线中轨后，一直运行于中轨线与上轨线之间的区域，说明股价上升趋势良好，投资者可耐心持股待涨。

2022年11月中旬，该股股价触及短线高点后出现了回调走势。在11月28日，该股股价触及了布林线中轨，但均因布林线中轨的支撑而重新上攻。观察该股的成交量变化情况可知，在股价回调时，成交量呈现萎缩态势，而股价遇支撑上攻时，则成交量开始放大，这属于一种良性的价量结构。

此后，该股股价脚踩布林线中轨大幅放量上攻，这更加说明中轨线对股价具有较强的支撑作用。未来该股股价将转入上升趋势。

起涨点70：股价遇下轨支撑

↗ 起涨点概述

当布林线指标的下轨走平或者上涨时，股价下跌到布林线下轨位置获得支撑反弹，这是一个较好的买点，如图6-33所示。

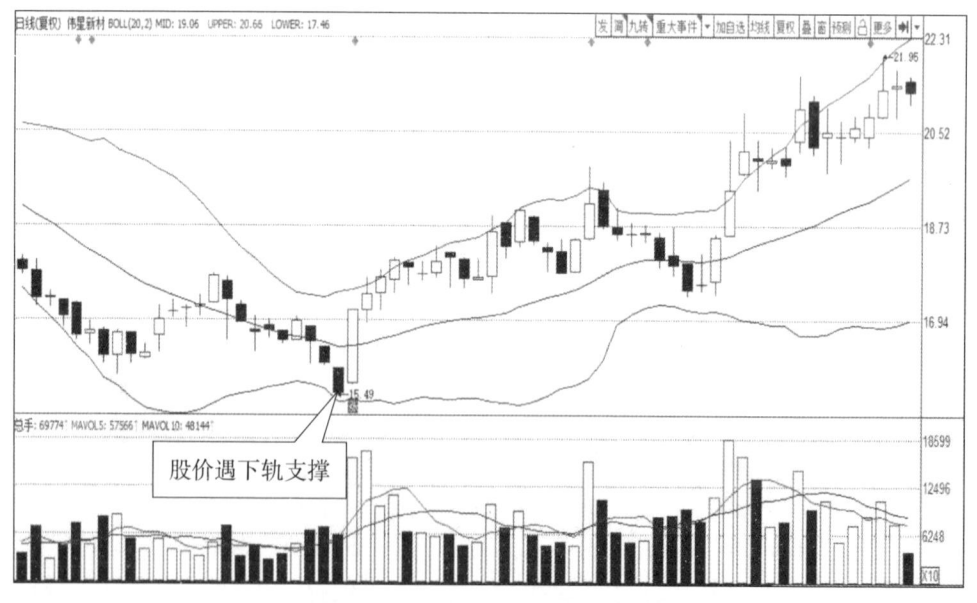

图6-33　股价遇下轨支撑示意图

📈 战术解读

该起涨点的操作要点如下。

第一，当股价在布林线下轨位置获得支撑反弹时，如果成交量温和放大，则该形态的看涨信号会更加可靠。

第二，股价由下轨获得支撑到突破中轨所耗费的时间越短，说明多方越强势，该形态的看涨信号也就越强烈。

第三，股价下跌到布林线下轨位置时并不一定能获得支撑。当股价获得支撑反弹时，投资者可以买入股票。如果布林线下轨向下移动，股价沿着布林线下轨下跌，则投资者还需要继续观望。

第四，股价在布林线下轨位置获得支撑出现反弹时的买点主要有两个：一是，股价下跌获得支撑拐头向上运行时；二是，股价反弹突破中轨时。

📈 实战案例

下面来看一下多氟多（002407）的案例，如图6-34所示。

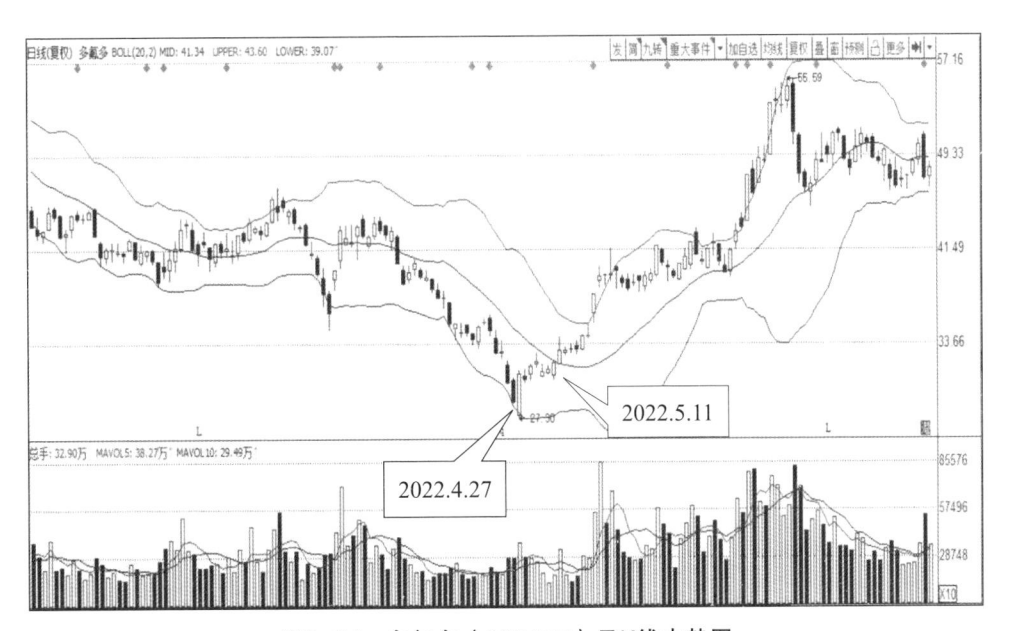

图6-34　多氟多（002407）日K线走势图

从图6-34可以看出，2022年4月底多氟多的股价下跌遇到布林线指标下轨支撑后反弹向上。

多氟多的股价从2022年7月底开始出现了一波振荡下跌走势。进入2022年4月，该股股价加速下跌。

2022年4月27日，该股股价下跌到布林线指标的下轨位置后，因受布林线指标下轨的支撑而反弹向上，此时，第一个买点出现，保守的投资者可以先半仓买入，然后进一步观察该股的走势。

5月11日，多氟多的股价成功突破了布林线指标中轨的压制，说明该股短期内将延续上涨趋势，投资者宜此时加仓买入。

起涨点71：喇叭口敞开中轨拐头

📈 起涨点概述

当布林线指标的喇叭口敞开时，布林线的中轨拐头向上，并逐渐上移，说明该股股价短期有上涨的可能，如图6-35所示。

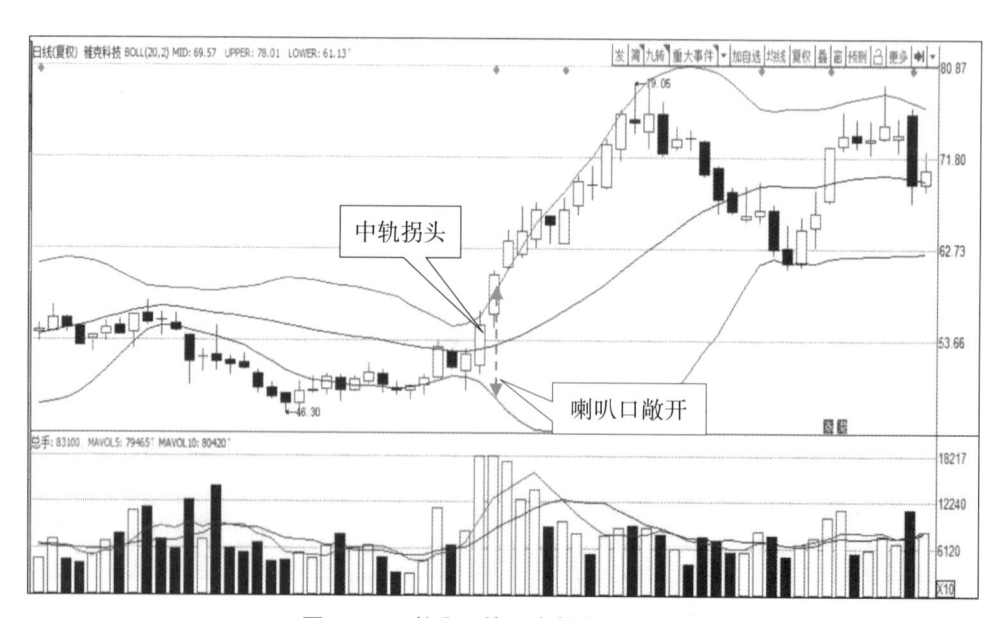

图6-35　喇叭口敞开中轨拐头示意图

📈 战术解读

该起涨点的操作要点如下。

第一，当布林线喇叭口敞开时，只能说明股价波动幅度越来越大，并不能指明这种波动的方向。投资者需要借助布林线中轨来判断股价具体的运行方向。如果布林线中轨向上，同时股价在布林线中轨上方运行，说明股价处于上涨行情中，未来继续上涨的可能性更大。

第二，如果布林线上轨向下移动、下轨向上移动，就形成布林线喇叭口收缩的形态。布林线喇叭口收缩表示股价波动幅度越来越小，即将进入横盘整理行情。当股价上涨一段时间后出现布林线喇叭口收缩形态时，是上涨行情即将结束的信号。看到这个形态，投资者应该将手中的股票卖出一部分，轻仓观望。

第三，当布林线喇叭口敞开，且中轨上移时，如果成交量逐渐放大，该形态的看涨信号会更加可靠。

📈 实战案例

下面来看一下晶澳科技（002459）的案例，如图6-36所示。

从图6-36可以看出，2021年5月底到6月中旬，晶澳科技日K线图上的布林线指标出现了喇叭口敞口形态。

该股股价从2021年1月中旬出现了一波下跌行情，随着股价不断创出新低，布林线指标的喇叭口也呈现出缩口形态。

5月18日，晶澳科技的股价自下而上突破了布林线指标的中轨线，且此时布林线指标的喇叭口出现敞口形态，预示股价将会有一波上涨。

5月28日，该股股价连续上升了几个交易日后，布林线中轨开始呈现拐头向上态势，布林线喇叭口越张越大。这也预示该股后面将会有一个可观的涨幅，投资者可积极买入该股。

此后，该股股价掀起了一波振荡上升浪潮。

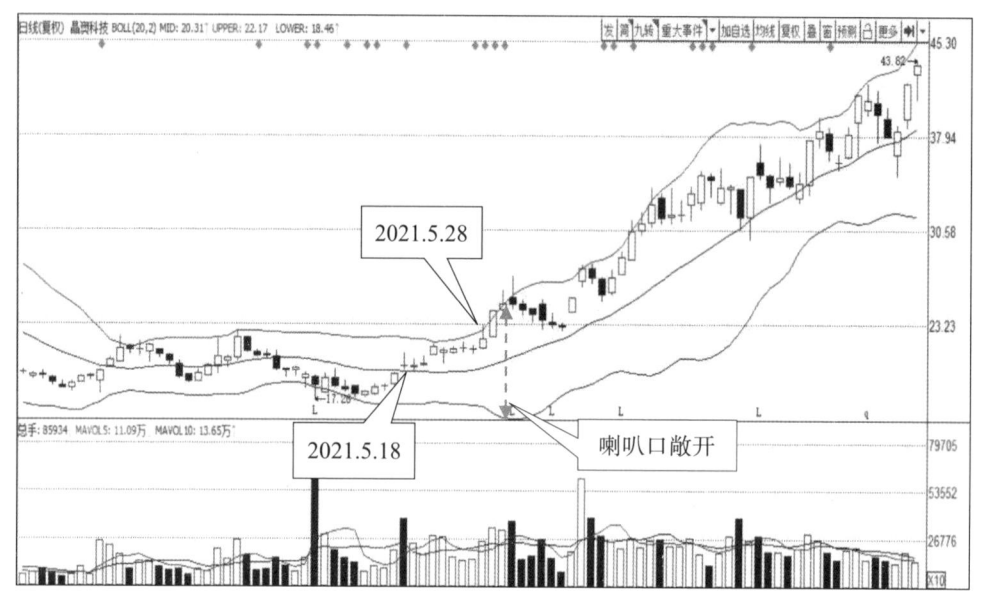

图6-36　晶澳科技（002459）日K线走势图

第七章
主力动向判断股价起涨信号

主力整个坐庄过程包括建仓、洗盘、拉升、出货等四个环节。投资者在寻找起涨信号时，重点关注主力的建仓阶段和洗盘结束阶段。毕竟，主力在大幅拉升前，都会有一定的洗盘动作。

第一节 主力建仓判断股价起涨信号

建仓，是主力坐庄的第一阶段，也是资金入场的阶段。无论主力如何隐藏自己的动机，成交量的增加都是不可隐藏的。在低位区域，把握了成交量的变化，就能相对容易地捕捉主力入场建仓的信号。

起涨点72：打压式建仓

↗ 起涨点概述

打压式建仓是庄家通过不断向下打压股价的方式，借机完成建仓的一种建仓方式。待建仓完毕后，主力庄家会迅速拉升股价脱离建仓区。

当股价脱离主力建仓成本区时，往往就是投资者入场的最佳时机，如图7-1所示。

↗ 战术解读

该起涨点的操作要点如下。

第一，在庄家建仓过程中，运用早期吃进的一部分筹码，不计成本地大幅度向下砸盘，以便打压股价。随着股价的持续下跌，庄家在逐步增加吸筹量，并且到下跌的最后阶段，往往会大幅增加自己的吸筹量，直至达到目标仓位。

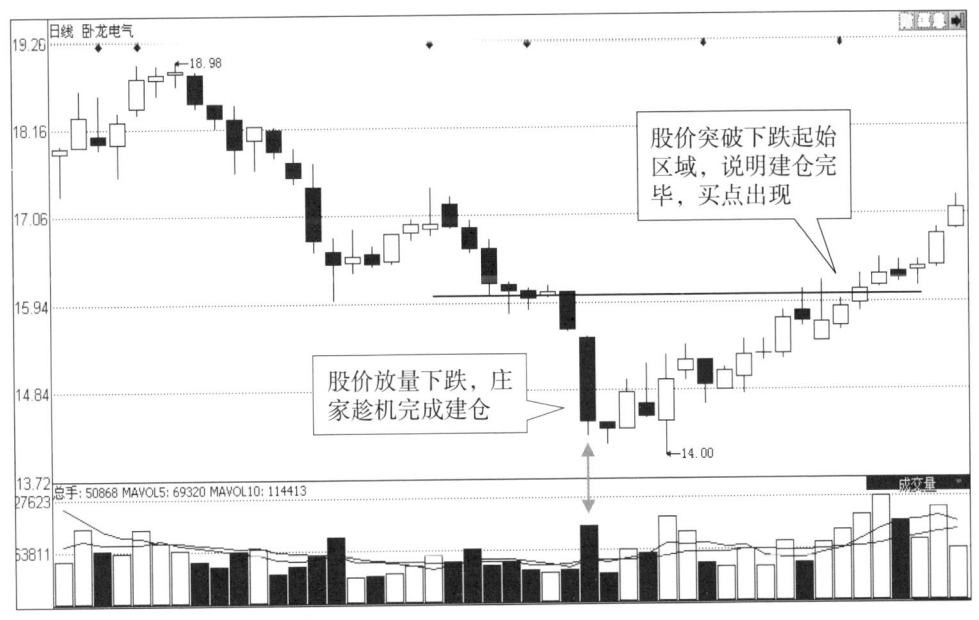

图7-1 打压建仓示意图

第二，打压式建仓过程中，当股价大幅下跌时，都会伴随成交量的放大。价跌量增是打压式建仓显著的特征之一。

第三，打压式建仓过程中，K线图上会留下非常恶劣的走势形态，如跳空下跌、大阴线等。

第四，当庄家建仓接近尾声的时候，总会在K线图上留下止跌回稳的信号，如底部十字星或者底部大阳线。投资者发现庄家建仓即将完成时，可以考虑追涨买入股票，以博取未来股价上涨带来的收益。

实战案例

下面来看一下江淮汽车（600418）的案例，如图7-2所示。

从2021年12月中旬开始，江淮汽车的股价一路振荡下行，2022年4月25日、4月26日，该股股价出现大幅下跌走势，与此同时，成交量出现放大态势。在股价下跌的尾声出现这种形态，很可能是主力庄家打压式建仓行为所致，投资者可保持对该股的关注。

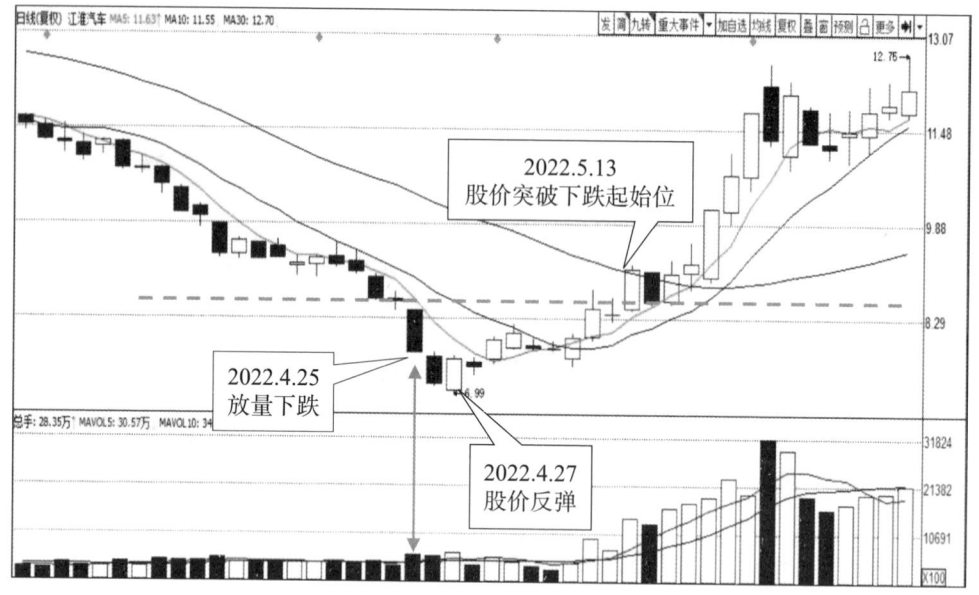

图7-2 江淮汽车（600418）日K线走势图

4月27日，江淮汽车的股价有继续下跌的态势，以低于前日收盘价的价格开盘，而后振荡走高，最终收出一根大阳线。该阳线与前日阴线共同构成了曙光初现形态，预示该股股价将要企稳反弹。随后几个交易日，股价出现反转向上的走势，不久收复了大幅下跌前的价位，由此可见，之前的剧烈下跌属于庄家的打压式建仓。

5月13日，江淮汽车的股价收复了下跌起始位置，说明庄家建仓完毕，投资者可以在此时跟进买入股票。

起涨点73：横盘式建仓

↗ 起涨点概述

股价的每次上攻转向下跌，都会在高点位置留下大量套牢盘。此后，随着股价的下行，这些套牢盘会逐渐割肉离场。股价进入底部区域，已经跌无可跌，而此时还有部分散户并未割肉离场，主力庄家可能会通过让股价长时间横盘来消磨散户的意志。

当散户因为股价长期横盘而丧失耐心抛弃手中筹码时，往往就是主力即将拉升股价的时刻，这也是这类股价的起涨点，如图7-3所示。

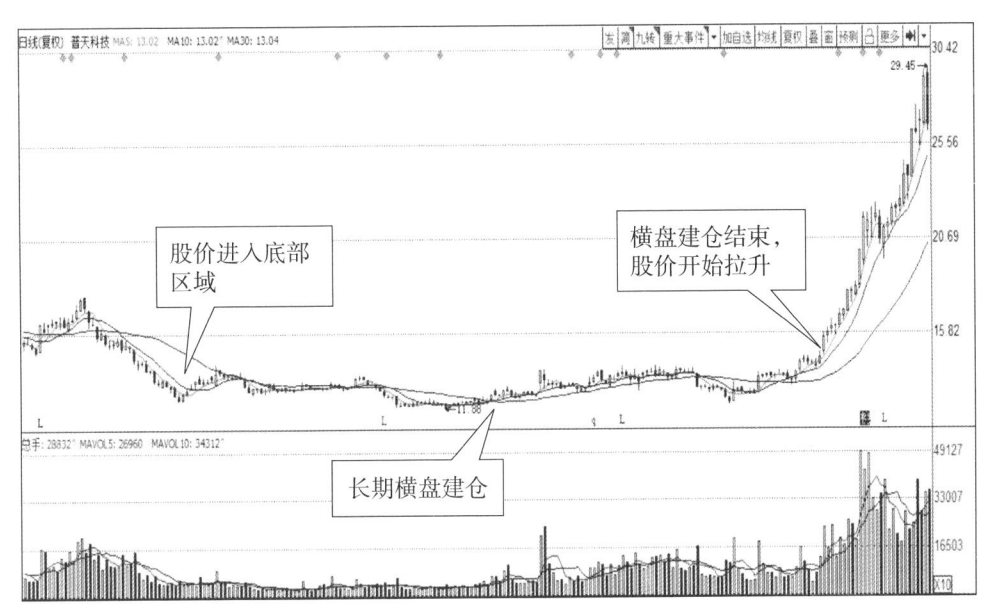

图7-3 横盘式建仓示意图

📈 战术解读

该起涨点的操作要点如下。

第一，股价经过一段时间的下跌后，已经达到很低的位置。主力唯恐继续打压股价可能会引来其他资金入场抢筹，因而，不愿意继续打压股价。

第二，在横盘式建仓过程中，主力庄家一般会将股价控制在一定的价格区域内，不让股价大幅上升，也不让股价大幅走低。目的就是持续地消磨散户的持股耐心，逼迫其交出手中的筹码。

第三，横盘式建仓过程中，K线图上会留下非常恶劣的走势形态，如底部矩形形态、潜伏底等。

第四，当庄家建仓接近尾声的时候，主力庄家在拉升股价前，可能会先选择向下打压股价，来一出"欲擒故纵"。正当投资者认为股价可能会下跌时，却反向出现了上攻走势。

第五，通常来说，股价在底部区域横盘时间越长，未来上升的幅度可能会越大。

📈 实战案例

下面来看一下杭州园林（300649）的案例，如图7-4所示。

图7-4　杭州园林（300649）日K线走势图

杭州园林的股价从2021年7月底经过一波下跌后开始进入振荡盘整区间，股价在相当长的一段时间内上下振荡，成交量也呈不规则分布，但总体上经历了由逐渐萎缩到逐渐放大的过程。说明此时很有可能是庄家利用股价振荡完成建仓。股价在振荡过程中，K线图上不断出现带长上影线和下影线的K线，这更说明此时有庄家在建仓。

2022年1月下旬，杭州园林的股价结束了长达三个月的振荡走势，正当所有的投资者认为股价将要上涨时，却反向走出了大幅下跌走势，给人一种股价即将下跌的感觉。

此后，该股股价却反向上升。2022年2月8日，该股股价突破了横盘下跌前的位置，意味着股价正式进入了上升通道。

投资者可考虑追涨买入股票。

起涨点74：振荡式建仓

📈 起涨点概述

主力如果针对一只股票采取振荡建仓的方式，那么，股价一旦走出振荡区域，说明该股将迎来一轮上涨行情，如图7-5所示。

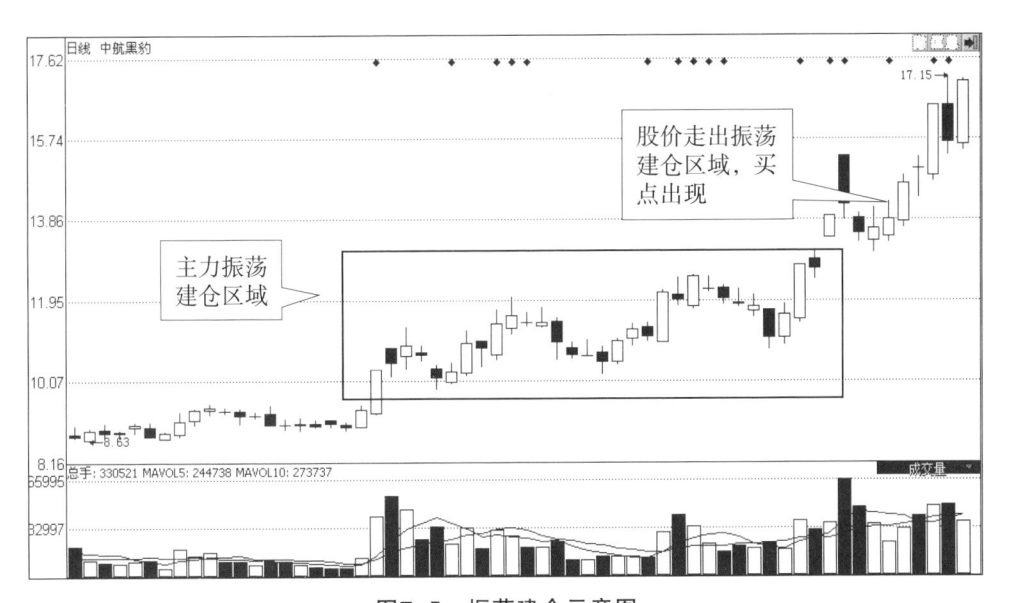

图7-5　振荡建仓示意图

📈 战术解读

该起涨点的操作要点如下。

第一，庄家资金量大，要想悄悄地进驻某一只股票并不是一件非常容易的事，很多庄家都是通过很长一段时间才能完成建仓，这段时间内，庄家为了不让投资者看出建仓的痕迹，会通过手中的筹码和资金使股价出现剧烈振荡，进而完成建仓。

第二，振荡建仓期间，股价呈现上拉下压的走势，同时，成交量也会呈现放大且不稳定状态。

第三，在振荡建仓期间，表现每个交易日股价情况的日K线也是阴线与阳线相互交替出现，甚至会多次出现十字星线。

第四，在振荡建仓期间，股价会出现横盘整理走势，股价整个波动范围都处于一个通道内。

📈 实战案例

下面来看一下朗新科技（300682）的案例，如图7-6所示。

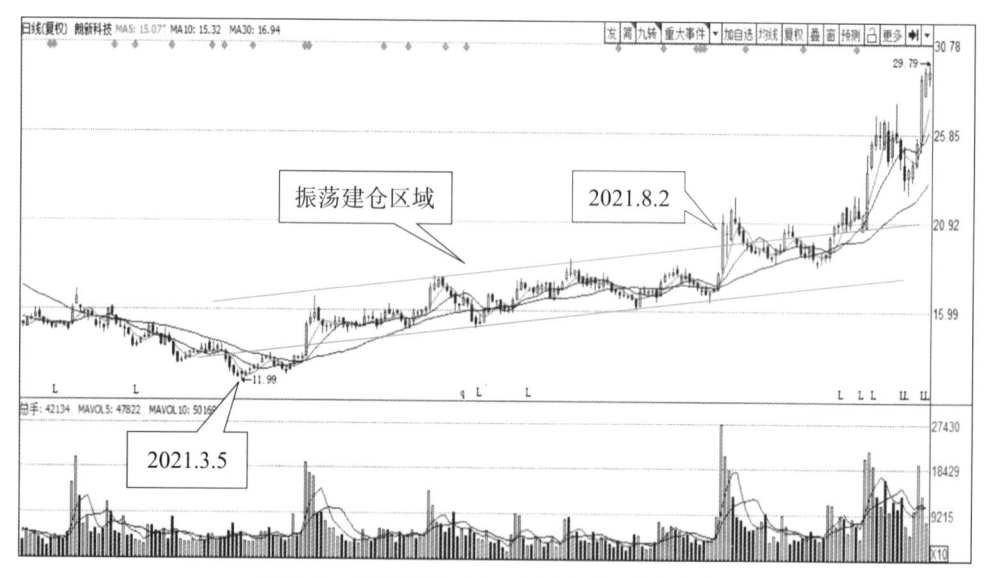

图7-6　朗新科技（300682）日K线走势图

朗新科技的股价从2021年3月初开始进入振荡盘整区间，股价在相当长的一段时间内上下振荡，成交量也呈不规则分布，但总体上较之前有明显的放大，说明此时很有可能是庄家利用股价振荡完成建仓。股价在振荡过程中，K线图上不断出现带长上影线和下影线的K线，这更说明此时有庄家在建仓。

2021年8月2日，朗新科技的股价结束了长达五个月的振荡走势，股价放量突破振荡区域，说明庄家已经完成了建仓任务，即将开始拉升股价。投资者最好能在此时跟进买入股票。

此后，该股股价一路振荡上扬。投资者如果能在股价突破振荡区域时买入股票，就会获得一个不错的投资收益。

第二节　主力洗盘判断股价起涨信号

主力拉升股价前，常常会采取大幅向下打压股价的方式：一来可以清洗掉市场上的意志不坚定者；二来可以在拉升前获得更多的廉价筹码。

尽管主力洗盘与股价真正的下跌走势比较接近，但仍可以从股价与成交量的变化上加以区分。主力洗盘时，以打压股价为目标，必然不会放出大量筹码，成交量也很少会出现大幅放大。同时，主力一般也不会让股价跌破一些强力支撑位。

起涨点75：打压式洗盘

↗ 起涨点概述

打压式洗盘是指主力大幅拉高后，利用市场积累的较多获利盘的获利回吐欲望，猛然反手打压，使股价大幅回落，把一部分投资者吓出场。一般情况下，主力在进行打压式洗盘时，都会利用大盘的弱势或者利空消息，此时向下打压会收到事半功倍的效果。有时股价还会故意跌破一些重要的支撑位或者技术点位，给投资者造成一定的恐慌。

当主力完成打压反手向上拉升，且突破了打压前的最高点时，就是入手该股的最佳时机，如图7-7所示。

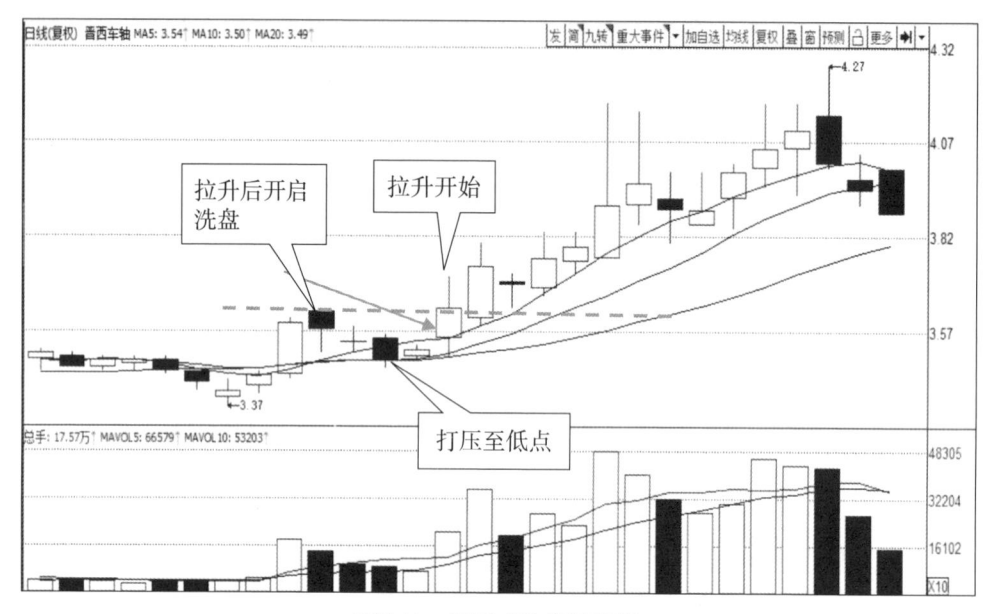

图7-7 打压式洗盘示意图

战术解读

该起涨点的操作要点如下。

第一，股价被大幅拉升后，出现下跌走势，可能会跌破一些重要的均线、技术点位或其他技术支撑位等，但是，很快就会收复这些重要的位置。

第二，主力在打压股价时，成交量往往处于缩减态势。虽然股价下跌幅度较大，但成交量很少。

第三，原则上，投资者不宜过早入场。只有股价突破打压起始位后才能认定起涨点的到来，此时，才是最佳的入场点。

实战案例

下面来看一下中国联通（600050）的案例，如图7-8所示。

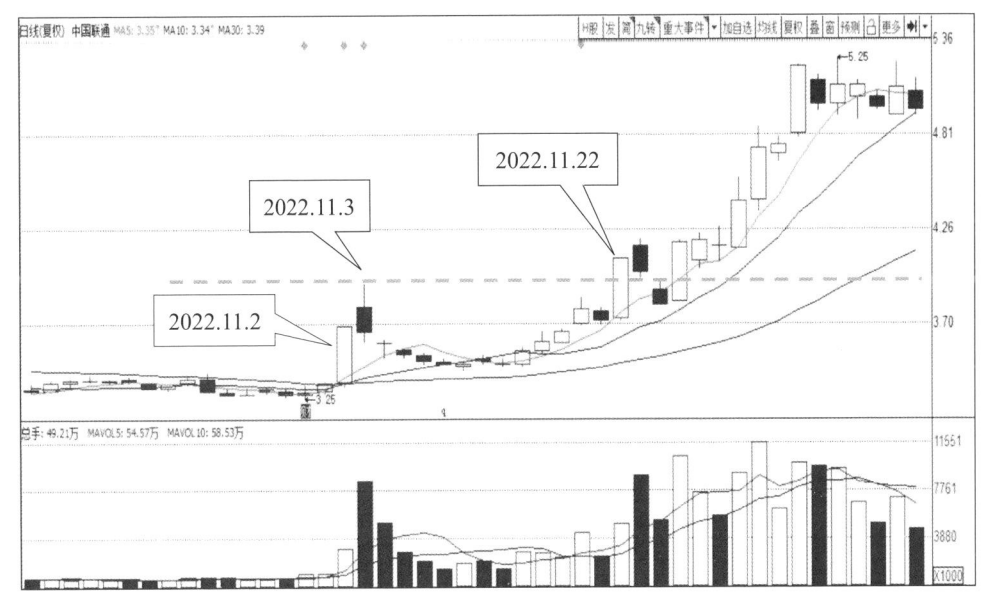

图7-8 中国联通（600050）日K线走势图

从图7-8可以看出，中国联通的股价在2022年10月经历了一波横向振荡后，11月2日突然出现大幅拉升，并以涨停报收，成交量同步放大。

正当所有投资者以为股价将进入上升通道时，该股股价却在11月3日冲高回落，进入了振荡回调走势，观察此时的成交量可知，随着股价的走低，成交量同步萎缩，且股价K线一直没有跌破30日均线，这说明此时的回调更像是洗盘。

11月22日，该股股价高开高走，盘中剧烈振荡，但最终还是突破了回调前的最高价。至此，主力庄家的洗盘结束了。

此后，该股股价重新回归上升通道。此时，就是该股最佳的入场点位。

起涨点76：横向振荡式洗盘

↗ 起涨点概述

横向振荡式洗盘一般发生在股价有了一段较大幅度的上涨之后，主力通过小幅振荡的方式进行洗盘，促使短线获利盘流出。

通常情况下，横向振荡式洗盘过程中，股价会在某一重要支撑位附近获得足够的支撑，或者股价维持在一个相对狭窄的区域内振荡。

股价一旦突破这一横向振荡区域，则意味着该股起涨时刻来临，如图7-9所示。

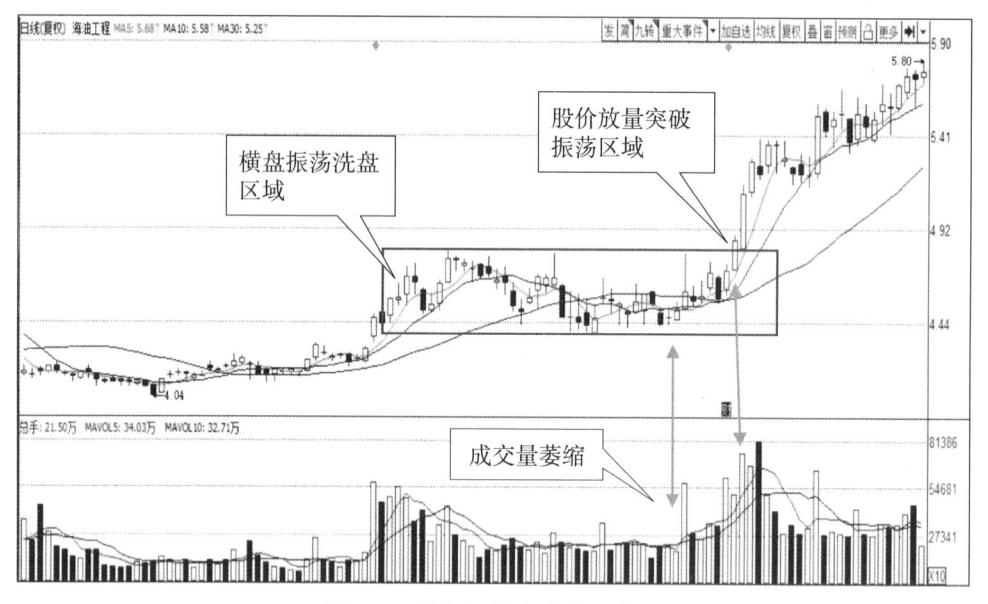

图7-9　横向振荡式洗盘示意图

📈 战术解读

该起涨点的操作要点如下。

第一，股价在出现一波上攻或一根大阳线后，出现多根小阴线、小阳线、十字线，但整体处于某一重要支撑位上方。

第二，成交量呈现出逐渐缩减的态势，而其越接近整理形态的尾端，成交量缩减得也就越厉害。

第三，原则上，投资者不宜过早入场。只有股价突破横向振荡区域后才能认定起涨点的到来，此时，才是最佳的入场点。

📈 实战案例

下面来看一下恒润股份（603985）的案例，如图7-10所示。

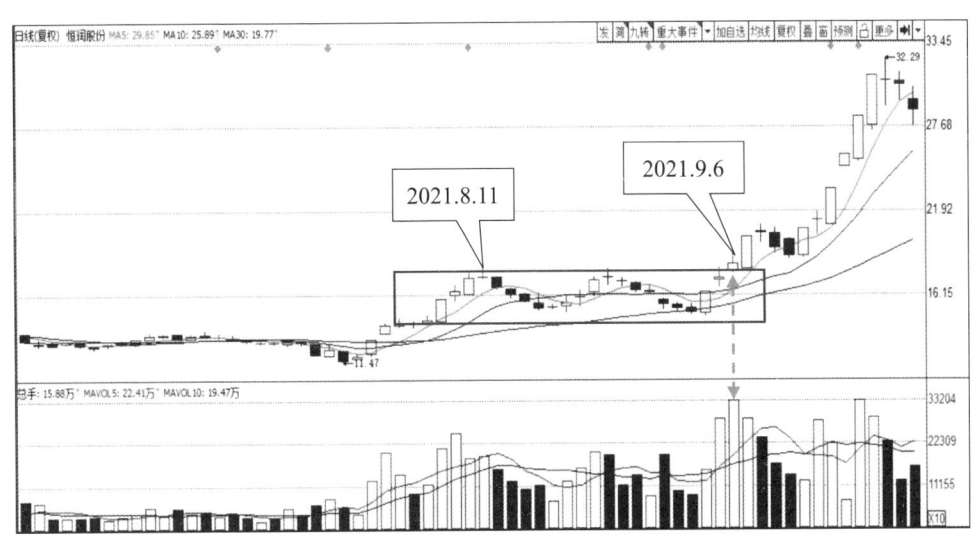

图7-10　恒润股份（603985）日K线走势图

从图7-10可以看出，恒润股份的股价在2021年7月经历了一波横向振荡后，进入8月份后出现放量拉升态势。

8月11日，该股股价创下短期高点后出现振荡调整走势。该股股价在横向振荡过程中，形成了矩形整理形态。

9月6日，该股股价高开高走，收出一根带长上影线的阳线，且突破了调整前的最高价。至此，主力庄家的洗盘结束了。次日，该股股价更以涨停报收。

此后，该股股价正式重新回归上升通道。

起涨点77：边拉边打式洗盘

📈 起涨点概述

边拉边打式洗盘常常出现在单边上扬的市场中，庄家把拉升与洗盘融为一体。庄家通过这种方式可以压缩短线投资者的利润空间，加速短线投资者的换手，以减轻股价上涨带来的出货压力。投资者此时需要做的就是拿稳手中的股票，不要轻易被"洗出"。

股价一旦不再进行回调，则意味着将迎来加速上升阶段，这也是股价新的起涨时机来临的时刻，如图7-11所示。

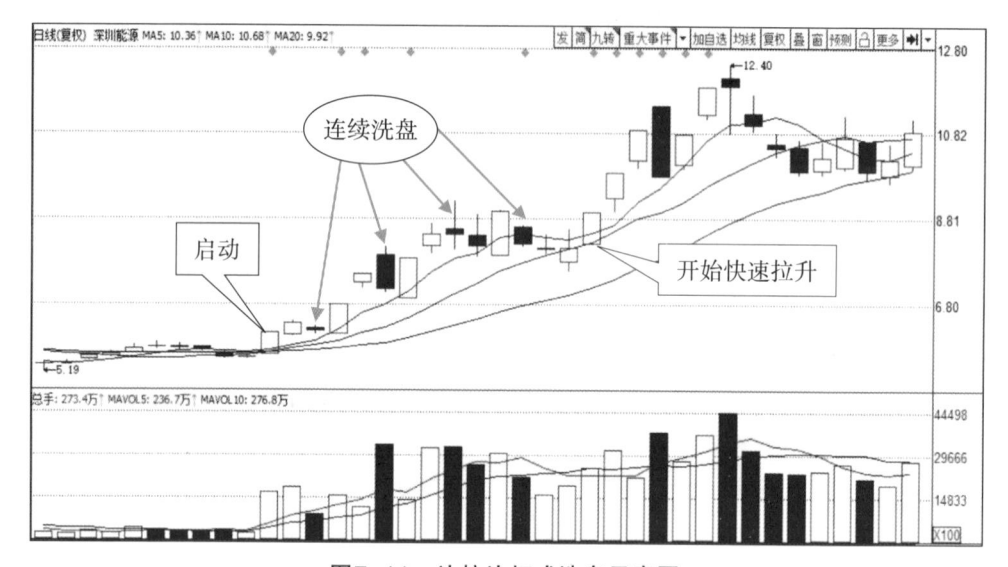

图7-11　边拉边打式洗盘示意图

📈 战术解读

该起涨点的操作要点如下。

第一，股价沿S形通道上升，且每次上升的幅度都不是很大。股价在上涨过程中不断地创出新高，与此同时，股价在下跌过程中形成的低点却一次比一次高。

第二，股价在上涨过程中，虽然时有下跌，但跌幅都不是很大，而且股价的整体趋势是向上的。

第三，进入洗盘的尾声，往往会出现力度较大的打压。此后，当股价重新上升突破打压前的高点，则意味着股价进入了新的拉升阶段。

📈 实战案例

下面来看一下博迈科（603727）的案例，如图7-12所示。

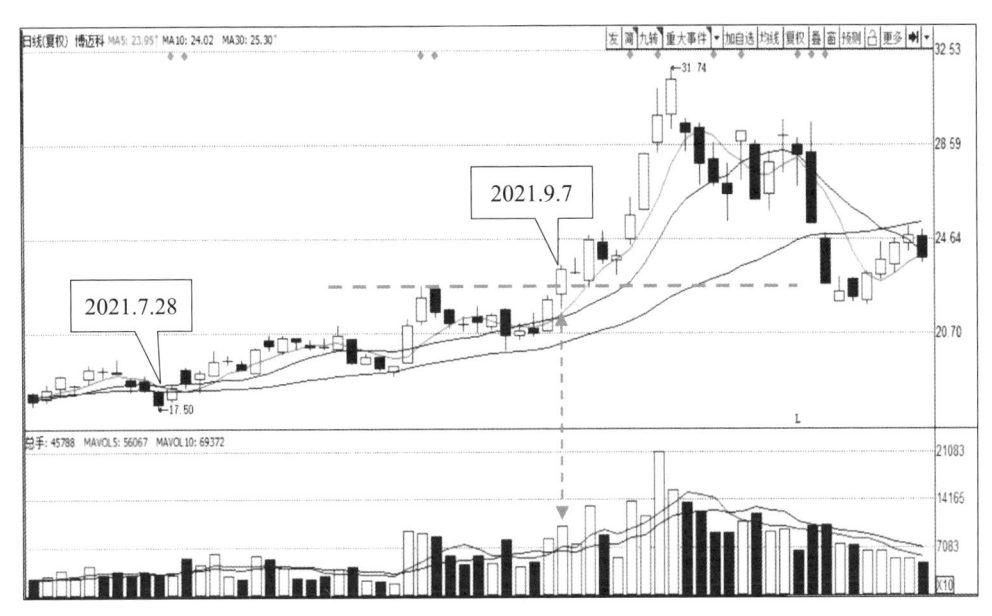

图7-12　博迈科（603727）日K线走势图

从图7-12可以看出，博迈科的股价在2021年7月经历了一波横向振荡后，7月28日该股股价触及短期低位后开始上攻。

此后，该股出现了振荡式上攻态势。主力庄家进行了多次拉升与洗盘操作，股价一路边拉升边打压，到了9月7日，该股股价放量大涨，突破了打压前的股价高点，这标志着主力庄家洗盘结束。

此后，该股股价正式进入快速上升通道。